U0570071

战略性新兴产业培育与发展研究丛书

# 能源领域培育与发展研究报告

黄其励　彭苏萍　主编

科学出版社

北 京

# 内 容 简 介

通过培育与发展能源领域的战略性新兴产业，并以此来推动能源生产和消费方式的变革，构建一个安全、稳定、经济、清洁的现代能源产业体系，对我国社会持续稳定发展具有重要战略意义。以此为背景，本书主要对煤炭洁净转化、非常规油气、核电、智能电网、风电和太阳能六个能源领域新兴产业方向和其中的突破性技术进行了介绍，并分析了这些产业未来的发展机遇与挑战。同时，本书的所有章节均为相关领域的院士专家领衔撰写的，具有很强的权威性和前瞻性。

本书特别适合有一定专业基础并对我国能源产业未来发展感兴趣的读者阅读。

## 图书在版编目（CIP）数据

能源领域培育与发展研究报告 / 黄其励，彭苏萍主编 . --北京：科学出版社，2015

（战略性新兴产业培育与发展研究丛书）

ISBN 978-7-03-043880-5

Ⅰ.①能… Ⅱ.①黄… ②彭… Ⅲ.①能源发展－研究报告－中国 Ⅳ.①F426.2

中国版本图书馆 CIP 数据核字（2015）第 054968 号

责任编辑：马 跃 徐 倩 / 责任校对：贾如想
责任印制：李 利 / 封面设计：无极书装

**科 学 出 版 社** 出版

北京东黄城根北街 16 号
邮政编码：100717
http://www.sciencep.com

**中国科学院印刷厂** 印刷

科学出版社发行 各地新华书店经销

\*

2015 年 3 月第 一 版 开本：720×1000 1/16
2015 年 3 月第一次印刷 印张：12 1/4
字数：242 000

定价：**72.00 元**

（如有印装质量问题，我社负责调换）

# 战略性新兴产业培育与发展研究丛书

# 编委会

**顾问：**

徐匡迪　　周　济　　潘云鹤　　张晓强　　干　勇
陈吉宁　　陈清泰　　朱高峰　　杜祥琬

**编委会主任：**

邬贺铨

**编委会副主任：**

王礼恒　　屠海令　　薛　澜

**编委会成员**（以姓氏笔画为序）：

马永生　　王崑声　　石立英　　卢秉恒　　朱高峰
苏　竣　　李国杰　　杨胜利　　吴　澄　　吴有生
岑可法　　张彦仲　　金翔龙　　周守为　　孟　伟
柳百成　　钟志华　　殷瑞钰　　栾恩杰　　唐启升
黄其励　　彭苏萍　　韩英铎　　管华诗

**工作组**（以姓氏笔画为序）：

王刚波　　王秀芹　　王振海　　王海南　　卢　跃
刘佳明　　许冠南　　孙贵国　　李　欣　　李燕
李应博　　李艳杰　　杨　榕　　邴　浩　　吴坚
沙　勇　　张　剑　　周　源　　周晓纪　　赵滟
胡良元　　洪志生　　黄　萃　　黄　琳　　崔　剑
葛宏志

# 丛 书 序

进入 21 世纪，世界范围内新一轮科技革命和产业变革与我国转变经济发展方式实现历史性交汇，新一轮工业革命正在兴起，全球科技进入新的创新密集期，我国进入了经济发展新常态，经济从高速增长转为中高速增长，经济结构不断优化升级，经济从要素驱动、投资驱动转向创新驱动。培育和发展战略性新兴产业是党中央、国务院着眼于应对国际经济格局和国内未来可持续发展而做出的立足当前、着眼长远的重要战略决策。战略性新兴产业是我国未来经济增长、产业转型升级、创新驱动发展的重要着力点。培育发展战略性新兴产业，高起点构建现代产业体系，加快形成新的经济增长点，抢占未来经济和科技制高点对我国经济社会能否真正走上创新驱动、内生增长、持续发展的轨道具有重大的战略意义。党的十八大报告明确指出，推进经济结构战略性调整，加快传统产业转型升级，优化产业结构，促进经济持续健康发展的一个重要举措就是积极推动战略性新兴产业的发展。

"十三五"时期战略性新兴产业面临新的发展机遇，面临的风险和挑战也前所未有。认识战略性新兴产业的发展规律，找准发展方向，对于加快战略性新兴产业培育与发展至关重要。作为国家工程科技界最高咨询性、荣誉性学术机构，发挥好国家工程科技思想库作用，积极主动地参与决策咨询，努力为解决战略性新兴产业培育与发展中的问题提供咨询建议，为国家宏观决策提供科学依据是中国工程院的历史使命。面对我国经济发展方式转变的巨大挑战与机遇，中国工程院积极构建新的战略研究体系，于 2011 年年底启动了"战略性新兴产业培育与发展战略研究项目"，坚持"服务决策、适度超前"原则，在"十二五"战略性新兴产业咨询研究的基础上，从重大技术突破和重大发展需求着手，重视"颠覆性（disruptive）技术"，开展前瞻性、战略性、开放性的研究，对战略性新兴产业进行跟踪、滚动研究。经过两年多的研究，项目深入分析了战略性新兴产业的国内外发展现状与趋势，以及我国在发展战略性新兴产业中存在的问题，提出了我国未来总体发展思路、发展重点及政策措施建议，为"十三五"及更长时期的战略性新兴产业重要发展方向、重点领域、重大项目提供了决策咨询建议，有效地支撑了国家科学决策。此次战略研究在组织体系、管理机制、研究方法等方面进行了探索，并取得了显著成效。

## 一、创新重大战略研究的组织体系，持续开展战略性新兴产业咨询研究

为了提高我国工程科技发展战略研究水平，为国家工程科技发展提供前瞻性、战略性的咨询意见，以打造一流的思想库研究平台为目标，中国工程院通过体制创新和政策引导，积极与科研机构、企业、高校开展深度合作，建立创新联盟，联合组织重大战略研究，开展咨询活动。此外，中国工程院 2011 年 4 月与清华大学联合成立了"中国工程科技发展战略研究院"，2011 年 12 月与中国航天科技集团公司联合成立了"中国航天工程科技发展战略研究院"，2011 年 12 月与北京航空航天大学联合成立了"中国航空工程科技发展战略研究院"，实现了强强联合，在发挥优势、创新研究模式、汇聚人才方面开展探索。

战略性新兴产业培育与发展研究作为上述研究机构成立后的首批重大咨询项目，拥有以院士为核心、专家为骨干的开放性咨询队伍。相关领域的 110 多位院士、近 200 位专家及青年研究人员组成课题研究团队，分设信息、生物、农业、能源、材料、航天、航空、海洋、环保、智能制造、节能与新能源汽车、流程制造、现代服务业 13 个领域课题组，以及战略性新兴产业创新规律与产业政策课题组和项目综合组，在国家开发银行的大力支持下，持续研究战略性新兴产业培育与发展。

## 二、创新重大战略研究的管理机制，保障项目的协同推进和综合集成

此次研究涉及十多个领域，为确保领域课题组的协同推进、跨领域问题的统筹协调和交流、研究成果的综合集成，项目研究中探索了重大战略研究的管理机制，建立了跨领域、全局性的重大发展方向、重大问题的领导协商机制，并形成了组织相关部委、行业主管部门、各领域院士和专家进行重点领域、重大方向、重大工程评议的机制。项目组通过工作组例会制度、工作简报制度和定期联络员会议等，建立起项目动态协调机制。该机制加强了项目总体与领域课题组的沟通协调，推动了研究成果的综合集成，确保综合报告达到"源于领域、高于领域"的要求。

### 三、注重广泛调研及国际交流，充分吸纳产业界意见和国外发展经验

此次研究中，中国工程院领导亲自带队，对广东、重庆等省市战略性新兴产业的培育与发展情况进行了实地调研，考察了主要相关企业的发展情况，组织院士专家与当地政府及企业代表就发展战略性新兴产业过程中的经验及问题进行讨论。项目组召开了"广东省战略性新兴产业发展座谈会"，相关院士、专家及广州、深圳、佛山、东莞政府相关部门和广东省企业代表进行了座谈交流；与英国皇家工程院和中国清华大学共同主办了"中英战略性新兴产业研讨会"，中英相关领域院士、专家学者就生物工程、新能源汽车、先进制造、能源技术等领域开展了深入研讨；组织了"战略性新兴产业培育与发展高层论坛"；在第十五届中国国际高新技术成果交易会期间，与国家发展和改革委员会、科学技术部、工业和信息化部、财政部、清华大学联合主办了"战略性新兴产业报告会"等。

### 四、创新重大战略研究的方法和基础支撑，提高战略咨询研究的科学性

引入评价指标体系、成熟度方法、技术路线图等量化分析方法与工具，定性与定量相结合是此次战略研究的一大亮点。项目以全球性、引领性、低碳性、成长性、支柱性、社会性作为评价准则，构建了战略性新兴产业评估指标体系，为"十三五"战略性新兴产业重大发展方向、重大项目的选择提供了量化评估标准。产业成熟度理论的研究和应用，为准确把握重大发展方向的技术、制造、产品、市场和产业的发展状态，评估产业发展现状，预测发展趋势提供了科学的评估方法。技术路线图方法的研究与应用，为战略性新兴产业的发展路径选择提供了工具支撑。项目还开展了战略性新兴产业数据库建设工作，建立了战略性新兴产业网站，并建立了战略性新兴产业产品信息、技术信息、市场信息、政策信息等综合信息平台，为进一步深入研究战略性新兴产业培育与发展提供了基础支撑。

"十三五"时期是我国现代化建设进程中非常关键的五年，也是全面建成小康社会的决定性阶段，是经济转型升级、实施创新驱动发展战略、加快推进社会主义现代化的重要时期，也是发展中国特色的新型工业化、信息化、城镇化、农业现代化的关键时期。战略性新兴产业的发展要主动适应经济发展新常态的要求，推动发展方式转变，发挥好市场在资源配置中的决定性作用，做好统筹规划、突出创新驱动、破解能源资源约束、改善生态环境、服务社会民生。

"战略性新兴产业培育与发展研究丛书"及各领域研究报告的出版对新常态

下做好国家和地方战略性新兴产业顶层设计和政策引导、产业发展方向和重点选择，以及企业关键技术选择都具有重要的参考价值。系列报告的出版，既是研究成果的总结，又是新的研究起点，中国工程院将在此基础上持续深入开展战略性新兴产业培育与发展研究，为加快经济发展转型升级提供决策咨询。

# 前　言

　　本书主要关注能源领域战略性新兴产业的培育与发展，主要包括煤炭高效转化及近零排放系统、煤炭分级转化与多级利用和700℃新一代超超临界发电技术、油气开发和利用、核能及其关键技术、智能电网、可再生能源中的太阳能发电和风电。本书按照中国工程院于2011年6月召开的"战略性新兴产业培育与发展"咨询研究会和周济院长、邬贺铨原副院长的讲话精神，围绕国民经济和社会发展中的重大工程科技问题，紧密结合加快转变经济发展方式对工程科技的战略需求，重点关注突破性、颠覆性、更新换代技术及其对未来产业的影响，为"十二五"后期，特别是为"十三五"规划和产业布局以及科学研究做准备。以较为开放、畅想的方式，认真细致地开展前瞻性、战略性和创新性研究。

　　本书从能源新兴产业的关键技术，特别是颠覆性技术挖掘角度开展技术研究与发展战略研究，推动我国能源新兴产业全面发展。希望在以下方面有所突破：首先是在关键技术，特别是颠覆性技术挖掘方面，系统地提出了能源新兴产业培育与发展的核心技术，及能引领、主导未来产业发展方向的关键点；其次是在发展战略研究方面，密切结合国家能源消耗实际以及能源结构特点，从深入、全面的国内外调研基础出发，以数据、观点、建议提出符合我国国情及现状的能源新兴产业培育与发展战略路径和意见；最后是从经济合理、环境适合、技术可行、社会满意四者协调统一的角度，建立客观、科学、兼顾各相关利益方、系统综合的评估体系和方法。

　　在充分调研国内能源领域技术与产业发展现状的基础上，通过掌握全面和翔实且有时效性的数据，创新地研究与预见支撑中国能源领域相关新兴产业的关键技术，特别是颠覆性技术，分析能源新兴产业领域2020年前的发展机遇与挑战，展开能源产业的综合评价，包括经济指标分析、技术指标分析、资源指标分析、环境指标分析，同时展开市场规模全面预测、投入估算合理预计；并结合我国实际情况，在保障我国能源安全的前提下，提出我国能源新兴产业的几种发展路径，为"十三五"规划和产业布局以及科学研究做准备，并为今后能源领域的研究奠定基础、积累资料、培育队伍。

在黄其励院士和彭苏萍院士的领导下，本书重点关注以下几个方面的内容：①煤炭洁净转化的内容主要在倪维斗院士和岑可法院士的指导下，由韩敏芳、俞珠峰、李政、方梦祥、孙锐、于立安、张军、刘培、崔占忠和张博等共同编写完成。②非常规油气的内容主要在马永生院士的指导下，由赵培荣和牟泽辉等共同编写完成。③核电产业的内容主要在叶奇蓁院士和徐銤院士的指导下，由苏罡、李思凡、郭晴和康胜文等共同编写完成。④智能电网的内容主要在韩英铎院士、李立浧院士和杨奇逊院士的指导下，由王成山、张贵新、谢小荣等共同编写完成。⑤可再生能源中的风能和太阳能这两个章节的内容是在金东寒院士的指导下，由戴松元、王志峰、陶友传、顾根香、彭小方、范伟成、董晔弘和孔凡太共同编写完成。在此对全体编写人员的辛勤劳动表示感谢！

# 目　录

第一章

# 绪　　论

能源工业是国民经济的基础行业和重要组成部分。随着我国工业化、城镇化和机动化进程的不断深入，能源消费亦持续高速增长，使得能源工业对我国社会发展现代化进程的塑形作用凸显。因此，积极培育能源领域战略性新兴产业，以此推动能源生产和利用方式变革，构建安全、稳定、经济、清洁的现代能源产业体系，具有重要的战略意义，也必将对我国能源结构调整、能源利用效率提高以及应对气候变化等重要问题的解决起到关键作用。

## 一、国内外能源发展趋势及我国能源发展的战略需求

确定和发展我国能源领域战略性新兴产业，必须深刻领悟国内外能源发展的状态和趋势。当前，全球能源领域正在经历着全面而深刻的变化，体现为以下几个方面。

（1）全球能源需求持续增长，新增需求主要来自于经济快速发展的发展中国家。

（2）全球能源供应基本充足，但化石能源的地域分布严重不均衡，尤其是亚太地区这一未来能源需求面临快速增长地区的油气资源严重匮乏。

（3）石油和煤炭在全球能源供应结构中的占比不断下降，但仍占主导地位；天然气和可再生能源供应量正在快速增长，可再生能源在一次能源中的占比必将逐步提高。

（4）在福岛事件后，核电的发展面临较大的不确定性，可能趋于平稳。

在上述全球能源大背景下，我国能源领域发展现状与存在的问题可概述为以下几点。

(1)能源安全供应尤其是石油安全始终存在挑战。近年来，我国能源消费总量呈现快速增长的趋势，有效增加能源供应不仅存在总量上的缺口，而且面临着能源资源与电力需求在地理分布上极不均衡的问题。我国石油生产总量不断增加，但在消费总量中的占比不断降低，石油对外依存度不断上升，液体燃料短缺而造成的能源安全问题日益成为牵制我国经济发展和国际政治地位提升的关键因素。

(2)环境恶化和温室气体排放成为发展的瓶颈和政治问题。与能源消费紧密相关的大气污染成为牵动政府和整个社会的焦点问题，到了不得不治理的极端严重的地步，也成为对党和政府执政能力的严峻考验。而温室气体排放量全球第一所带来的国际政治和经济压力也日渐显著。

(3)煤炭高效洁净利用水平亟待提高。我国能源消费以煤炭为主，现在以至将来煤炭在我国能源消费结构中都将起到主导作用，未来煤炭用于发电的比重将进一步提高，但煤炭利用能效及洁净化水平仍落后于世界最先进水平，随之产生的资源浪费、环境污染问题十分严重。

(4)能源结构调整困难。天然气以及核电、水电为主的新能源在能源消费及生产结构中的占比不断提高，其中以风电、太阳能为主的可再生能源发展迅速，但其总体实际贡献率还很低，产业结构亟须进行调整和优化。

上述国内外能源发展形势，决定了我国能源发展的战略需求。

(1)优化能源结构。在提高能源利用效率的同时，积极调整能源利用结构，向油、气、煤、核能、可再生资源五方鼎立的格局迈进，不断提高非化石能源在一次能源供应中的比重，积极开发非化石能源利用及能源转化技术。

(2)大力发展洁净煤技术。在对传统化石能源的利用方面，要积极开发以洁净煤技术为主的高效利用转化技术，摒弃过去粗放的发展模式，在传统的煤炭产业中创生新的发展体制和新的市场结构。

(3)积极开发非常规油气资源。面对我国液体燃料短缺的现状，要积极开发以非常规油气资源为主的有利于缓解能源安全问题的能源技术。

(4)为可再生能源利用创造支撑条件。在积极加强能源供应能力的同时，要注重电力系统大范围优化资源配置能力的提高及对清洁能源跨越式发展的适应性。

## 二、能源领域战略性新兴产业的筛选

为满足上述战略需求，能源领域理想的战略性新兴产业及相关技术应具备以下特点。

(1)通过技术原理上的创新，对所在技术领域发展的制约性问题加以解决，如第四代核电技术的增殖循环闭合的技术创新就能很好地解决核电领域内铀资源的限制问题和核废料的处理问题。

（2）具备优良的技术竞争力，战略性新兴能源技术在技术领域中表现出较强的技术优势，如燃煤发电技术领域的新兴技术应具备较高的发电效率。

（3）具备较强的技术可行性，这往往体现为新兴技术以技术领域的成熟技术为发展依托。例如，陆上风电技术就为海上风电技术提供了良好的技术发展平台；现有光伏产业的晶体硅太阳能电池技术就为薄膜太阳能电池技术及大规模光伏电站的建设提供了发展基础。

（4）在未来具有较大的成本下降的可能性，具有较高的技术学习率，以保证在技术发展规模迅速扩张的同时，发电成本随之急剧下降，具备在短期内可以与传统发电技术相竞争并逐步扩大市场份额的能力。

依照以上特点，本书初步确定的能源领域战略性新兴技术及产业主要包括：绿色高效的洁净煤开发利用技术；以页岩油、气和煤层气为主的非常规油气开发利用技术；第三代、第四代核电技术；智能电网（smart grid）相关技术；以海上风电、太阳能光伏发电为主的可再生能源发电技术等。

## 三、能源领域战略性新兴产业概述

### 1. 煤炭战略性新兴产业

构建起以煤为主的多能源近零排放联产系统，形成煤炭清洁高效利用的全产业链，实现煤基能源的绿色低碳化和高效集约化利用，促进能源、经济、社会、环境的和谐发展。

重要技术方向和目标是：在高效洁净燃煤发电、煤基洁净燃料、煤炭提质与资源综合利用等方面，研发和示范煤炭开发与利用多方面的新技术集成与耦合，重点突破核心单元技术和相关工程系统问题。

### 2. 油气战略性新兴产业

建立新兴非常规油气产业。随着常规油气勘探开发难度逐步提高、能源需求量不断增大、能源价格持续保持在高位以及非常规油气勘探开发技术的不断发展，以页岩油、气和煤层气为主的非常规油气资源将成为能源接替的重要领域。

在页岩油、气方面，要积极开展我国页岩油、气示范区建设，通过示范区建设推动我国页岩油、气产业发展，同时积极完成我国页岩油、气地质理论体系，适合我国页岩油、气特点的勘探开发技术体系，页岩油、气标准体系"三大体系"的建设，通过技术攻关，实现页岩油、气商业开发的突破。

在煤层气方面，加强煤层气基础理论研究及关键技术和装备的研发，通过加强沁水盆地、鄂尔多斯盆地东缘两个煤层气产业化基地建设，加快贵州织金—安顺构造煤、鄂尔多斯盆地低阶煤开发试验和工程示范，实现煤层气大规模商业开发。

### 3. 核电战略性新兴产业

鉴于核电产业具有技术含量高、产业链长、涉及专业面广等特点，从核电站全寿期、核电全产业链、核燃料循环体系进行全面分析，核电产业发展需要长期稳定的、符合国情的核能发展基本国策，并在此基础上，发挥核电规模效应，争取自主核电出口和国际话语权，逐渐形成完备的发展核能的基础结构，建立完整的核燃料供应和循环体系，建立学科完整、专业配套的核科学技术研究体系和中长期研发部署，建设高水平的研究设施以及比较完整的核能及相关专业人才培养体系，同时注重相应的技术储备和基础积淀。

### 4. 智能电网战略性新兴产业

智能电网战略性新兴产业发展的总体目标是，突破大规模间歇式新能源电源并网与储能、智能配用电、大电网智能调度与控制、智能装备等智能电网核心关键技术，形成具有自主知识产权的智能电网技术体系和标准体系，建立较为完善的智能电网产业链，基本建成以信息化、自动化、互动化为特征的智能电网，推动我国电网从传统电网向高效、经济、清洁、互动的现代电网的升级和跨越。

### 5. 风电战略性新兴产业

经过十几年的高速发展，我国风电产业已经进入了行业的深度调整期。在未来将以进一步降低发电成本、提高电网友好性、降低维护/维修成本、建设更大的单机容量、开拓新型应用方向为主要目标，在不断提高风电机组容量的同时，积极发展海上风电和分布式发电。

### 6. 太阳能发电战略性新兴产业

经过近些年的发展，我国太阳能光伏产能位居全球第一，但存在产业链发展不协调、关键技术薄弱和高端技术设备依赖进口等问题。为此，今后太阳能光伏产业发展的总体思路包括：立足统筹规划，坚持扶优扶强；支持技术创新，降低发电成本；优化产业环境，集中与分布并重，扩大光伏市场；加强服务体系建设，推动产业健康发展；在积极发展大规模光伏基地的同时，注重加强分布式发电和太阳能发电产业的发展。

# 煤炭洁净转化

## 一、煤炭转化利用的现状和趋势

中国经济的高速发展带来能源需求的快速增长。2012年，我国能源消费总量达36.2亿吨标准煤，煤炭占一次能源消费的67.1%，其中煤炭的51%用于发电，19%用于炼焦和化工，超过20%用于工业锅炉窑炉，2.7%用于民用。近些年煤炭转化技术水平快速提高，煤炭转化在污染物减排、油气替代等方面的作用越来越突出。随着生态文明制度建设的进一步加强，煤炭洁净转化将成为新时期煤炭利用的重要发展方向。

### (一)世界煤炭消费和煤炭转化发展现状

根据《BP世界能源统计2013》，2012年世界一次能源消费总量为124.77亿吨标准油。化石燃料仍是世界能源消费的主体，占一次能源消费的86.94%。其中，石油所占比重连续12年下降，2012年达到33.1%；天然气的比重保持历史最高纪录，为23.9%；煤炭的消费比重自2001年跌到工业革命最低点后，保持稳步提高，2012年达到29.9%，见图2-1。煤炭的86.44%用于燃煤发电，约13%用于炼焦和散烧，用于化工转化的比例较低。

2012年，世界前五位煤炭消费国家为中国、美国、印度、日本和俄罗斯，分别占世界煤炭消费总量的50.22%、11.74%、8.00%、3.33%和2.52%，共占世界煤炭消费总量的75.81%，见图2-2。与2011年煤炭消费规模相比，中国同比增长6.1%，印度同比增长9.9%，日本同比增长5.4%，美国同比降低11.9%。

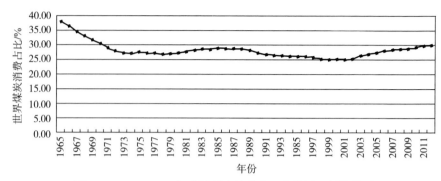

图 2-1    1965～2012 年世界煤炭消费占一次能源比例趋势图

资料来源:《BP 世界能源统计 2013》

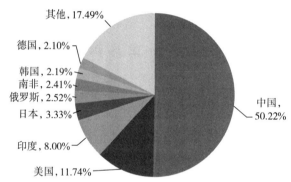

图 2-2    2012 年世界主要煤炭消费国家规模对比

资料来源:《BP 世界能源统计 2013》

## (二)我国煤炭消费和煤炭转化发展现状

煤炭在我国一次能源消费中一直占主导地位。2012 年,煤炭占我国一次能源消费的 67.1%,达到了近 30 年以来的最低水平,见图 2-3,但仍远高于全世界 29.90% 的平均水平。这是由我国"多煤、少油、缺气"的能源禀赋特征和我国所处的发展阶段决定的,预计未来相当长一段时期,煤炭仍将是我国主要的基础能源。

根据《中国能源统计年鉴 2012》数据,2011 年中国煤炭消费总量为 34.3 亿吨,同比增长 9.8%,为 1980 年的 5.6 倍,见图 2-4。

煤炭主要用于第二产业,消费占比达到 95.34%;其次为第三产业(含生活消费),煤炭消费占比为 4.14%;第一产业的煤炭消费仅占 0.52%。

从煤炭的利用结构看,2011 年,我国燃煤发电占煤炭消费总量的比例达到 51.2%,工业用煤占 20.3%,炼焦用煤占 15.5%,工业供热占 4.9%,化工用

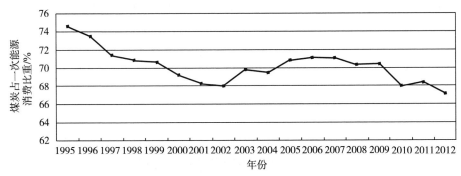

图 2-3　1995~2012 年中国煤炭消费占一次能源结构的比重

资料来源:《中国统计摘要 2013》

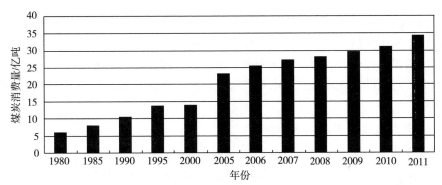

图 2-4　1980~2011 年中国煤炭消费量趋势图

资料来源:《中国能源统计年鉴 2012》

煤占 3.5%,民用生活消费占 2.7%,其他用煤约占 1.9%。近年来,煤炭用于发电的比例不断提高,2011 年燃煤发电用煤占煤炭消费的比例较 2005 年的 44.5%提高了 6.7 百分点;工业用煤比例显著降低,较 2005 年的 25.5%降低了 5.2 百分点;用于化工转化的比例逐步提高。

### (三)煤炭转化过程中存在的主要问题

煤炭支撑了我国经济社会的快速发展,保障了能源的有效供应,但大规模的煤炭利用也带来了能源利用效率低、环境污染和温室气体排放等一系列的问题。

1. 煤炭利用整体效率有待进一步提高

我国是世界上先进超超临界机组装机规模最大的国家。2012 年,我国 100 万千瓦以上超超临界机组达到 54 台,最低发电煤耗为 279 克标准煤/千瓦时。与此同时,中国小型燃煤机组所占比例较高,2010 年,10 万千瓦以下机组占比为

11.06%,而美国不到7%。我国平均供电煤耗落后于世界先进水平。2012年,我国平均供电煤耗为326克标准煤/千瓦时,比日本2005年的水平(313.3克标准煤/千瓦时)高出4.1%。燃煤发电技术有待进一步提高,同时,煤化工等也亟待转型升级,发展大规模、园区化的现代煤化工产业成为提高煤化工整体效率的方向。

2. 煤炭转化利用水平低

我国煤炭利用方向较多,整体结构不合理。虽然近些年燃煤发电的比重有所提高,但与美国90%以上的煤炭用于发电和波兰90%的电力依赖于煤炭等相比,仍有较大差距。

我国仍有超过60万台的分散燃煤锅炉,年耗煤超过4亿吨标准煤,由于分散燃煤锅炉容量小、效率低、污染大、煤耗高,锅炉平均热效率为60%左右,能源利用效率低,资源浪费严重。采取热电联供、集中供热或分片供热系统取代分散的小锅炉供热,成为提升我国煤炭工业锅炉利用水平的重要方向。同时,我国传统的煤化工企业规模小、技术水平落后,导致能源利用效率低、污染物控制难度大,与先进节能环保技术水平有很大差距。因此,发展先进煤炭转化技术很有必要。

3. 燃煤造成严重的环境污染

据统计,2012年,我国$SO_2$、氮氧化物排放量分别为2117.6万吨和2337.8万吨,比2011年分别下降4.5%和2.7%。其中燃煤排放的$SO_2$和氮氧化物分别占总排放量的87%和67%。

燃煤电厂的污染物脱除技术有待提高。据统计,到2010年年末,我国燃煤电厂的烟气脱硫装置安装比例已达82%,然而,绝大多数电厂的烟气脱硫综合效率在80%左右,与美国先进电厂98%的脱硫效率相比,差距明显。此外,烟气脱硝、高效除尘、脱汞等技术在我国主要煤炭使用设备上尚未得到大范围的普及。

工业用煤污染排放规模巨大。虽然我国在燃煤发电锅炉、水泥新型干法窑等方面已经和国际先进水平逐渐接轨,但是我国仍存在量大、面广的工业锅炉和工业窑炉,其在排放标准、能耗、工艺和管理等方面与国际先进水平存在着非常大的差距。这些污染源每年消费大量的煤炭,某些大气污染物(如$SO_2$和一次颗粒物)的排放总量巨大,是今后我国治污、保护环境的"短板"。

随着我国煤炭消费规模的快速增长,燃煤排放的污染问题将会愈加突出。

4. 温室气体排放问题突出

根据《BP世界能源统计2013》统计数据,2012年,全球$CO_2$排放总量达到344.7亿吨,同比增长1.9%;其中,中国$CO_2$排放总量达到92.1亿吨,同比增长 6.0%，达到世界排放总量的 1/4，成为全球 $CO_2$ 排放最多的国家。人均碳排放达近 7 吨，虽然远远低于美国 18 吨的人均水平，但仍超过世界 5.3 吨的人均水平。

我国燃煤引起的 $CO_2$ 排放约占化石燃料 $CO_2$ 排放总量的 80%，随着未来我国社会经济的发展，煤炭消费总量还会进一步增加，会导致更多的排放，解决煤炭消费带来的一系列环境问题迫在眉睫，非常必要。

### （四）世界先进煤炭利用技术及发展趋势

#### 1. 超超临界燃煤发电技术

700℃超超临界燃煤汽轮机组参数一般为 700℃/720℃/35 兆帕，将机组效率提高至 50% 以上，与目前 600℃ 超超临界发电机组相比，发电煤耗可降低近 36 克标准煤/千瓦时，$CO_2$ 排放减少近 13%。欧盟从 1998 年开始实施"AD 700 计划"，美国从 2001 年开始实施 760℃ 先进的超超临界燃煤机组计划，日本从 2008 年开始实施 A-USC 计划。这些计划的实施，预示着 700℃超超临界发电机技术是未来火力发电技术的重要途径。

欧盟"AD 700 计划"原计划由 E. ON 公司投资约 10 亿欧元在德国西北部的 Wilhelmshaven 建设一台 550 兆瓦示范机组，主蒸汽参数为 35 兆帕、700℃。由于资金和技术方面的原因，该建设计划目前处于暂停状态。日本从 2012 年开始对 A-USC 锅炉的部件材料和汽机的部件材料进行中试，预计 2016 年年底完成。

掌握和应用 700℃ 等级超超临界发电技术，可大幅度提升发电效率，降低温室气体与污染物排放，是实现我国火力发电行业可持续发展的不可缺少的途径；开发自主创新的 700℃ 先进超超临界发电技术，可提高我国火力发电装备的研发、设计、制造和运行技术水平，提高我国在该技术领域上的竞争力；开发自主创新的 700℃ 先进超超临界发电技术，可带动电力装备制造行业、原材料生产行业的协同发展，实现超超临界发电装备和材料的自主化，摆脱国外知识产权的束缚，扩大我国机电设备在国际市场上的份额，增强我国的经济实力。

#### 2. IGCC 与 IGFC 发电技术

煤气化联合循环（integrated gasification combined cycle，IGCC）发电技术把高效的燃气-蒸汽联合循环发电系统与洁净的煤气化技术结合起来，既能达到高发电效率，又有极好的环保性能，是一种很有发展前景的洁净煤发电技术。在目前技术水平下，IGCC 发电的净效率可达 43%～45%，今后可望达到更高。而其污染物的排放量仅为常规燃煤电站的 1/10，脱硫效率可达 99%，$SO_2$ 排放在 25 毫克/标准立方米左右，氮氧化物排放只有常规电站的 15%～20%，耗水只有常规电站的 33%～50%，有利于环境保护。

世界上第一座以纯发电为目的的 IGCC 电站，于 1972 年在德国 Lünen 的斯蒂克电站投运，开创了煤在联合循环中应用的先例。此后，1980～1995 年，美国路易斯安那州 Plaguemine 的 Dow 化工厂，曾先后建立过两座 IGCC 电站。美国加利福尼亚州的冷水电站（Cool Water）是世界上公认的真正试运成功的 IGCC 电站。煤的气化采用水煤浆进料的德士古喷流床气化炉，一开一备。动力岛采用 GE7001E 型燃气轮机。该电站成功地运行了 4 年，共历时 25 000 小时。该工程的成功运行，激发了人们对研究和开发 IGCC 发电技术的热情。由此，在 20 世纪 90 年代形成了研究开发 IGCC 关键技术和建立电站的第一轮浪潮，在世界范围内建设或拟建设一大批各种类型的 IGCC 示范电站。其指导思想是：通过建立一系列示范工程，来探索和积累 IGCC 关键技术的设计、制造和运行经验，以便为该技术今后正式转化为生产力准备条件。

IGCC 电厂较之利用煤粉发电技术（coal power，PC）的传统燃煤电厂有着多个众所周知的优点。首先，IGCC 用水量较少。与同等规模的 PC 电厂相比，IGCC 电厂用于冷却用途的水量减少了 1/3 以上，特别适合应用于富煤少水地区。其中的原因在于，IGCC 电厂生产的约 2/3 的电力都来自于燃气轮机，约 1/3 的电力来自于汽轮发电机，而汽轮发电机才需要冷却水。其次，IGCC 能够生成可利用的副产品。在采用高温气化技术时，原料所剩余的灰渣以一种类似玻璃的不会渗析的废渣形式排出。这种废渣可用于生产水泥或屋面瓦，或作为沥青填缝料或集料。这种废渣与绝大多数 PC 电厂所生成的底灰和飞灰不同，底灰和飞灰更容易渗析。而且，这种废渣比飞灰更容易输送、储存和运输。最后，IGCC 具有实施碳捕获增加能耗和降低成本的优点。与 PC 电厂燃烧后的碳捕获技术相比，IGCC 电厂是在燃烧前捕获 $CO_2$，增量能耗和成本均较低，因而更具有优势。因此，在经历了由于投资和运行成本高等一度发展比较迟缓的时期之后，近几年 IGCC 在国际上再次受到重视。

煤气化燃料电池（integrated gasification fuel cell，IGFC）是以气化煤气为燃料的固体氧化物燃料电池（solid oxide fuel cell，SOFC）发电系统，是将煤气化技术和高效率的燃料电池发电技术相结合的先进动力系统。在接入 SOFC 之后，可以继续连接汽轮机发电系统技术形成 IGFC-CC（integrated coal gasification fuel cell combined cycle，即煤气化燃料电池联合循环），即在汽轮机之前先采用 SOFC 实现发电。该系统除具备上述 IGCC 的优点外，更突出的特点是：①效率高，净发电效率≥50%，燃料一次利用率达 80%，整体利用率达 90%，转化率达 97%［高热值（high heat value，HHV）］（100 兆瓦级）。②节约水，几乎完全水循环。③碳捕获率高，$CO_2$ 捕获率≥90%。④成本低，建设成本和发电成本低。

该系统的突出优点是采用 SOFC 高效发电技术，SOFC 可以直接使用含碳类化石燃料，如煤相关的气化煤气（含地下气化煤气）、焦炉煤气（主要成分是 CO、

$H_2$、$CH_4$)、煤层气(主要成分是 $CH_4$)和天然气($CH_4$)等,尤其是以 CO、$H_2$、$CH_4$ 等为主的混合气体,具有良好的性能。这种直接使用含碳燃料的 SOFC 发电技术为化石燃料的高效转化和洁净利用提供了一条有效途径。与燃煤发电技术相比,SOFC 极大地降低了化石燃料在热电转换中的能量损失和对生态环境的破坏,具有更高的效率和更低的污染,SOFC 一次发电效率为 50%~60%,(与汽轮机)热电联动后,能量转化效率高达 80% 以上。与熔融碳酸盐燃料电池相比,SOFC 具有更高的功率密度,没有液态熔盐腐蚀介质,避免了材料的热腐蚀,提高了可靠性,延长了使用寿命。与必须采用贵金属材料(如 Pt、Pd)作电极催化剂的质子交换膜燃料电池相比,SOFC 不需要贵金属催化剂,而是采用 Ni、Cu 等普通金属以及轻稀土类陶瓷材料作为电极,价格低廉,可大幅度降低成本。与必须采用纯氢为燃料的碱性燃料电池、磷酸燃料电池和质子交换膜燃料电池相比,SOFC 可以直接使用各种碳基燃料,来源广泛,运输方便,容易储存,使用更安全。SOFC 是基于化石碳基燃料最合适的高效、洁净能源动力系统,其发电效率的提高,直接降低单位发电量的 $CO_2$ 排放;SOFC 系统中产生的 $CO_2$ 易于回收处理,有望实现碳基燃料能源利用过程中的近零排放。SOFC 能源系统适合模块化设计,可以组装成不同规格的发电和动力系统,安装灵活,很容易与现有各种燃料及燃料供应基础设施兼容。因此,基于我国能源结构现状,发展碳基燃料 SOFC 能源动力系统很有必要,它将为我国以化石能源,尤其是以煤为主体的能源结构和以燃煤发电为主的电力结构调整做出重要贡献。

该技术在国内外发展的差距很大。发达国家以大型化公司团队为基础,开展了数十年的研发和示范工程,目前已经在进行兆瓦级商业发电系统的运行,但对中国严格禁运此项技术和相关产品,我们必须走自主研发的道路。在我国,这项技术还停留在高校的实验室和小公司的中试线上,迫切需要国家政策和社会资本的共同支持,发展属于中国自己的 IGFC 系统。

3. 煤炭高效转化多联产系统技术

煤多联产系统正是从整体最优角度、跨行业界限,所提出的一种高度灵活的资源、能源、环境一体化系统。所谓"多联产",就是指将以煤热解气化技术为"龙头"的多种煤炭转化技术通过优化组合集成在一起,以同时获得多种高附加值的化工产品(包括脂肪烃和芳香烃)和多种洁净的二次能源(气体燃料、液体燃料、电力等)。目前多联产系统的主要技术方向可以分为:①以煤完全气化为核心的多联产系统;②以煤热解燃烧为核心的分级转化清洁发电综合利用系统。日本通商产业省在《21 世纪煤炭技术战略》报告中,特别提到了提高燃料利用率的高增值技术,其中把低温快速热解制取燃气、燃油及高价值化学品作为重要研究项目。美国能源部也将从煤中提取部分高品位液体燃料和化学品列入"21 世纪能源展望"计划,作为其中的一项重要内容。

以煤完全气化为核心的多联产系统以煤炭气化为基础，包含多种先进的煤炭转化技术，如煤制油、煤制天然气、煤制烯烃、煤制乙二醇、煤制芳烃、甲醇制汽油等，可生产出煤基清洁燃料或化工品，是适合中国国情的新型、洁净、高效能源新技术。采用不同的先进煤炭转化技术，便可形成不同的煤炭高效转化子系统(或称工艺系统)，如煤制油工艺系统、煤制烯烃工艺系统、煤制天然气工艺系统、煤制乙二醇工艺系统、煤制芳烃工艺系统、甲醇制汽油工艺系统等。其中，我国的煤制油、煤制烯烃工艺已成功完成工业示范，正在总结工业示范成果，煤制天然气、煤制乙二醇等工艺正在进行工业示范。

以煤热解燃烧为核心的分级转化清洁发电综合利用系统在煤炭燃烧发电前先提油提气。此项技术基于煤炭各组分所具有的不同性质和转化特性，以煤炭同时作为资源和燃料，将煤的热解、燃烧等各过程有机结合，实现煤炭分级转化梯级利用，在同一系统获得低成本的煤气、焦油产品和蒸汽产品，所生产的煤气可用于化工合成或燃料气，焦油可分馏出各种芳香烃、烷烃、酚类等，也可经加氢制得汽油、柴油等产品，蒸汽则用于电力生产和供热，从而有效降低煤炭转化工艺过程的复杂程度和成本，提高煤炭利用效率和效益，大幅度降低污染物排放。

在较低温度下以制取煤焦油、煤气为目的，以煤热解为基础的煤的热解提质技术和多联产转化过程很多，国外主要煤热解提质技术有德国的 Lurgi-Squel-gas (L-S)低温热解工艺、Lurgi-Ruhrgas(L-R)热解技术，前苏联的褐煤固体热载体热解(ETCH-175)工艺，美国的温和气化(Encoal)技术、西方热解(Garrett)法、Coal Oil Energy Development(COED)法，日本的煤炭快速热解技术等。由于西方国家有充足的石油供给，这些技术在中试和工业试验后，没有进行大规模的工业开发。

4. $CO_2$ 处理和利用技术

$CO_2$ 捕获与封存(carbon dioxide capture and storage，CCS)是指从化石能源利用(如大型发电厂、钢铁厂、化工厂等)产生的尾气中捕获 $CO_2$，将其液化运输至埋存地，并注入地质结构中进行封存。CCS 是实现减少 $CO_2$ 向大气中排放的潜在的重要措施之一，被认为是未来 50～60 年减少温室气体排放的一种重要方式。

CCS 技术包括 $CO_2$ 捕获、运输以及封存三个环节，它可以使单位发电碳排放减少 85%～90%。全球有多个成功的 CCS 项目在进行中。美国 Weyburn-Midale项目填埋的是北达科他州萨斯喀彻温省一座废弃油田的煤炭气化厂产生的 $CO_2$。英国石油公司(British Petroleum，BP)经营的阿尔及利亚萨拉油田项目把从当地生产的天然气中提取的 $CO_2$ 输入地下。挪威大型石油天然气公司国家石油公司也在北海有两处类似的项目。另外，全球有上百个 CCS 项目正在建设中。

在我国，继北京的华能高碑店项目后，华能石洞口第二电厂碳捕获项目年捕获 $CO_2$ 12 万吨，目前是全球最大的燃煤电厂碳捕获项目。2011 年，神华集团承担的我国首个 10 万吨/年全流程内陆咸水层 CCS 示范工程建成投运，并在鄂尔多斯盆地开始正式连续注入。

目前，国际上开发和应用的 $CO_2$ 处理与利用的途径有多种。其中 $CO_2$ 驱油提高原油采收率(enhanced oil recovery，EOR)已被成功地应用于石油开采，可以显著增加枯竭油田的石油产量。$CO_2$ 重整煤循环技术和 $CO_2$ 电解还原技术有待进一步研究开发。

$CO_2$ 重整煤循环技术是通过由 IGFC 产生的高温、高浓度 $CO_2$ 来重整煤或焦炭，产生高含量的 CO 气体，为下游煤化工的发展做准备。$CO_2$ 电解还原技术旨在利用 IGFC 在 SOFC 阳极产生的高浓度 $CO_2$，为 $CO_2$ 的捕获和集中处理提供十分有利的条件。利用太阳能、风能、生物质能、地热能等可再生能源发电所产生的电，或者输电中峰谷富余的电，通过固体氧化物电解池(solid oxide electrolysis cell，SOEC)电解还原 IGFC 在阳极产生的 $CO_2$ 和 $H_2O$，制取合成气和氧气，以合成气为基础合成化学品。在这种思路下，一方面，可把可再生能源作为能源资源的补充引入现有的能源和工业体系中，降低对煤炭主体能源的消费；另一方面，利用可再生能源生产合成气等产品，作为化工等其他工业的原料补充。

## 二、我国煤炭洁净转化战略性新兴产业的培育与发展

### (一)煤炭洁净转化产业可以培育成战略性新兴产业

煤炭洁净转化产业是指以煤炭为基础，通过技术创新较目前大幅提高燃煤发电效率，通过现代煤化工工艺和技术制取化学品、气体或液体燃料等的工业过程，既包括煤炭的清洁、高效燃烧和煤炭的绿色、低碳转化，也包括煤炭作为能源和资源的联产综合利用。发展新型煤炭洁净转化产业对延长煤炭产业链、拓宽煤炭转化利用产业范畴、推动煤炭生产地区产业转型和缓解我国油气资源不足等具有现实意义。

1. 突破先进超超临界燃煤发电技术，巩固和发展我国更为先进的清洁、高效燃煤发电产业

目前，我国燃煤发电已经取得显著成果，据统计，截至 2011 年年底，全国在役 600 兆瓦及以上机组达 447 台(其中百万千瓦超超临界火电机组达 39 台)，总容量约 29 235 万千瓦，占全国火电装机容量的 38.05%。目前，美国、欧盟、日本等先进燃煤发电国家都在攻克先进超超临界技术(超 700℃ 燃煤发

电技术)。自主开发和掌握应用 700℃ 等级的超超临界发电技术,一方面可提高我国火电装备的技术水平,带动电力装备、原材料生产等相关行业的发展;另一方面可提高燃煤发电效率,减少化石能源的消耗,降低温室气体和污染物的排放。

2. 煤炭通过洁净转化生产油品和化工品,可弥补我国石油、天然气资源的短缺

我国缺油少气,据统计,2011 年我国石油剩余储量仅为 32.4 亿吨,仅为世界总量的 1.0%;天然气剩余储量为 4.0 万亿立方米,不足世界总量的 1.7%。当前能源安全形势严峻,2012 年我国石油对外依存度超过 57%,达到历史最高位;天然气对外依存度快速增长,达到 29.5%,较 3 年前提高 24.6 百分点。立足煤炭、发展煤炭转化成为破解或缓解我国能源发展困境的必然战略选择,对国民经济社会发展和能源产业格局调整具有重大引领作用。

3. 煤炭通过综合联产可以系统地提高煤炭清洁、低碳转化利用水平,体现能源综合效率和效益

过去三十多年,伴随着经济高速发展,我国能源需求快速增长,对能源供给与环境生态提出了巨大挑战,包括能源需求量巨大且快速增长导致供应能力紧张,液体燃料短缺和高度依靠进口导致能源安全堪忧,环境污染严重,温室气体排放量越来越大,同时还伴随着城镇化建设过程中的大量能源需求问题。

以煤气化技术(包括煤完全气化、部分气化、热解等)为"龙头",从产生的合成气来进行跨行业、跨部门的联合生产,以同时获得多种高附加值的化工产品(包括脂肪烃和芳香烃)和多种洁净的二次能源(气体燃料、液体燃料、电力等)的优化集成能源系统是一条先进的煤炭利用技术路线,是综合解决上述诸多问题的重要途径和关键技术,同时通过煤基多联产可以富集高浓度的 $CO_2$,为发展碳捕获、利用与封存(carbon capture utilization and storage,CCUS)提供重要的条件。

4. 产业化是煤炭转化下一阶段发展的关键

现代煤炭转化核心技术基本成熟,大型商业化示范陆续取得成功。进入 20 世纪 80 年代以来,现代煤化工技术得到快速发展,我国已经建成并成功运行了一套年产 100 万吨级的煤直接液化、三套年产 10 万吨级的煤炭间接液化、一套年产 60 万吨煤制烯烃、四套年产亿立方米以上的煤制甲烷和煤制乙二醇等工业示范装置。在现代煤炭转化示范装置运行中,还存在工艺优化、催化剂性能、减少污染排放等一些共性问题,下一阶段通过一些关键技术、系统集成技术的进一步研究开发和工程化示范,可在 2020 年前后基本实现煤炭的洁净转化,为煤炭洁净转化的大规模产业化和发展为战略性新兴产业奠定重要基础。

## (二)煤炭洁净转化产业发展的总体思路

能源是社会发展的基础,煤炭作为基础能源,必须转变其传统生产利用方式,提高煤炭生产利用技术水平和效率,实现煤炭高效、绿色开发利用。煤炭产业发展必须从粗放型向集约型转变,从劳动密集型向技术密集型转变,从污染低效型向绿色高效型转变。燃煤发电和煤炭转化等相关产业必须加强自主创新能力,改变传统的煤炭利用和单方向煤炭石油替代方式,在绿色低碳、高效集约等方面有新的技术突破。基于现代煤炭开发利用发展新理念的煤炭全生命周期效率、环保和经济评价,将是未来发展煤炭开发和利用新技术的综合标尺。分析发现,近期可实现、未来可发展的新型能源技术与系统,对于促进我国能源、经济与环境协调发展,维护国家能源安全,实现能源装备业的自主创新,满足国民经济又好又快发展需要,都具有重要的战略意义和现实意义。

我国煤炭洁净转化战略性新兴产业发展的总体思路为,将煤炭利用多元化和集成化作为主要培育与发展方向。煤炭既是能源,也是资源,煤炭不仅是燃煤发电的动力燃料,也是提供碳、氢等元素的能源化工原料。因此,要发展多联产系统,提高煤炭利用效率,实现环境和经济协调发展。

未来煤炭洁净转化战略性新兴产业发展的重要方向和目标是,研发和示范煤炭开发与利用多方面的新技术集成与耦合,重点突破核心单元技术和相关工程系统问题,构建起以煤为主的多能源近零排放联产系统,形成煤炭清洁高效利用的全产业链和多形态耦合、新型先进的能源系统,实现煤基能源的绿色低碳化和高效集约化,实现"能源、经济、社会、环境"的和谐发展。

## (三)煤炭洁净转化战略性新兴产业发展路线图

煤炭高效转化及近零排放系统总体发展技术路线图如图 2-5 所示。该系统主要包括煤高效发电技术、煤制油品/化学品多联产技术、$CO_2$ 利用技术及废弃物利用技术。

(1)煤高效发电技术。通过对多种先进煤炭发电技术的优化集成,可以实现多种不同类型生产过程的优化耦合,实现总体系统能源效率的大幅度提高,燃煤发电污染物达到天然气排放标准,实现煤炭清洁高效利用,满足我国目前节能减排要求,有效解决我国能源利用效率低下的问题,促进节能型社会建设。

(2)煤制油品/化学品多联产技术。发展清洁高效煤炭转化利用技术,实现以煤炭为原料,生产可满足市场需求的清洁气体燃料、军用及航空特种燃料、化工品、电力等多元产品,有利于解决我国清洁气体、液体燃料短缺,尤其是特种航空燃料短缺问题,有利于降低石油进口依存度,保障国家能源安全。

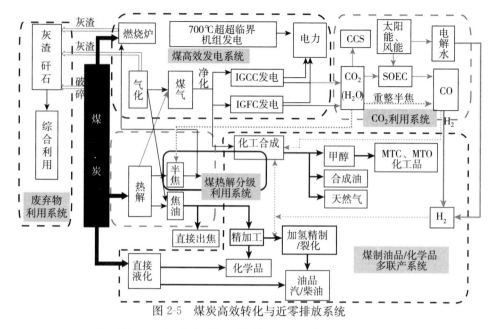

图 2-5　煤炭高效转化与近零排放系统

（3）CO$_2$ 利用技术。在煤气化和转换单元、合成和燃烧单元捕获高浓度 CO$_2$，实现煤炭利用过程中 CO$_2$ 捕获，满足后续利用或封存要求，进而满足有效减排 CO$_2$、实现近零排放和社会可持续发展的需求。

（4）废弃物利用技术。在新型煤基能源系统中，全生命周期地考虑煤炭清洁开发与利用，有效处理和利用废弃物，减少污染物排放，实现矿区生态环境的修复和复原，实现人、能源、环境和谐发展。

## （四）煤炭洁净转化产业发展重点地区案例分析

2010 年 2 月，时任国务院副总理的李克强在宁夏考察时指出："宁东、鄂尔多斯、榆林现在看是个'金三角'，这块整体规划、统筹考虑、有序推进，很可能成为我们国家十分重要的能源化工基地，在国家全局当中会有举足轻重的作用。"

### 1. 能源"金三角"具备打造煤炭洁净转化产业聚集区的条件

能源"金三角"煤炭资源储量丰富，开采地质条件简单，煤质较好，适宜大部分煤化工转化项目。宁东、鄂尔多斯、榆林三地煤炭探明储量为 3514 亿吨，占全国总量的 26.2%。2012 年三地煤炭产量突破 10 亿吨，达到 10.2 亿吨，占全国煤炭生产总量的 27.8%，较 2003 年的比重提高了 18 百分点。同时，目前国家的煤炭直接液化、间接液化、煤制烯烃、煤制甲烷、煤制乙二醇等现代煤化工示范工程都集中在该区域或周边，三地都提出了大力发展煤炭转化产业的宏伟蓝图。中国工程院重点咨询项目"能源金三角发展战略研究"提出了三地应一体考虑、差异发展煤炭洁净转化的战略思路。

2. 宁东、鄂尔多斯、榆林可分别打造不同煤炭洁净转化园区

宁东地区以优质动力煤为主,适宜大规模煤炭气化和发展煤电,可打造我国现代煤化工基地和煤电"西电东送"基地。煤炭洁净转化重点发展煤制烯烃及下游加工产业。

鄂尔多斯以长焰煤、不粘煤、弱粘煤为主,北部年轻烟煤适宜大规模气化,进而制取甲烷;东部煤富含高铝,适宜大规模发电和粉煤灰循环利用;南部以优质化工用煤为主,且镜质组分含量较高,适宜煤炭直接液化。

榆林煤炭具有高含油特征,特别适宜分级转化利用,通过中低温干馏等方式,提取焦油,进而加氢精制生产液体燃料,半焦则适宜掺混发电、经电石制取聚乙烯或聚氯乙烯、作为冶金焦使用等。

3. 能源"金三角"区域煤炭洁净转化产业集群发展

宁东、鄂尔多斯、榆林目前集中了我国大部分现代煤化工示范项目,并规划了大量的工业化、大规模煤炭洁净转化项目,对于资金、人才、资源等要求都较高,产业集群基本具备规模,可在此基础上发展系统性集成技术,提高区域整体合力;建立跨区域的产业协同关系,构建产业上下游的产业链条,形成产业联盟;建立大型科技研发和实验平台,提升地区的产业综合竞争力,保障地区产业发展;园区化建设,对于大部分煤炭洁净转化项目依赖煤炭气化工艺环节的要求,合理细化分工,探索统筹建设大型气化岛工程;推动企业多元发展,培育新型专业科研服务小企业,壮大大规模投资集团企业。

# 三、可突破性发展的煤炭利用技术

## (一)煤炭高效发电技术

1. 先进的 700℃ 超超临界燃煤发电技术

1) 技术发展现状

我国已具备自行研发、建设超超临界机组的装备制造能力和人才队伍,对国外 700℃ 机组开发计划进行长期跟踪,有一批长期为我国航空航天、舰艇等行业研制和生产行业用高温合金的科研院所、材料生产企业,具有一定的高温合金研究和生产经验。2010 年 7 月,国家能源局宣布成立国家 700℃ 超超临界燃煤发电技术创新联盟。

2) 核心(突破性)技术

由于电厂的高温部件运行条件与航空发动机、工业燃气轮机有很大的不同,

特别是火电厂部件的设计寿命要比航空发动机至少长一个数量级，因此，需要对材料在新的使用条件下的性能进行研究和验证。另外，火力发电机组的部件，特别是汽轮机转子尺寸要比航空发动机部件大得多，这些镍基合金的可加工性能需要重新评估和改善。由于镍基合金价格昂贵，因此需要提高铁素体耐热钢和奥氏体耐热钢的使用温度，尽可能减少高温合金的使用量。同时完成并运行 700℃超超临界燃煤发电关键部件验证试验平台，进行高温材料的挂片、筛选，彻底掌握具有自主知识产权的 700℃等级先进超超临界镍基合金制造方法。同时应改进传统的设计方法，以减少昂贵合金的使用量。

燃煤烟气污染物高效脱除与多种污染物协同控制是当前电站发展的趋势，大力开展燃煤烟气污染物的控制理论及技术研究工作，在 $SO_2$、$NO_x$、PM、重金属等污染物控制方面取得了突破，形成了一套可使燃煤电厂烟气主要污染物排放达到国家天然气燃气轮机排放标准要求的烟气近零排放技术。

3）产业化发展技术路线图

根据 700℃超超临界燃煤发电技术的难点，提出我国 700℃超超临界燃煤发电技术开发计划，见图 2-6。技术研究计划分总体方案设计研究、高温耐热合金材料开发及毛坯件研制、主机关键部件研制、锅炉关键部件验证平台建设和试验、示范工程五个部分进行。从 2011 年开始研究，2018 年开始进行示范电厂建设。

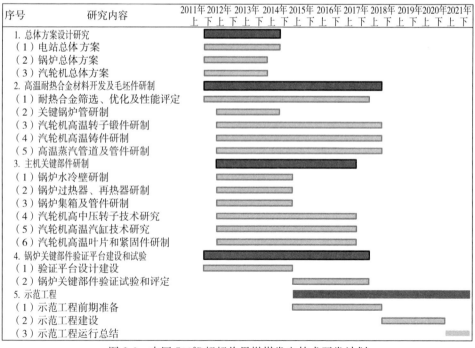

图 2-6　中国 700℃超超临界燃煤发电技术开发计划

4) 发展效果预测

我国燃煤发电机组的发展经历了单机容量从小到大、初参数从低到高的过程。目前，我国已经成为国际上投运 600℃ 超超临界机组最多的国家，已基本形成了 600℃ 超超临界机组材料加工、设备制造、施工和安装、运行和检修较完整的产业链，为 700℃ 超超临界机组的开发奠定了基础。

700℃ 超超临界发电机组与目前 600℃ 超超临界发电机组相比，最大的差别是由于机组初参数的提高，必须使用镍基合金材料。因此，传统的火电机组装备制造产业链也必须进行相应的调整。镍基合金材料的冶炼和加工，则成为 700℃ 超超临界发电装备制造产业链中新兴的最为关键的一环。目前镍基耐热合金主要用于航空、航天、化工等领域，火电机组的特殊技术要求和数量需求，对于我国的镍基合金材料产业无论是在技术方面还是产能方面都是一次重大的挑战和发展机遇。按照我国 700℃ 超超临界发电技术开发计划草案，2021 年以后，该技术可以达到推广应用阶段。根据中国电力企业联合会开展的"十二五"电力发展规划滚动研究成果，2020 年我国的电力装机将达到 19.35 亿千瓦（其中煤电为 11.7 亿千瓦），其后的增长率按照 4%～5% 进行估算，每年需要增加装机容量约 8000 万千瓦，其中若按照 60% 为火电机组，则每年增加的火电机组容量约为 5000 万千瓦，还有届时退役的中小容量机组，若全部安装 700℃ 超超临界发电机组，每年对镍基合金材料的需求量将达到 10 万吨以上。

2. IGCC 高效发电系统

1) 核心（突破性）技术

IGCC 是 1987 年试验成功的一种洁净煤发电技术，具有发电效率高、常规污染物和温室气体排放量低的特点。IGCC 技术虽然已有 40 年的发展历史，但至今仍有许多问题需要深入研究。例如，气化炉对燃料的适应性问题、低能耗制氧方法及其对 IGCC 性能和经济性的影响，以及煤气显热更充分利用等问题。这些问题不仅关系到 IGCC 技术的经济指标，同时还影响到 IGCC 整体设备的运行可用率和可靠性。当前 IGCC 技术的开发重点是进行 IGCC 工业示范，建立不同规模、采用不同技术的煤气化与燃气、蒸汽联合循环系统，掌握和改进 IGCC 系统集成技术，降低造价，积累 IGCC 电站的实际运行、检修和管理经验。

2) 产业化发展技术路线图

利用我国开发成功的多种喷流床气化炉和引进 KBR 气化炉与 GSP 气化炉的良好时机，配置适当容量的 IGCC 电站设备，建成 120～250 兆瓦等级的示范型电站（最后过渡为商业示范型）。其目的是：试烧适合的煤种，总结出最佳的运行条件（允许对气化炉进行必要的改造），以便最后定型气化炉，为今后批量生产 300～350 兆瓦容量等级的 IGCC 电站做好技术准备，积累 IGCC 电站的实际运行、检修和管理经验。

建议建设 4～5 座电站。中国华能集团在天津已建成并投产了 250 兆瓦且拥有自主知识产权的 IGCC 电站，目前正在实施第二期工程，计划建设以下四个电站。

(1)用水煤浆激冷型气化炉的 250 兆瓦 IGCC 电站。

(2)用水煤浆全热回收型气化炉的 250 兆瓦 IGCC 电站。

(3)用干煤粉的全热回收型气化炉的 300 兆瓦 IGCC 电站。

(4)用 KBR 气化炉的 120 兆瓦 IGCC 电站，主要试烧褐煤；或者建立一座用 GSP 气化炉的 250 兆瓦 IGCC 电站，试烧褐煤。

此外，为了全面示范 IGCC 与超超临界参数粉煤电站在供电效率、发电成本以及污染排放水平方面的优势，建议再建一座 400 兆瓦等级的供电效率为46％～48％的 IGCC 示范电站，燃气轮机可用 M701F4 或 M701G 型，也可以把这个 400 兆瓦的 IGCC 电站作为我国准备引进并合作生产的机型。这样将有利于今后较大批量地生产这种 IGCC 电站，该电站最终也可成为燃气轮机设计、研究和试验中心管理的试验电站。

2014～2020 年，与国外谈判引进先进的 IGCC 电站关键设备(空气气化炉和 FrF 级或 FrG 级燃用低热值合成煤气的燃气轮机)，并在国内合作生产。

通过 10～15 年的努力，在我国建成可以独立自主研究设计和试验先进的大型燃气轮机的中心和基地，培养一支有素养的专业人才队伍，见图 2-7。

图 2-7  中国发展 IGCC 发电技术和电站的路线图

3)发展效果预测

预计在 2020 年之前完成 5～6 座 IGCC 电站的工业示范，总发电容量达到 1200～1500 兆瓦。

到 2030 年时，我国 IGCC 电站的供电效率、污染排放特性、比投资费用与发电成本将全面优于超超临界的粉煤蒸汽电站，有条件新建一批性能较好的 IGCC 电站来进行示范，设想每一座 IGCC 电站的净功率为 600 兆瓦(即每座 IGCC 电站由 2 台燃气-蒸汽联合循环机组组成，采用"2＋2＋1"多轴布置方式)，共用 40 台联合循环机组，装备 20 座 IGCC 电站，其总净功率为 12 000 兆瓦，占全国总装机容量的 1％左右。

3. IGFC 高效发电系统

1)技术发展现状

在美国、日本、欧盟等发达国家作为国家专项持续支持该领域发展的前提下，IGFC 技术在世界范围内已经取得了较大突破。例如，美国能源部持续支持的固态能源转换联盟（solid state energy conversion alliance，SECA）项目中，Fuel Cell Energy 公司正在进行 400 千瓦 SOFC 发电站的建设和测试工作；UTC Power 公司设计的 100 兆瓦 IGFC 电站净效率≥50%（HHV），碳捕获率≥90%。而西门子公司 100 千瓦 SOFC 发电系统已经运行超过 4 万小时，发电效率维持在 46%，且无衰减。风险投资支持的美国 Bloom Energy 公司商业运行兆瓦级发电系统，尤其是其采用的新型商业模式值得借鉴，效果良好。日本新能源产业技术综合开发机构（the New Energy and Industrial Technology Development Organization，NEDO）项目支持分布式商业示范运行，自 2012 年 12 月起，日本三菱重工业株式会社（Mitsubishi Heavy Industries LTD.，MHI）已经开始测试包含 250 千瓦 SOFC 发电系统，正在建设 800 兆瓦 IGFC 发电站系统。

中国上述技术在研究领域也有很好的进展。从"九五"开始，国家持续支持研发，培养了较好的科研团队。"十二五"开始，国家继续加大力度，同时在"863 计划"和"973 计划"部署相关项目，推动 SOFC 应用技术的发展["863 计划"主题项目（2011～2013 年）"燃料电池与分布式发电系统关键技术"和"973 计划"项目（2012～2015 年）"碳基燃料固体氧化物燃料电池体系基础研究"]。

一项新技术的产业化发展必须以企业为主体。在民间资本和社会多方面力量的支持下，该领域小型专业化公司开始成长，如苏州华清京昆新能源科技有限公司、北京索福赛尔科技有限公司等。大能源集团也开始酝酿和部署实施相关项目，代表性的有华能集团、大唐发电、神华集团等。

2)核心（突破性）技术

IGFC 高效发电系统路线图如图 2-8 所示。其中包括的突破性技术有 SOFC 发电技术、透氧膜（oxygen transport membrane，OTM）供氧技术、SOEC 电解技术、$CO_2$ 膜分离和高效利用技术、IGFC 系统集成与优化技术。

3)产业化发展技术路线图

到 2020 年，建设 IGFC 示范电站 3～5 座，为批量生产 100 兆瓦容量等级的 IGFC 电站做好技术准备。具体见图 2-9。

4)发展效果预测

到 2030 年，带 $CO_2$ 捕获的 IGFC 电站在供电效率、污染排放特性、比投资费用与发电成本、节水等方面将全面超越带 $CO_2$ 捕获的超超临界燃煤锅炉发电厂。

建设工业示范系统，装备 20 座 IGFC 电站，其总净功率为 12 000 兆瓦。

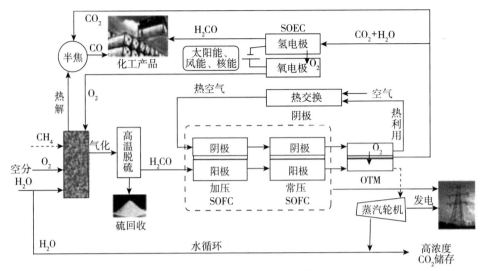

图 2-8　IGFC 发电(联合 CO$_2$ 利用)系统

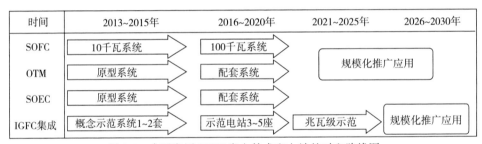

图 2-9　中国发展 IGFC 发电技术和电站的时空路线图

应用于大型发电站和分布式供电系统,与现有用电工业产业融合。

## (二)煤化工高效转化技术

### 1. 低排放分级转化综合利用系统

#### 1)技术发展现状

20 世纪 90 年代以来,清华大学、浙江大学、中国科学院(简称中科院)过程工程研究所等针对不同煤种研究开发了气化-燃烧、热解-燃烧不同组合方式的多联供工艺过程。中科院过程工程研究所、山西煤炭化学研究所(简称山西煤化所)、工程热物理研究所分别提出了采用不同热解器(下行床、移动床、流化床)与循环流化床(circulating fluidized bed,CFB)锅炉耦合的煤炭热解技术。目前,这些技术正处于实验室小型实验和在工业锅炉上进行中试的工业放大实验阶段。浙江大学开发的煤热解燃烧多联产系统已经完成了 12 兆瓦工业试验,目前正在建设 300 兆瓦示范项目。

2）核心(突破性)技术

低排放分级转化综合利用系统将煤的热解、气化和燃烧技术有机组合，实现了煤炭的分级转化，提高了煤转化效率和利用效率，降低了污染排放，实现了系统整体效益的提升，适用于我国丰富而复杂的煤种，对我国的煤炭利用尤其有重大意义。基于我国每年 50％以上煤炭用于电力生产和少油缺气的现状，应该大力促进以发电为主的煤炭热解气化燃烧分级转化技术的研究、开发和推广。该类技术目前在国际上尚处于研发和局部的示范阶段，我国在此方面处于先进水平。目前应该重点突破的核心技术包括煤高效热解技术、高效油气分离和煤气净化及污染物综合利用技术、半焦高效燃烧和烟气中污染物综合协同脱除技术、中低温焦油的深加工技术等。

3）产业化发展技术路线图

（1）至 2020 年前，通过技术创新和积极开发，发展基于煤粉燃烧发电技术的煤炭热解燃烧分级转化及相关关键技术，达到中试规模；采用基于循环流化床燃烧发电的煤炭热解燃烧分级转化技术改造现有电厂，形成 600 兆瓦商业化示范，在较小的投资前提下，实现效率提高，与超超临界和 IGCC 机组的供电效率相当。努力实现 8％左右的电力、动力生产用煤采用煤炭热解气化燃烧分级转化技术进行煤炭综合利用，预计每年可制取相当于 210 亿立方米天然气和 900 万吨的原油产品，相当于替代 1700 万吨原油。

（2）至 2030 年前，通过技术创新和积极开发与发展基于煤粉燃烧发电技术的煤炭热解燃烧分级转化及相关关键技术，实现超超临界结合煤粉分级转化工程示范，基于循环流化床燃烧发电的煤炭热解燃烧分级转化技术达到大规模商业化。该阶段预计可实现 25％左右的电力、动力生产用煤采用煤炭热解气化燃烧分级转化技术进行资源化综合利用，预计每年可制取约 675 亿立方米天然气和相当于 2700 万吨的原油产品，相当于替代 5400 万吨原油。

具体路线图见图 2-10。

图 2-10　中国低排放分级转化清洁发电综合利用系统的时空路线图

4）发展效果预测

该技术可应用于现有电厂改造和新建电厂，实现煤中元素和能的充分利用，系统具有较好的节能减排效果，应用前景广阔，可大幅度提高煤炭综合利用效益。按照我国年产煤约 30 亿吨，其中 50％作为发电用煤的情况，如果 50％的全国发电煤炭采用该项目提供的技术进行转化，则每年用该技术处理的原煤为 7.5 亿吨，需要年处理 200 万吨(除产油、产煤气外，可发电 600 兆瓦)的成套装置约 375 套，总投资为 1.2 万亿元，每年可直接创造国内生产总值 (GDP)达 6412 亿元。

**2. 褐煤提质技术**

**1)技术发展现状**

褐煤中的水分按存在形式可分为结合水、内在水分和外在水分三类。其中内在水分吸附在褐煤内部的毛细孔隙内，只有加热到一定温度时才能逸出。由于褐煤的内在水分含量高，常规的机械脱水法几乎不起任何作用，须在某种热载体的作用下，使褐煤发生物理或化学变化，才能除去其中的部分水分，达到提质的目的。根据热介质及其作用方式的不同，褐煤脱水提质技术可以分为蒸发脱水法和非蒸发脱水法两种。近年来，中国国内一些机构和院校，如中国电力投资有限公司、蒙东能源有限公司、大唐电力、清华大学、煤炭科学研究总院北京煤化工研究分院、中国矿业大学(北京)等先后提出或开发了不同的褐煤蒸发脱水技术。国内褐煤干燥设备生产厂家主要有北京柯林斯达、唐山天和、唐山协力、中信重工、唐山神州、洛阳万山等，主要采用滚筒干燥、管状干燥、气流干燥、流化床干燥等技术，很多技术已进入工业示范阶段。

以获得半焦和焦油为目的的褐煤提质技术有大连理工大学开发的褐煤固体热载体干馏多联产工艺、北京煤化工分院开发的多段回转炉提质工艺、大唐华银气体加热工艺、神雾集团的辐射管加热热解技术、浙江大学褐煤热解工艺以及国电集团的合金球热解技术等。

**2)核心(突破性)技术**

未来 10 年中国褐煤年产量将达到 3 亿吨以上，其中 80％左右产于内蒙古东部地区，近 15％产于云南省。针对中国褐煤水分高、灰分高，就近利用量低而长途运输经济性差，对现代煤转化技术适应性差，且不同地区褐煤的煤质差异显著，不同煤转化途径对褐煤提质技术的要求不一等现状，结合近年来国内外褐煤提质技术开发和产业发展趋势，应开发具有中国自主知识产权的现代褐煤提质利用关键技术，并在相关工业示范项目中应用。其核心技术包括褐煤物理干燥工艺开发和水资源回收技术，褐煤热解燃烧多联产技术，褐煤快速热解分级利用技术，热解半焦钝化、输送和利用技术，含酚废水处理技术。

**3)产业化发展技术路线图**

完成核心技术的开发，2020 年实现 200 万吨/年褐煤物理干燥装置示范和 200 万吨/年褐煤热解多联产装置示范，褐煤脱氧改性制备气化水煤浆技术开发与 30 万吨/年示范工程。

4）发展效果预测

褐煤提质技术通过干燥和轻度化学反应过程处理，提质成品的燃料特性可以趋近于烟煤，化学性能稳定，可以保障褐煤的长距离运输和储存安全。此外，还可以提取焦油和煤气，提升褐煤利用价值。我国国民经济和社会正处于快速发展中，对能源的需求高速增长，保障能源供应安全已经成为国家的重大战略问题。开发利用褐煤资源提质技术无疑将有利于进一步稳固我国以煤炭为基础的能源供应现状，缓解我国能源供应的紧张状况，对保障国家能源供应安全具有重要战略意义。

3. 煤化工合成低碳醇技术

1）核心（突破性）技术

其核心技术包括催化剂开发以及可提高煤炭转化效率、降低水耗的合成技术。

2）技术发展现状

近一个世纪以来，由合成气制备低碳醇的过程一直是学术界和企业界极为重视的研究课题。特别是在过去的三十余年中，低碳醇合成的研究引起了全世界极大的关注，形成了许多催化体系及相关的理论。最典型的，同时也被认为是最具工业化前景的催化体系包括四个大类，即美国 DOW 公司开发的 $MoS_2$ 催化体系（Sygmol 工艺）、法国石油研究所的 Cu-Co 系催化体系、德国 Lurgi 公司的改性 Cu-Zn-Al 催化体系（Octamix 工艺）和意大利 Snam 公司的 Zn-Cr-K 催化体系（MAS 工艺）等。

国内清华大学、中科院大连化学物理研究所（简称中科院大连化物所）、中国科学技术大学（简称中国科技大学）、中科院山西煤炭化学研究所（简称中科院山西煤化所）及天津大学等单位也进行了研究。清华大学开发了 Li-$CuMgCeO_2$ 催化剂，完成 500 小时工业侧线实验；中科院大连化物所与 BP 公司合作主要研究 Rh 基催化剂，从事乙醇的合成；中国科技大学对 Mo 基催化剂的制备及反应机理的研究均达到了很高的水平；中科院山西煤化所开展合成气制低碳混合醇技术研究历经二十多年的过程。近些年研发团队摒弃传统高温、高压的苛刻合成反应条件和使用贵金属高成本工艺，定向开发了由合成气制高附加值化工混合醇和燃料添加剂的廉价催化剂及其配套工艺路线，在较低的反应压力和温度下，可以获得较高的醇收率和 C2＋醇选择性，实现合成气的低碳高效转化。

最近，中科院山西煤化所研制的新型催化剂已得到荷兰壳牌石油公司的国际验证，催化剂在工业单管中试装置完成超过 1200 小时的稳定运转，在温度 230～260℃、压力 4.0～6.0 兆帕、空速 2000～4000$h^{-1}$ 的温和反应条件下，CO 转化率＞80％，C2＋醇选择性＞50％，低碳混合醇时空产率＞0.23kg/（kgcat・h）

[千克/(催化剂用量千克×反应时间小时)]，各项工艺性能指标达到国内领先、国际一流的水平。

3）发展效果预测

2015 年建成千吨级中试装置；2020 年实现商业化应用，建成 10 万～30 万吨/年示范工程。

4．煤化工合成军用及航空特种燃料技术

煤基军用及航空领域特种燃料以高密度喷气燃料、火箭煤油、高闪点喷气燃料、高吸热碳氢燃料等为标志。

1）技术发展现状

从 20 世纪 50 年代起，高密度碳氢燃料就一直是国际上研究和发展的重点，它的发展经历了从宽泛的石油蒸馏筛选品到特定的高密度化合物，从单纯烃类到混合了金属的凝胶燃料，从天然物质到人工合成物的复杂过程。而高密度燃料的合成策略基本相同，即选择或制备结构致密的分子作为基本材料，然后重排，以获得密度更高、黏度更好的结构。

20 世纪 80 年代，西方主要国家意识到自身对喷气燃料的过分依赖，当时空军对燃料的依赖度已经超过了安全范围，给国防安全留下隐患。为此，为了实现喷气燃料的多元化，降低对他国油料资源的依赖度，其加速了对新型喷气燃料的研制和验证进度。美国空军制订了研制高密度喷气燃料的庞大计划，目标除了要提高飞机的航程外，还要向高超音速飞机提供燃料。美国空军从 2006 年 9 月开始按照此计划进行了一系列煤基半合成喷气燃料的飞行验证试验，并于 2010 年年底完成了所有机型的试飞验证。

国内吸热型碳氢燃料研究起步较晚，1996 年由浙江大学与航空航天部第三十一研究所开始我国吸热型碳氢燃料的研究，1998 年完成项目"吸热型碳氢燃料热裂解研究及其与氢燃料特性的比较"，2002 年完成国家高技术航天领域 863-2 资助项目"天地往返系统吸热型碳氢燃料的研制"。

2008 年，中国人民解放军总后勤部油料研究所承担的科研项目"煤基喷气燃料可行性论证研究"通过技术鉴定，完成了煤基和石油基混合喷气燃料的可行性论证工作。其表明在航天领域，煤油作为火箭推进剂，具有以下优点：①使用方便，安全性好；②价格便宜，可以较大幅度地降低发动机的研制成本和运载火箭的发射费用；③液氧/煤油组合密度比冲高；④煤油资源丰富，储量极大，可满足长远需要。

2）核心（突破性）技术

（1）煤与煤衍生油共炼生产特种燃料技术，包括新一代煤与煤衍生油共炼生产特种燃料技术、煤制特种燃油的中试平台的搭建与试验技术。

（2）煤基军用及航空领域特种燃料集成工艺技术。

3）产业化发展技术路线图

2014 年前，在现有煤直接液化工艺技术基础上，开发新一代煤与煤衍生油共炼生产特种燃料技术。

2015 年前，首次尝试利用煤直接液化油品研究开发大比重喷气燃料、低凝点多功能军用柴油、火箭煤油、高闪点喷气燃料、高吸热碳氢燃料、军用特种润滑油等军用及航空领域特种燃料。

2018～2020 年，通过开展煤基军用及航空领域特种燃料的研究，掌握大规模工业化生产煤基军用和航空特种燃料的成套技术，开展煤制特种燃料大型工业化示范，形成标准化的生产工艺。

2030 年前，形成完善的煤制特种燃料产品标准，形成年产千万吨的产业规模。

4）发展效果预测

形成首套百万吨级煤制特种燃料示范工程。该技术的突破将大大提高我国航空燃料的综合性能，为国防安全和民用航空发展提供多元化的液体燃料来源。

## （三）$CO_2$ 的利用和处理技术

### 1. CCS 技术

CCS 技术目前存在的主要问题是能耗高（单位发电的煤耗增加 20%）、成本高及封存的长期安全性。核心技术包括开发先进的低能耗碳捕获技术、$CO_2$ 大规模输送技术、规模化 $CO_2$ 埋存和利用技术等，并进行工程规模的示范。

发展目标是通过 $CO_2$ 捕获、运输及封存，降低 $CO_2$ 捕获能耗，使得装备 $CO_2$ 捕获系统的燃煤电厂的供电煤耗与 2010 年燃煤发电平均供电煤耗水平（333 克/千瓦时）相当，建设该系统的成本降低到对应电站投资成本的 1/4 以下。

$CO_2$ 驱油提高石油采收率（enhanced oil recovery，EOR）可以显著增加枯竭油田的石油产量，$CO_2$ 驱煤层气可以用于深层煤层气开发，是大规模利用 $CO_2$ 的重要方向。通过增产石油产量和煤层气产量，可以产生经济效益，降低运行成本。

在 2020 年前完成几个中至大规模的 CCS 和 CCUS 工业示范项目，通过试验示范，掌握相关核心技术，降低投资成本和能耗，使我国具备 CCUS 的大型化能力，这对于应对随时可能出现的大规模减排要求，为国家和国际社会提供新技术很有必要。

### 2. SOEC 制备合成气技术

IGFC 在 SOFC 阳极产生高浓度 $CO_2$，为 $CO_2$ 的捕获和集中处理提供了十分有利的条件。可利用太阳能、风能、生物质能、地热能等可再生能源发电所产生的电，或者输电中峰谷富余的电，通过 SOEC 电解还原 IGFC 在阳极产生的 $CO_2$

和 $H_2O$，制取合成气和氧气，以合成气为基础合成化学品。

SOEC 实际上是 SOFC 的一个逆过程，在充分研发 SOFC 的情况下，研究开发 SOEC 就相对简单。

核心技术：研究 $CO_2$ 和 $H_2O$ 在高温固体电解池的共电解，进行 $CO_2$ 减排、资源化利用以及电厂发电调峰的技术经济分析，完成 $CO_2$ 重整煤炭的技术经济可行性研究。

发展效果预测：摸清 $CO_2$ 和 $H_2O$ 在高温固体电解池的共电解研究现状，完成其对 $CO_2$ 的减排、资源化利用以及电厂发电调峰的可行性研究。

3. $CO_2$ 重整煤(半焦)制 $CO(H_2)$ 技术

目前，国内外的研究主要限于用纯 $CO_2$ 和纯 $O_2$ 作气化剂与焦炭生产高纯 $CO$ 气体。BEYER 公司的 $CO$ 气化炉生产工艺，用纯 $O_2$ 和 $CO_2$ 的混合气与焦炭进行气化，液态排渣。其只有专利报道，未见到生产装置报道。日本钢管株式会社高纯度 $CO$ 制备技术，也是用纯 $O_2$ 和 $CO_2$ 混合气与焦炭进行反应气化，液态排渣，为了排渣顺利，其还加入了助熔剂。Dravo 公司在 Wellman-Galusha 气化炉上曾建有一套用纯 $O_2$-$CO_2$ 和焦炭制备 $CO$ 的工业试验装置，但尚未工业化应用。国外有过用 $CO_2$ 代替部分水蒸气作气化剂的报道。据称，在不破坏炉内正常气化的情况下，可节约水蒸气 40％左右，同时煤气产率提高，可节约用煤 18％左右。国内外目前都还没有利用 SOFC 发电系统与 $CO_2$ 重整煤制 $CO$ 技术相结合的提法，因此迫切需要开展相关研究工作。

核心技术：进行高温 $CO_2$ 重整各种煤焦过程中的能量平衡和物质平衡计算，研究高温 $CO_2$ 对煤焦气化过程的影响，以及加入部分 $O_2$ 实现自热 $CO_2$ 重整煤焦的可能性。

发展效果预测：建立示范装置，确定 $CO_2$ 重整煤炭的技术经济可行性，从技术经济角度分析其对 $CO_2$ 的减排、资源化利用以及独立供电系统的可行性。

## (四)煤燃烧后固体废弃物综合利用技术——铝镓资源回收技术

煤炭发电产生的粉煤灰是我国固体废物的最大单一排放源，全国电厂每年排放粉煤灰约 3.75 亿吨，平均综合回收率不到 30％，严重影响了环境和公众健康。鄂尔多斯准格尔煤及共生的高岭岩中含有丰富的金属氧化物，包括铝、硅、铁、钒等，燃烧后的粉煤灰中同样富含铝和镓，其中氧化铝的平均含量达到 40％～60％。据测算，准格尔煤田共伴生的氧化铝资源保有储量相当于目前我国铝土矿基础储量的 7 倍。但目前其粉煤灰主要是用于建材掺合料，造成了资源的重大浪费，而我国每年进口大量铝土矿和氧化铝，因此，很有必要提取粉煤灰中有宝贵价值的铝、镓资源，使其变废为宝，提高铝、镓资源的保障能力。

1)核心(突破性)技术

根据不同煤灰中富含的镓、铝等有价元素的附存形式,进行灰渣有价元素的富集、提取和灰渣综合利用。其核心(突破性)技术为:粉煤灰高效清洁制取氧化铝及电解铝技术与装备,粉煤灰高效清洁联合制取铝镓、精炼技术与装备,低污染镓、铝等有价元素提取工艺。

2)产业化发展技术路线图

到2014年前,完成煤及粉煤灰中的矿物组成特征及其变化规律研究,铝、镓等元素在煤燃烧过程中的转化规律研究,酸法及酸碱混合法从粉煤灰中提取氧化铝的基础研究,粉煤灰中铝、硅、镓、锗等多种矿物联合提取技术基础研究等内容,突破粉煤灰提取铝重大工艺难题。

到2016年前,突破粉煤灰中铝、镓等高效联合提取的系统集成技术,建立千吨级中试装置。到2020年前,建立铝、镓等稀缺资源高效回收技术体系和技术标准规范。

3)发展效果预测

依靠科技创新,开发具有我国自主知识产权的"一步酸溶法"粉煤灰制取氧化铝、镓及硅工艺技术,使该技术成果达到国际领先水平。未来每年回收氧化铝资源近1000万吨,到2020年累计回收超过1亿吨,大大提高我国铝土矿资源的自给率。

# 四、煤炭战略性新兴产业培育与发展所需的保障措施和建议

## (一)主要保障措施和建议

(1)构建良好的政策支持体系,明确产业发展路线图。我国的战略性新兴产业还处在发展的初期阶段,因此,更加需要依靠各级政府在法律、政策和资金等多方面的全方位扶持。扶持的过程中,要注意各项政策措施之间的互相协调和配合,既要强有力,又要富有针对性和实效性。

(2)营造良好的产业发展环境。借鉴国外经验,在建立示范工程、加强前期宣传和培育市场的同时,辅以金融财税政策支持,以刺激新兴产业的发展。

(3)掌握核心技术,赢得发展主动权。核心技术是战略性新兴产业持续发展的关键。对于国内已经在该技术研发与产业化方面达到国际先进水平的核心技术,国家应该进行产业的鼓励、引导,促进技术水平的产业化优势得到充分发挥。对于新技术,应该采用"商业化—应用—研发"的路径,强化消化吸收和再创新能力。

## (二)技术开发与工业示范支持政策建议

**1. 建立以企业为主体,与高等院校紧密协作的产学研用创新体系**

目前高校和研究机构的基础研究和原始创新与企业新技术应用和创新严重脱节,一定程度上制约了行业的科技发展。国家要进一步加强科技体制创新,充分发挥高校等研究机构的多学科交叉和多种创新要素的集聚效果,加强有组织的合作创新活动和产学研用的有效分工协作,促进高校和研究机构的原始创新与企业投入为主的应用技术创新紧密结合。

在煤炭高效转化与近零排放系统技术发展过程中,加强企业和研究机构的合作,以保证技术创新有源泉、技术发展有动力,新技术能够不断发展。

**2. 加强煤炭高效转化与近零排放系统技术等重点技术的科技研发投入**

建议国家设立煤炭重大专项,支持煤炭高效转化,煤热解、气化、燃烧等煤炭清洁高效利用技术的研究开发和工业示范;确立煤炭高效转化与近零排放系统技术在煤炭资源利用技术中的地位。

建议科学技术部(简称科技部)通过国家重点基础研究发展计划("973 计划")、"863 计划"、科技攻关等形式,支持煤炭高效转化与近零排放系统的关键技术和关键设备的研究、开发及工业示范。例如,对 OTM 供氧技术、SOEC 电解技术、$CO_2$ 膜分离和高效利用技术等专题立项;支持 SOFC 发电技术的工业示范。

**3. 加强国际合作,增强战略性新兴产业技术交流**

加大国际交流与合作,重点针对煤炭安全、绿色开采以及清洁、高效利用等领域加强实质性合作,为建设生态文明的美丽中国提供重要条件。

制定激励政策,推动具有自主知识产权的现代煤化工技术输出国外,在国外建设大型煤液化、煤气化、煤制烯烃等基地,为国内增加油气、石化产品供应开辟新途径。

## (三)产业化发展支持政策建议

**1. 规划重点技术方向,支撑发展重点技术**

进一步明确煤炭高效清洁利用技术是今后煤炭利用的重要方向。将煤炭高效转化与近零排放系统作为重点规划内容,并作为我国重点支持的产业方向列入高新技术产业目录。在近期和中期重点技术发展规划中,安排其相关核心技术的研究、开发及推广应用。

建议重点安排煤炭分级转化利用系统、IGFC 系统、粉煤灰提取氧化铝等示范工程建设。

2. 促进电力、化工、煤炭等行业融合，促进产业推广应用

制定与煤炭分级转化利用系统及其产品相关的健康、安全、环境法规及技术规范。协调各方利益，打破行业保护，实现电力市场公平竞价上网，低成本、低污染电力优先上网。

打破行业分隔，促进电力、化工、煤炭等企业的相互融合，推进煤炭分级转化利用等先进技术的示范和应用。

3. 出台引导政策，调动企业创新技术研发与应用积极性

政府通过科技投入、项目审批、财政、税收、价格、金融等一系列政策上的倾斜，鼓励企业积极投入资金，牵头参与煤炭清洁高效利用技术等重点技术的研究、开发及工业示范。

### (四)其他相关政策和措施建议

(1)以环境质量要求为导向，以安全、高效、清洁、经济为目标，以先进的污染控制技术为基础，因地、因时制定煤炭利用污染物排放标准，统筹规划各行业大气污染物控制工作，制定科学合理的各行业污染物控制行业标准并严格实施，防止片面、"一刀切"式的粗放式环境管理方式。

(2)积极推进行政手段与市场手段相结合，推进以市场手段为主的污染物控制法规政策体系和制度建设，推进燃煤利用和污染物控制技术的应用与推广。

### 参考文献

国家统计局.2013.2012年国民经济和社会发展统计公报.

李晓华.2010.战略性新兴产业的特征与政策导向研究.宏观经济研究，9：20-26.

申宝宏，吴立新，陆小泉.2011.中国煤炭行业中战略性新兴产业发展潜力探讨.中国煤炭，37(8)：8-12.

中国工程院.2013.能源金三角发展战略研究.

第三章

# 非常规油气

## 一、概　　述

非常规油气资源主要是指大面积连续分布于致密储集体中，且受水动力影响很小的油气聚集。与常规油气藏不同，非常规油气藏大多为近源或源储一体，储层致密，缺乏明显的圈闭界限，无统一油气水界面和压力系统，含油气饱和度差异大，油气水多相共存，因此，又称为连续性油气聚集(Schmoker，2005；邹才能等，2010)。非常规油气资源在成藏机理、储存状态、分布规律及勘探开发技术等方面与常规油气资源具有一定的差异性(包书景，2008)。

非常规油气资源可分为非常规天然气资源和非常规石油资源。非常规天然气资源包括页岩气、致密砂岩气(深盆气)、煤层气、浅层生物气、水溶气、天然气水合物等；非常规石油资源包括页岩油、致密砂岩油、油页岩、油(沥青)砂、重(稠)油等。各种类型的非常规油气资源与常规油气资源在成因上密切联系，空间上伴生出现，在沉积盆地中的空间分布见图3-1。

与常规油气资源相比，非常规油气资源具有资源类型多、赋存方式多样、连续性分布、资源量大、单井生产寿命长等特点，但同时具有"四低"特征——资源丰度低、储层低孔低渗、单井日产量低、勘探开发效益低。因此，非常规油气资源属于低品质油气资源，需要特殊的勘探开发技术(图3-2)。针对性技术的采用、规模化生产、高效运行组织是实现非常规油气资源商业开发的关键。

全球非常规油气资源丰富、潜力巨大。全世界页岩气的地质资源量为456万亿立方米(Holditch et al.，2007)，可采资源量为189万亿立方米(EIA，2012)，主要分布在亚太、北美和拉丁美洲，目前已实现页岩气商业开发的主要有美国和加拿大。据IEA(2003)统计，全球煤层气资源量可能超过260万亿立方米，

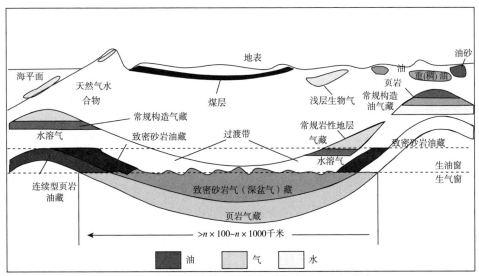

图 3-1　非常规油气资源与常规油气资源的空间分布

注：根据 Schenk 和 Pollastro(2001)资料修改

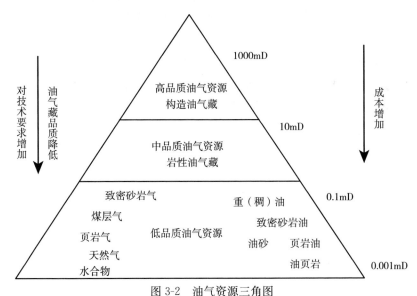

图 3-2　油气资源三角图

注：mD 为渗透率单位，即毫达西

资料来源：根据 Bustin(2005)、美国石油地质学家协会(American Association of Petroleum Geologists，AAPG)资料修改

Holditch 等(2007)预测煤层气资源量为 256 万亿立方米，90％的煤层气资源量分布在 12 个主要产煤国，其中美国、俄罗斯、加拿大、中国和澳大利亚的煤层气

资源量均超过 10 万亿立方米。全球致密砂岩气地质资源量为 210 万亿立方米（Holditch et al.，2007），IEA(2009)报告显示，全球致密砂岩气技术可采资源量为 110 万亿立方米，主要分布在北美、拉丁美洲、前苏联和非洲南部。

近年来，非常规油气勘探开发取得了重大进展，页岩油、气(shale gas & shale oil)，致密砂岩气，煤层气等在北美等地区已经实现了商业化开发利用，对常规油气资源形成了重要补充，有效缓解了油气供需矛盾。美国率先实现了致密砂岩气、煤层气、页岩气资源的大规模商业化生产，2012 年致密砂岩气产量达到 1690 亿立方米，2012 年煤层气年产量达到 450 亿立方米，页岩气产量呈现跳跃式增长，由 2000 年的 112 亿立方米，快速增加到 2012 年的 2500 亿立方米（邹才能，2013），其将页岩气勘探开发成功的技术（主要是水平井和分段压裂技术）应用于页岩油领域，带动了美国页岩油产量的快速增加。2012 年，美国能源部首次对页岩油产量做出预测：2012 年美国页岩油将达 72 万桶/日（3700 万吨/年），相当于美国国内石油日产量的 12.5%。

表 3-1 为世界主要非常规天然气资源分布一览。随着常规油气勘探开发难度逐步提高、能源需求量不断增大、能源价格持续保持在高位以及非常规油气勘探开发技术的不断发展，非常规油气资源将成为能源接替的重要领域。根据世界及我国非常规油气发展的现状与趋势，并结合战略性新兴产业的相关要求，本章将重点论述页岩油、气和煤层气。

表 3-1　世界主要非常规天然气资源分布一览（单位：万亿立方米）

| 地区（组织） | 煤层气 | 页岩气 | 致密砂岩气 | 合计 |
|---|---|---|---|---|
| 北美 | 85.38 | 108.67 | 38.8 | 232.9 |
| 拉丁美洲 | 1.10 | 59.88 | 36.6 | 97.6 |
| 西欧 | 4.44 | 14.40 | 10.0 | 28.8 |
| 中欧及东欧 | 3.34 | 1.10 | 2.2 | 6.7 |
| 前苏联 | 111.98 | 17.74 | 25.5 | 155.2 |
| 撒哈拉以南的非洲地区 | 0.00 | 72.08 | 23.3 | 95.4 |
| 中东及北亚 | 1.10 | 7.75 | 22.2 | 31.1 |
| 中亚及中国 | 34.38 | 99.79 | 10.0 | 144.2 |
| 太平洋经济合作与发展组织 | 13.30 | 65.43 | 20.0 | 98.7 |
| 其他亚太地区 | 0.00 | 8.86 | 15.5 | 24.4 |
| 南亚 | 1.10 | 0.00 | 5.5 | 6.6 |
| 世界合计 | 256 | 456 | 210 | 922 |

资料来源：Holditch 等(2007)

# 二、页岩油、气

## (一)页岩油、气基本概念

页岩油、气是从富有机质页岩地层系统开采的石油、天然气。它是以吸附、游离或溶解方式赋存在暗色富有机质泥页岩系统(泥页岩及呈夹层状的粉砂岩、粉砂质泥岩、泥质粉砂岩,甚至砂岩与灰岩)中,自生自储、连续聚集的石油、天然气资源。

传统的油气地质理论中,富有机质页岩是烃源岩,以生成油气为主,而非油气储层,富有机质页岩一直是油气勘探开发的禁区。近年来,随着富有机质页岩发育丰富的微-纳米级孔隙、非达西渗流等新地质理论认识的建立,以及水平井钻完井、多级水力压裂等新技术的突破,最终实现了页岩油、气的工业化开采。

与常规油气藏相比,页岩油、气藏具有以下特点:①成藏期早,油气边生成边赋存聚集,为一种连续聚集的隐蔽油气藏;②自生自储,泥页岩既是烃源岩层,又是储集层;③油气运移距离较短,具有"原地"成藏特征;④页岩油、气赋存方式及赋存空间多样,主要以吸附方式赋存于有机质、粘土颗粒表面,以游离方式赋存在天然裂缝和孔隙中,少量以溶解方式赋存在干酪根和沥青质中;⑤储层孔渗性差,孔隙度低(通常小于5%)、孔隙半径小(以微孔隙为主),渗透率极低;⑥在开发过程中,页岩油、气井表现出初期产量衰减快,后期产量稳定,生产年限较长的特点;⑦没有统一的气水边界和压力系统;⑧规模化的"井工厂"方式和水平井、分段压裂技术等是实现页岩油、气商业开发的必要手段。

## (二)国外页岩油、气产业发展概况

### 1. 美国页岩油、气勘探开发现状

#### 1)美国页岩气发展现状

页岩气勘探开发最早始于美国。1821年,第一口页岩气井在阿巴拉契亚盆地纽约Chautauga县泥盆系Perrysbury组Dunkirk页岩中完井,在井深8.23米的泥页岩裂缝中产出天然气。1914年,在阿巴拉契亚盆地泥盆系Ohio页岩中获得日产2.83万立方米的天然气流,发现了世界上第一个页岩气田——BigSandy。1926年,BigSandy气田含气范围由阿巴拉契亚盆地的东部扩展到西部,成为当时世界上已知的最大天然气田。由于受技术、理论认识的限制,当时美国页岩气勘探开发主要集中在东部地区的阿巴拉契亚、密执安、伊利诺伊等盆地,以泥盆系、密西西比系黑色页岩为目的层系,除阿巴拉契亚盆地泥盆系Ohio页

岩的 BigSandy 气田、密歇根盆地 Antrim 页岩气外，其余地区并未获得商业性气流，未能形成大规模商业开发。

1973 年阿以战争（即中东战争）期间的石油禁运和 1976～1977 年的第一次石油危机促使美国能源部加快了天然气勘探开发的步伐，美国能源部联合高校等单位实施了东部页岩气工程（Eastern Gas Shales Program，EGSP），综合研究阿巴拉契亚盆地、密执安盆地、伊利诺伊盆地的页岩气地质特征，重点是研究和开发页岩气的增产措施技术。

1980 年，美国联邦政府实施了燃料税贷款计划，导致包括页岩气在内的非常规能源的研究和勘探开发投入大幅增加，这一期间研究取得的最重要的认识成果是页岩气的吸附赋存机理。通过采用水力压裂、氮气压裂等技术，页岩气的储量、产量得到大幅度的提高。1981 年，美国页岩气之父——George P. Mitchell 在美国中南部沃斯堡盆地密西西比系 Barnett 页岩中钻探 MEC1G. W. Slay 井，通过氮气泡沫压裂，成功实现了 Barnett 页岩气的工业化开采。阿巴拉契亚盆地 Ohio 页岩、伊利诺伊盆地 New Albany 页岩、密执安盆地 Antrim 页岩、福特沃斯（Fort Worth）盆地 Barnett 页岩和圣胡安盆地 Lewis 页岩先后实现了页岩气商业开发，美国的页岩气年产量在 1979～1999 年的 20 年间净增了 7 倍，1999 年页岩气产量达到 112 亿立方米（EIA，2000）。

2000 年以后，随着水平井钻井技术及多级分段压裂、同步压裂、重复压裂等技术的快速发展及大规模应用，美国页岩气快速发展。特别是 Fort Worth 盆地 Barnett 页岩气的成功开发，使得美国页岩气年产量由 1999 年的 22 亿立方米快速增加到 2009 年的 560 亿立方米，10 年间增长了约 25 倍。2009 年，美国进行页岩气勘探开发的盆地超过 30 个，围绕"U"形断裂带，由东向西迅速展开，Marcellus 页岩、Fayetteville 页岩、Haynesville 页岩、Woodford 页岩、Monterey 页岩、Mancos 页岩、Baxter 页岩、Niobrara 白垩系页岩等先后进行了页岩气勘探，产量突破 900 亿立方米；2010 年产量达到 1378 亿立方米（EIA，2011），占美国当年天然气产量的 23%。

截至 2012 年，美国已在 30 个盆地的 36 套页岩开展勘探，7 个盆地实现了页岩气商业化开发[Barnett、Fayetteville、Woodford、Marcellus、Haynesville、伊格弗特（Eagle Ford）盆地]，如图 3-3 所示。2012 年美国页岩气产量达到 2500 亿立方米（邹才能，2013）。

2) 美国页岩油发展现状

2010 年以来，页岩气大量开发，导致天然气气价过低，北美非常规油气工业从"气"向"油"转变，借助页岩气成功开发经验以及水平井分段压裂技术，美国页岩油产量迅速增加。2007 年，水平井和水力压裂技术在北达科他州和蒙大拿州的威利斯顿盆地中巴肯页岩油藏开发中得到成功应用。2007 年，巴肯页岩油

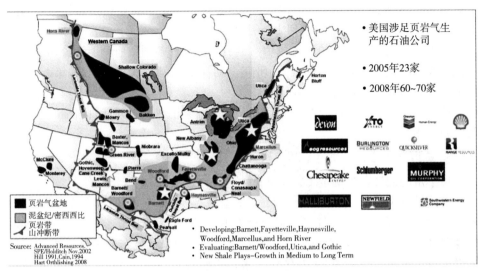

图 3-3　美国页岩气勘探开发发展形势

年产量为 110 万吨；2008 年，页岩油产量激增至 990 万吨；2009 年，页岩油水平井初期产量达到 26.4～398.9 吨/日，年产量达 1230 万吨。该地区成为美国第五大石油产区。

巴肯页岩油藏开发的巨大成功引发了美国其他地区类似页岩油藏的开发热潮，同时使美国本土一批老油区重获新生。美国各油气公司纷纷投入巨资，在北达科他、科罗拉多、得克萨斯和加利福尼亚等州寻找类似的石油资源。

Eagle Ford 页岩油藏的开发进入快速发展时期，有望成为美国第六大石油产区，最终石油产量可达到 40 亿桶。得克萨斯州中北部的 Fort Worth 盆地 Barnett 页岩以页岩气高产而闻名，近年来，页岩油的勘探开发呈现良好发展趋势，截至 2009 年年底，Barnett 累计页岩油产量达 770 万吨。

目前页岩油的勘探正在由巴肯、Barnett、Eagle Ford 盆地向怀俄明、科罗拉多、内布拉斯加和堪萨斯州的奈厄布拉勒组（Niobrara）、加利福尼亚州的蒙特里（Monterey）等地区扩展。

2. 世界其他国家页岩油、气勘探开发进展

加拿大是继美国之后世界上第二个对页岩气进行勘探开发的国家，其勘探开发的地区主要集中在不列颠哥伦比亚省东北部中泥盆统 Horn River 盆地与三叠纪 Montney 页岩，近年来逐渐扩展到了萨斯喀彻温省、安大略省、魁北克省、新布伦斯威克省及新斯克舍省。其中 Montney 页岩已进入商业开发阶段，Horn River 盆地部分处于先导生产试验阶段，其他多数页岩气区带还处于早期评价阶段（Anonymous，2009）。加拿大页岩气地质资源量为 42.2 万亿立方米，技术可

采储量为 11 万亿立方米(EIA,2011)。2007 年,第一个商业性页岩气藏投入开发,2010 年,页岩气的产量达到 100 万亿立方米。

北美页岩气勘探开发的巨大成功,也引起了世界各国政府和能源公司的高度重视,在世界范围内掀起了页岩气研究、勘探的高潮。2011~2012 年,中国、阿根廷先后实现了页岩气的单井突破。

英国、法国、德国、南非、印度等十余个国家正在积极开展页岩油、气的相关研究工作。

### 3. 美国页岩油、气快速发展的原因

#### 1)丰富的油气资源奠定了物质基础

美国已发现了 50 个含页岩气盆地,8 套主要页岩层系,有利分布面积为 27 万~30 万平方千米,页岩气可采资源量为 18 万亿~28 万亿立方米,据美国能源信息署(U. S. Energy Information Administration,EIA)公布的最新数据,美国页岩气技术可采资源量为 24 万亿立方米,主要分布在 Marcellus、Haynesville、Barnett 等 8 套页岩层系中。

#### 2)构造简单、地形平坦为页岩油、气低成本开发提供了有利条件

稳定的北美地台,构造运动较弱,造就了美国简单的地质构造,美国的页岩地层绝大多数为单斜,产状平缓;美国除了西部的安第斯山脉、落基山脉外,广大的中部、西部地区为平原,平坦的地形有利于页岩油、气勘探开发技术的规模化应用。

#### 3)地质认识的创新与深化

随着试验技术的不断进步,在传统认识认为的致密岩石——页岩中发现了纳米级孔隙以及有机质孔隙,提出页岩孔隙中天然气赋存方式多样,可以以吸附、游离等方式赋存,是一种连续气藏,泥页岩是页岩气主要储层等创新性认识,使传统认识的泥页岩主要发育裂缝性油气藏向连续性油气藏的认识转变,在勘探理论上有力地推动了页岩油、气的快速发展。

#### 4)工程工艺技术和规模化生产是关键

页岩气藏属于连续性天然气聚集,要实现有效动用,地质储量并非主要障碍,问题在于有多少经济和技术可采储量。经过多年攻关,美国探索出一套先进的页岩油、气开采技术,主要有微地震监测技术、水平井分段压裂技术、清水压裂技术和近期出现的最新压裂技术——同步压裂技术。这些先进技术的规模推广应用,不但大幅提高了页岩气单井产能,而且延长了页岩气井开采期限;通过规模化生产(即"井工厂")方式的采用,缩短了钻井和压裂周期,有效降低了页岩气开采成本,实现了页岩油、气的商业化开发。

#### 5)国家政策的大力扶持

20 世纪 70 年代末,美国政府在《能源意外获利法》中规定非常规能源开发税收补贴政策,得克萨斯州自 20 世纪 90 年代初以来,对页岩气的开发不再收生产

税。此外，美国还专门设立了非常规油气资源研究基金。美国政府对页岩气开发的重视与支持为页岩气发展提供了强劲的动力。对页岩气这个新生事物而言，有利的政策支持无疑使页岩气产业在发展前期大大降低了开发成本，推动了页岩气的快速发展。

6) 发达市场与管网为页岩油、气快速发展奠定了良好基础

美国管道输气系统规模全球第一，总长度约 45 万千米，天然气管网主要由州际主干管道和州内主干管道所组成，州际主干管道长度达 33.1 万千米，由 80～90 条主干管道系统组成；州内主干管道长度达 11.8 万千米。发达的管网为页岩气实现商业化创造了条件。

### (三)我国页岩油、气产业发展现状

我国自 20 世纪 60 年代以来，在松辽、渤海湾、四川、鄂尔多斯等含油气盆地均发现了页岩油、气。1966 年四川盆地威 5 井在 2795～2798 米井深寒武系筇竹寺组页岩中获日产气 2.46 万立方米。2000 年以来，我国开始密切关注北美页岩气的发展动态，2007 年页岩油、气勘探开始启动。我国页岩油、气产业目前尚处于起步阶段，但已展现出好的苗头。

#### 1. 资源调查

我国页岩气资源战略调查工作虽处于起步阶段，但也取得了初步进展。研究和划分了页岩气资源有利远景区，启动和实施了页岩气资源战略调查项目，初步摸清了我国部分有利区富有机质页岩分布，确定了主力层系，初步掌握了页岩气基本参数，建立了页岩气有利目标区优选标准，优选出一批页岩气富集有利区。

2012 年 3 月 1 日，国土资源部新公布中国页岩气地质资源量 134.42 万亿立方米，可采资源量 25.08 万亿立方米。2012 年，中国工程院认为我国页岩气可采资源量为 10 亿～13 亿立方米。由于对我国页岩油、气整体认识程度较低，目前我国不同部门(机构)、个人对页岩油、气资源量的认识存在一定的差异(表 3-2)。

表 3-2　我国不同部门(机构)、个人页岩气资源量计算表

| 范围 | 资源量/万亿立方米 | 部门(机构)、个人 | 年份 |
|---|---|---|---|
| 中亚和中国 | 99.9 | Kawata 和 Fujita | 2001 |
| 中国(主要地区) | 15～30 | John B. Curtis<br>Colorado School of Mines | 2002 |
| 中国(主要盆地) | 地质资源量 30.7 | 中国石油勘探开发研究院廊坊分院 | 2009 |
| 中国(四川盆地、塔里木盆地) | 可采资源量 36.1 | EIA | 2011 |
| 中国 | 地质资源量 86～166 | 董大忠等 | 2011 |

| 范围 | 资源量/万亿立方米 | 部门(机构)、个人 | 年份 |
|---|---|---|---|
| 中国 | 可采资源量 15.2 | 中国石油勘探开发研究院 | 2011 |
| 中国(不含青、藏) | 地质资源量 134.42<br>可采资源量 25.08 | 国土资源部 | 2012 |
| 中国 | 资源量 86～166<br>可采资源量 15～25 | 贾承造等 | 2012 |
| 中国 | 可采资源量 10～13 | 中国工程院 | 2012 |

2. 勘探开发现状

我国页岩气勘探工作主要集中在四川盆地及其周缘、鄂尔多斯盆地。页岩油勘探工作主要集中东部中新生代断陷盆地。

1)页岩气勘探取得良好的态势

近期勘探证实,四川盆地及周缘具有丰富的页岩气资源,具有中生界陆相、古生代海相两大领域。

在中生界陆相领域,中国石油化工股份有限公司(简称中石化)在川东南涪陵地区兴隆 101 井针对下侏罗统自流井组大安寨段压裂后获日产天然气 11 万立方米、油 54 立方米,福石 1 井获日产天然气 12.66 万立方米、油 68 立方米,第一口水平井涪页 HF-1 井 10 段压裂获日产天然气 1.78 万立方米,中石化已在涪陵地区正式启动页岩油、气产能建设项目。同时在川东北元坝地区,元坝 21 等 6 口井在大安寨段获工业气流,其中元坝 21 井日产天然气 50.7 万立方米。在鄂西渝东建南地区,建页 HF-1 井在下侏罗统自流井组东岳庙段获得工业气流。

在古生代海相领域,中国石油天然气股份有限公司(简称中石油)在川南长宁地区,宁 201H1 井水平井针对下志留统龙马溪组分段压裂后初始日产量达 15 万立方米,阳 201-H 井在下志留统龙马溪组获工业气流,威远—长宁国家级页岩气示范区建设项目获国家发展和改革委员会(简称国家发改委)以及国家能源局批准。中石化在川东南涪陵焦石坝地区,焦页 1HF 井针对下志留统龙马溪组 15 段压裂后获日产气 20.3 万立方米,在彭水地区彭页 HF-1 井针对志留系龙马溪组页岩分 12 段压裂获日产气 2.5 万立方米,彭页 3HF 井 22 段压裂后获日产气 3.2 万立方米,彭水—黄平页岩气示范区获得国家批准。

在鄂尔多斯盆地,延长石油在陕西延安张家滩地区,7 口钻井在延长组获得页岩气流。中石化在黔东地区黄页 1 井、湘中地区湘页 1 井获低产页岩气流。

2)页岩油勘探展现良好苗头

中石化在泌阳凹陷陆相页岩油勘探取得重要突破,中国第一口陆相页岩油水平井泌页 HF-1 井完成 15 级水平井分段压裂,初期最高日产油 20.4 吨,累计产油超过千吨。

3. 对外合作

2009 年，中国与美国签署了《中美关于在页岩气领域开展合作的谅解备忘录》，就联合开展资源评估、技术合作和政策交流制订了工作计划。我国石油企业与壳牌公司签订富顺—永川联合评价协议，与康菲、BP、雪弗龙、埃克森美孚公司建立联合研究合作意向，收购了部分国外页岩油、气区块权益。

4. 国家已出台相关扶持政策

经国务院批准，2011 年 12 月，国土资源部已发布新发现矿种公告，将页岩气作为独立矿种加强管理。针对页岩气的特点和国外成功经验，明确了"调查先行、规划调控、竞争出让、合同管理、加快突破"的工作思路；根据已选定的页岩气有利远景区和页岩气探矿权管理目标，编制了页岩气探矿权设置方案；引入了市场机制，创新了页岩气资源管理，开展了页岩气探矿权出让招标工作。

2012 年 3 月 16 日，国家能源局颁布《页岩气发展规划(2011—2015 年)》，提出："参照煤层气财政补贴政策，研究制定页岩气具体补贴政策；依法取得页岩气探矿权采矿权的矿业权人或探矿权采矿权申请人可按照相关规定申请减免页岩气探矿权和采矿权使用费；对页岩气勘探开发等鼓励类项目下进口国内不能生产的自用设备(包括随设备进口的技术)，按有关规定免征关税；页岩气出厂价格实行市场定价；优先用地审批。"同年，财政部颁布《关于出台页岩气开发利用补贴政策的通知》(财建〔2012〕847 号)提出，2012～2015 年中央财政对页岩气开采给予 0.4 元/立方米的财政补贴。国土资源部颁布《国土资源部关于加强页岩气资源勘查开采和监督管理有关工作的通知》(国土资发〔2012〕159 号)，就页岩气作为单独矿种的矿权管理、页岩气勘查、开采相关管理办法做出规定。

## (四)页岩油、气重点技术现状与发展方向

1. 页岩油、气地质综合评价技术

目前针对北美海相页岩的地质特点，已经形成成熟的页岩油、气地质综合评价技术，即采用常规地质调查、地球物理勘探、参数井钻探和实验室分析测试等手段，开展页岩油、气关键特征参数研究，对页岩油、气富集区、核心区、甜点区进行评价与优选。重点包括页岩油、气储层评价技术，页岩油、气核心区评价技术，页岩油、气测井评价技术，页岩油、气地球物理甜点区识别技术，页岩油、气资源评价技术。

2. 页岩油、气试验分析技术

在北美地区，除常规油气技术中烃源岩相关的地球化学分析技术外，针对页岩油、气形成了特有的相关测试技术，包括：页岩含气量测试技术——对岩心岩

样进行游离气、吸附气含量测试；页岩微观孔隙技术——对页岩进行氩离子抛光后，观察纳米级孔隙结构，确定孔隙度；对页岩渗透率评价技术——采用脉冲降压、GRI(Gas Research Institute，即美国天然气研究院)法测试页岩渗透率。

3. 水平井钻井技术

水平井的大量应用推动了美国页岩气的快速发展，目前几乎所有页岩油、气均采用水平井开发。该技术系列包括：页岩井壁稳定控制技术，页岩油、气水平井井眼轨迹优化与控制技术，页岩油、气水平井钻井液关键助剂与体系研发技术，页岩油、气水平井长水平段快速钻井技术，页岩油、气水平井固井综合配套技术。

4. 页岩储层压裂技术

页岩储层压裂技术可大幅提高页岩油、气产量，对页岩油、气商业化开发起到了决定性作用。目前，北美页岩储层压裂技术已经十分成熟，并不断尝试更低成本、更加环保的压裂技术。储层压裂技术包括：页岩压裂改造储层评价及压裂改造设计与实施技术——通过页岩储层可压性评价，形成符合不同页岩的不同压裂工艺措施和压裂液体系；页岩储层压裂配套工具研发与应用技术——目前已经形成裸眼封隔器＋滑套分段压裂、泵送可钻式桥塞分段压裂、水力喷射压裂、无水压裂等配套工具与应用技术；压裂裂缝监测技术——通过微地震、测井等技术监测储层压裂改造效果。

5. 页岩油、气开发技术

在北美，页岩油、气已经形成成熟配套的开发技术系列，主要采用低成本、井工厂模式进行开发，主要包括页岩油、气试采评价，页岩油、气井工厂开发模式，页岩油、气开发经济评价，环境保护与水资源综合利用等配套技术。

6. 我国页岩油、气产业重点技术存在的差距

我国页岩油、气产业起步较晚，在页岩油、气地质综合评价技术方面，已经初步完成页岩油、气资源潜力的普查与有利区优选工作，基本形成了页岩油、气富集区评价技术；对于页岩油、气试验分析技术、水平井钻井、页岩储层压裂技术，目前尚处于攻关、试验阶段。页岩油、气开发关键技术目前尚处空白。

## (五)页岩油、气产业在我国培育发展思路

### 1. 发展目标

国家高度重视页岩油、气资源的开发与利用，已将页岩油、气资源开发作为我国能源战略中的重要举措之一。温家宝、李克强等多次对页岩气的发展做出批示。温家宝在冰岛考察时特别提出："当今世界，能源正孕育一场变革，要特别关注两个领域：一个是页岩气，另一个是地热。"

2012 年 3 月 16 日，国家能源局颁布《页岩气发展规划(2011—2015 年)》，提出：一是基本完成全国页岩气资源潜力调查与评价，初步掌握全国页岩气资源量及其分布，优选 30～50 个页岩气远景区和 50～80 个有利目标区。二是探明页岩气地质储量 6000 亿立方米，可采储量 2000 亿立方米。2015 年页岩气产量达 65 亿立方米。三是形成适合我国地质条件的页岩气地质调查与资源评价技术方法、页岩气勘探开发关键技术及配套装备。四是形成我国页岩气调查与评价、资源储量、试验分析与测试、勘探开发、环境保护等多个领域的技术标准和规范。

对于页岩油，目前国家尚未形成规划，预计 2015 年通过技术攻关，可实现页岩油商业开发的突破。

2. 面临的主要挑战

一是我国页岩油、气藏与北美相比，具有海相、陆相、过渡相多种类型，其形成、富集、演化程度及保存条件与北美相比具有一定的差异性。由于起步相对较晚，前期基础研究工作与国外相比存在不小的差距，对我国页岩油、气资源认识程度低，制约了我国页岩油、气快速发展。

二是页岩油、气有效开发取决于关键性技术的突破与应用。北美页岩油、气快速发展得益于水平井钻井技术和分段压裂技术等关键性技术的广泛运用。目前我国页岩油、气开发的关键技术——水平井分段压裂主要是引进国外的技术、工具、材料及配套设备，尽管近年来在某些技术及工具、材料、配套准备方面已取得突破，但还处于现场试验、试用阶段，尚未形成有效、成熟的关键技术，制约了页岩油、气的快速发展。

三是页岩油、气的勘探开发是一个系统的工程，低成本是非常规油气商业化规模开发的关键。我国页岩气等非常规资源富集区多位于中、西部地区，存在地形地貌条件复杂、水源缺乏、管网资源较少等不利因素，如何降低成本，实现规模性商业化开发，是当前面临的另一挑战。

3. 产业发展思路

1)开展我国页岩油、气示范区建设，通过示范区建设推动我国页岩油、气产业发展

在前期页岩油、气突破地区，开展全国页岩油、气调查评价、勘探开发和综合利用一体化示范区建设，推动页岩油、气产业快速形成和发展。通过"示范区"建设，推动科技攻关，形成页岩油、气适应性关键技术系列；形成我国页岩油、气产业的标准、规范；形成页岩油、气低成本、市场化运作的综合利用模式；形成页岩油、气环境保护模式；实现"十二五"规划制定的产量目标。

2)建立"三个体系"

一是针对我国页岩油、气的成藏特点，加强页岩油、气形成和富集规律基础

研究，建立我国页岩油、气地质理论体系。重点开展四个方面的基础研究攻关：①我国多类型页岩有机质富集规律研究；②我国多类型富有机质页岩储集特征与含油气性研究；③我国多类型页岩油、气富集高产主控因素研究；④我国多类型泥页岩岩石物理特征与网状裂缝形成机理研究。

二是加大科技攻关力度，突破技术瓶颈，形成适合我国页岩油、气特点的勘探开发技术体系。重点开展七个方面的配套技术攻关：①页岩油、气资源评价技术；②页岩油、气有利区带、有利目标优选评价技术；③页岩"甜点区"地球物理预测技术；④页岩油、气水平井钻完井技术；⑤页岩储层改造及提高单井产能技术；⑥页岩油、气高效开发与利用技术；⑦页岩油、气经济评价技术。

三是编制适合我国国情的页岩油、气勘查规范，页岩油、气资源储量计算法规范，采样及实验室测试技术规范等，建立页岩油、气标准体系。

## （六）促进页岩油、气产业发展的政策建议

1）建议尽快落实页岩气产业化优惠政策实施细则，适时推进页岩油开发利用优惠政策的制定

目前国家已经出台《页岩气发展规划（2011—2015 年）》，规划中明确提出：参照煤层气财政补贴政策，研究制定页岩气具体补贴政策；页岩气出厂价格实行市场定价；优先用地审批等。财政部《关于出台页岩气开发利用补贴政策的通知》提出了页岩气开发利用按照 0.4 元/立方米给予财政补贴的政策，并提出页岩气补贴范围。国土资源部也已出台页岩气矿权管理相关规定。近期需要围绕已出台的相关政策，尽快形成可具操作性的具体实施方案，同时针对页岩油目前尚未制定相关的鼓励政策，建议国家可参照页岩气优惠政策，适时制定页岩油相关鼓励政策。

2）鼓励企业开展页岩油、气勘探开发设备的研发、制造，并给予相应的财税支持

"装备尽快国产化"，装备国产化是页岩油、气勘探开发降低成本的关键，应鼓励企业加大页岩油、气技术研发力度，对页岩油、气配套工程设备研发制造企业给予一定政策扶持。同时，在进口页岩油、气关键技术设备时，享受国家优惠或免税政策。

3）应按照科学有序、安全环保的原则进行页岩油、气的开发和利用

目前已发现的页岩油、气资源主要集中于我国常规油气富集区内，国家应鼓励常规与页岩油、气开发利用兼顾，科学有序，实现效益互补，逐步推动页岩油、气资源的有效开发与利用。同时，页岩油、气开发利用需要大量水资源、土地资源，针对我国当前水、土资源紧缺的现状，国家应通过制定相关政策或者给予资金支持以鼓励企业重复利用压裂液、尽量减少土地使用面积，鼓励企业加大

安全环保投入，实现页岩油、气产业的科学、有序、可持续发展。

# 三、煤　层　气

煤层气是在煤化作用过程中生成，以吸附状态赋存于煤系地层之中的非常规天然气。

我国是煤炭资源大国，2000 米以浅的煤炭资源总量达 5.57 万亿吨，其中埋深在 1000 米以浅的为 2.62 亿吨，占煤炭资源总量的 47%。同时我国也是煤炭生产和消费大国，煤炭占我国能源消耗的 70%，是我国基础能源绝对主体。其中埋深 1500 米以浅的煤层气可采资源量达 10.8 万立方米，1000 米以浅的煤层气可采资源量为 6.2 万亿立方米，具备形成大规模产业发展的资源基础。

巨大的煤炭产量、相对较高含量的吨煤含气量和绝大部分煤矿为井工开采的特点，既是与西方富煤发达国家的主要不同点，也是我国能源发展必须面对的客观现实。在过去相当长一段时间内，我国煤矿一次死亡 10 人以上特大事故中，瓦斯事故占 80%以上，同时存在煤矿瓦斯抽排直接排入空气的现象，煤层气成分以甲烷为主，甲烷的温室效应是二氧化碳的 21～25 倍，造成了资源的极大浪费，给大气环境保护造成巨大压力。

发展煤层气产业对优化我国能源结构、降低煤矿瓦斯事故、实现国家温室气体减排具有重要意义。

## (一)国外煤层气发展概况

目前，全球煤层气已经进入商业化开发阶段的国家主要有美国、加拿大、澳大利亚、中国四个国家。博茨瓦纳、智利、法国、印度尼西亚、意大利、波兰、乌克兰、俄罗斯、越南等国家煤层气产量较小，处于试验研究阶段。

### 1. 美国

美国是世界上率先形成煤层气商业化开发的国家，也是迄今为止煤层气产量最高的国家。美国煤层气主要赋存在 1500 米以浅的煤层气中，近 85%分布在西部 Rocky Mountain 地区中生代和新生代的含煤盆地，其余分布在东部阿巴拉契亚含煤盆地和中部石炭系含煤盆地。

美国主要的煤层气生产基地有黑勇士、圣胡安、粉河盆地，三个盆地煤层气产量占全国煤层气产量的 90%。美国 1989 年煤层气产量为 26 亿立方米，1999 年达到 355 亿立方米，2007 年达到 496 亿立方米，2012 年煤层气产量为 490 亿立方米。

新技术的发展是美国煤层气工业化的基础，地震技术、水平井钻井技术、水力压裂技术和盆地模拟技术的发展，降低了勘探评价和商业开发的风险，促进了煤层气产业的发展。

美国煤层气产业化发展大致经历了三个阶段，每个阶段的发展都与煤层气地质理论的创新与新技术的突破密不可分。

第一阶段（1953～1980年），是煤层气地质理论的初创时期。20世纪70年代初期，美国启动了黑勇士和圣胡安两大盆地的煤层气资源普查和基础理论研究。1977年，第一口煤层气地面井在黑勇士盆地投入开发。在此期间，美国政府先后投资4亿美元，开展煤层气成藏开发机理研究，提出了煤层气解析—扩散—渗流、排水—降压—采气的基本理论和工艺流程。

第二阶段（1981～1990年），是煤层气地质理论深化和新技术广泛应用，煤层气产业化发展过程的关键转折点。煤层气产量也从1980年的不足1亿立方米，迅速上升到1990年的100亿立方米。常规直井水力加砂压裂技术在黑勇士盆地得到广泛应用，直井裸眼洞穴完井技术在圣胡安盆地得到广泛应用。在此期间，美国政府也出台了一系列包括税收补贴在内的优惠政策，提高了煤层气开发的市场竞争力和经济效益。

第三阶段（1991年至今），是美国煤层气开发理论拓展、新技术不断出现和推广应用及产业化快速发展的时期，也是煤层气快速上产时期。2006年美国煤层气产量突破500亿立方米，2008年以来产量稳定在540亿立方米。该时期，美国进一步认识到北美西部落基山造山带存在煤层气高产走廊，形成了以煤储层双孔导流、中煤级煤生储与成藏优势、低渗极限与高煤级煤产气缺陷等为核心的煤层气勘探理论体系。同时，空气钻井技术、氮气泡沫压裂技术、直井裸眼直排技术和水平井开发技术等一系列新技术不断获得新的突破，并逐步在一些新兴的煤层气勘探盆地得到推广应用。尤其是"生物型或次生煤层气成藏"理论和直井裸眼直排技术在粉河盆地得到成功应用，从而低煤阶煤层气开发成为美国煤层气产业发展的另一个重要方向。

此外，美国煤层气的发展也得益于政府的激励政策，1980年，针对煤层气等非常规气单井产量低、企业经济开发效益低的特点，联邦政府出台了以《原油意外获利法》第29条税收补贴为代表的一系列扶持政策。同时1985年颁布380号法令，鼓励天然气与煤层气同质共输，给煤层气企业提供多渠道优惠贷款。另外，在对煤层气企业给予扶持政策的同时，也对瓦斯排空给予严厉的处罚措施。

2. 加拿大

加拿大煤层气起步较晚，但发展速度较快，该国17个盆地和含煤区煤层气资源量为17.9万亿～85万亿立方米。阿尔伯达省是煤层气的主要赋存地区。

1978～2001年，由于简单套用美国的煤层气勘探开发技术，加拿大煤层气产业未得到快速发展。之后针对本国低变质煤、少含水、多煤层气的特点，开展技术攻关，成功开发了多水平分支井、连续油管压裂等技术并推广应用，带动了煤层气产业的腾飞。加拿大 2004 年煤层气产量达到 15 亿立方米，2005 年煤层气产量达到 30 亿立方米，2007 年煤层气产量达到 86 亿立方米，2010 年煤层气产量突破 100 亿立方米。其煤层气产量主要分布于阿尔伯达盆地。

3. 澳大利亚

澳大利亚煤炭资源量为 1.7 万亿吨，平均甲烷含量为 0.8～16.8 立方米/吨，煤层埋深普遍小于 1000 米，渗透率多位于 1～10mD，煤层气资源量为 8 万亿～14 万亿立方米，主要分布在东部悉尼、鲍温和苏拉特三个含煤盆地中。

澳大利亚是近几年煤层气勘探开发较为成功的国家。结合本国低渗煤储层特点，发展了地应力评价理论，特别是在沿煤层钻水平井技术、水平井高压水射流改造技术方面取得了突破性进展，使得单井日产气量由 1000 立方米提高到 2800 立方米。高资源丰度、低开发成本、高科技含量推动了澳大利亚煤层气产业高速发展。

2004 年煤层气产量占天然气总产量的 25%，约为 10 亿立方米，2008 年煤层气产量达到 40 亿立方米。

## (二)我国煤层气产业发展现状

### 1. 资源条件

我国煤层气资源丰富，根据新一轮煤层气资源评价，全国埋深 2000 米以浅的煤层气地质资源量为 36.8 万亿立方米，其中埋深 1500 米以浅的煤层气地质资源量为 10.87 万亿立方米。中国工程院（2012）研究认为，我国煤层气资源量为 25 亿～36 亿立方米，技术可采资源量为 9 亿～13 亿立方米。全国煤层气近期可开发的技术可采资源量为 7 万立方米。煤层气资源主要分布于鄂尔多斯、沁水、准噶尔等 9 个大盆地，资源量占全国的 86%。其中中—高阶煤层气占 53%，低阶煤层气占 47%。

### 2. 勘探开发现状

我国煤层气产业目前处于规模化商业开发的早期阶段，从 20 世纪 80 年开始至今，大致经历了四个阶段。

第一阶段（20 世纪 80 年代前半期至 1999 年），这一时期，一是开展了数轮资源评价工作，其中"七五"期间原地质矿产部、原煤炭工业部初步评估了全国煤层气资源量，其中 30 万亿～35 万亿立方米的预测结果得到了长期的采用。二是启动了煤层气勘探开发试验，原地质矿产部华北石油地质局在开滦等地开展煤层气地面开发先期试验；"八五"期间，华北石油地质局在山西柳林、河北大城施工两个小井网并取得排采试验突破，山西晋城无烟煤矿业集团有限公司（简称晋煤集团）在潘庄地区实施一个小井网并获得工业气流，取得了单井生产试验突破。

第二阶段（2000～2002年），该阶段我国煤层气整体处于普查阶段，开发试验处于攻关阶段。在勘探上，一是进一步拓展勘探选区（如吐哈盆地等）；二是在前期有一定勘探工程的阜新、沁水盆地、鄂尔多斯盆地东缘等地区进一步缩小靶区。在开发试验法方面，对十余个地区进行排采试验，除少部分地区，多未取得理想效果。这一时期在煤层气开采方法与增产措施、煤层气解析扩散渗流机理、产能与采收率等方面取得了较多成果。

第三阶段（2003～2008年），煤层气进入详查阶段，开发进入商业化阶段。这一时期开展了新一轮全国煤层气资源评价，进一步认识了我国煤层气资源"家底"。在勘探开发上，2003年，晋煤集团在我国首次施工由30口直井组成的大井组，实现煤层气商业化生产。晋城煤业集团、蓝焰煤层气公司、中联煤层气公司等公司先后实现商业开发。2008年煤层气产量达到5亿立方米。

第四阶段（2009年至今），煤层气实现规模化商业开发。已逐步形成沁水盆地和鄂尔多斯盆地东缘两个煤层气产业化基地，建成了端氏—博爱、端氏—沁水等煤层气长输管线，初步实现规模化、商业化开发，形成了煤层气勘探、开发、生产、输送、销售、利用等一体化产业格局。中石油、中石化等大型石油企业参与煤层气开发，进一步带动了煤层气产量的上升。2010年，沁水盆地煤层气产量达14.22亿立方米，鄂尔多斯盆地东缘煤层气产量达1亿立方米，占全国煤层气产量的96%。同时在四川古蔺、贵州织金、黑龙江依兰等地区，煤层气单井实现突破。

截至2011年年底，全国煤层气已有煤层气井8765口（水平井194口），煤层气产量达23.2亿立方米，利用率为76%，形成了鄂尔多斯东缘、沁水盆地两大煤层气主产区。

2012年，我国煤层气累计探明地质储量5350亿立方米，累计施工煤层气井13 580口，煤层气产量达25.7亿立方米，井下瓦斯抽采99.4亿立方米。

中石油保德地区2012年投产井667口，日产气达到12万立方米，直井日产气大于1000立方米的有47口，其中BDV4井直井最高日产气达6500立方米，展现出良好势头。2013年，中石化延川南地区经过两年排采试验，投产139口，见气井数79口，日产气4.3万立方米，日产气大于1000立方米钻井39口，近期已经通过5亿立方米产能的开发方案。

3. 煤层气开发利用政策框架已经形成

从20世纪90年代开始，我国政府高度重视煤层气产业，为促进煤层气产业发展提供了较好的政策环境。

随着《国务院办公厅关于加快煤层气(煤矿瓦斯)抽采利用的若干意见》(国办发〔2006〕47号)的出台,国家有关部委相继出台了一系列煤层气优惠扶持政策,主要包括《关于煤层气勘探开发项目进口物资免征进口税收的规定》(财关税〔2006〕13号),《财政部 国家税务总局关于加快煤层气抽采有关税收政策问题的通知》(财税〔2007〕16号)、《财政部关于煤层气(瓦斯)开发利用补贴的实施意见》(财建〔2007〕114号)等文件,初步形成了煤层气(煤矿瓦斯)开发利用政策框架。具体可归纳为以下几个方面。

(1)增值税、企业所得税和进口关税。中外合作开采陆上煤层气按实物征收5%的增值税,不抵扣进项税款;自营开采陆上煤层气实行增值税先征后返,即按13%的税率征收,返还8百分点。对中外合作开采煤层气的企业,实行所得税"二免三减半",即从开始获利年度起,第一年和第二年免征,第三年至第五年减半征收。对包括煤层气开发利用在内的国家鼓励发展的国内投资项目和外商投资项目进口设备,在规定范围内免征关税和进口环节增值税。

(2)免税、补贴和价格。对煤层气固定资产投资方向调节税实行零税率;以煤层气资源作主要原料生产的产品所得,自生产经营之日起,免征所得税5年;企业开发利用煤层气(煤矿瓦斯),中央财政每立方米补贴0.2元,2007年以来累计补贴7.2亿元。煤层气销售价格按照市场经济原则,由供需双方协商确定,国家不限价。

(3)矿权和矿区使用费。对从事煤层气勘探开发企业,2020年前可按国家有关规定申请减免矿权使用费。

(4)对外合作专营权。原来1家,后又新增3家企业获批煤层气对外合作专营权。

## (三)煤层气重点技术现状与发展方向

### 1. 煤层气地质、地球物理综合勘探评价技术

目前我国已经初步形成中、高煤阶煤层气选区评价技术,但若将单井日产气1000立方米视为选区成功,则我国煤层气地质选区成功率只有35%。下一步重点发展的技术方向如下:煤层气成藏地质过程和成藏效应研究,煤储层评价静态与开发动态相结合综合评价;煤储层主要物性参数识别的地球物理精细处理、解释技术;构造煤和低煤阶煤层气勘探与地面井开发选区,低成本、高成功率煤层气勘探与综合选区。

### 2. 煤层气钻完井技术

目前我国煤层气直井钻井技术正日趋成熟。快速、有效、低成本仍将是钻完井技术的发展方向。下一步重点发展的技术方向为提高钻井效率、低成本低伤害

钻井液、高效低成本水平井、水平分支井钻井技术、裸眼系列完井技术、多分支水平井套管分段射孔压裂技术、发展集欠平衡技术和普通直井技术于一体的千米车载钻机设备等。

3. 中—高煤阶煤层气开发技术

重点发展煤储层开发地质动态评价与调控技术、低成本低伤害煤层气钻完井技术、高效低成本煤层气抽采设备、煤层气排采管理以及井网与开发方案优化技术；贫水型、富水型煤层气增产技术，$CO_2$可注入性、可封闭性技术，不同地质条件下具有适应性的低成本高效注气增产技术。

4. 低阶煤、构造煤煤层气单井增产与规模性开发技术

低阶煤重点发展煤层气含气性高精度采样与探测技术、低成本高效增渗与促进解析技术、单井排采大面积突破技术、煤层气地面井规模性开发技术。构造煤重点解决多煤层和构造煤区煤层气地面井原位抽采技术、多煤层煤层气地面井单井增产技术、煤层气井大功率连续有关压裂装备国产化、西南地区中—硬多煤层煤层气规模开发等技术。

## (四)煤层气产业在我国培育发展思路

### 1. 发展目标

国家能源局颁布的《煤层气(煤矿瓦斯)开发利用"十二五"规划》提出："十二五"期间，以沁水盆地和鄂尔多斯盆地东缘为重点，加快实施山西柿庄南、柳林以及陕西韩城等地的勘探。推进安徽、河南、四川、贵州、甘肃、新疆等省区勘探，力争在新疆等西北地区低阶煤煤层气勘探取得突破。到2015年，新增煤层气探明地质储量1万亿立方米。建成沁水盆地、鄂尔多斯盆地东缘两大煤层气产业化基地，在已有产区稳产增产，新建产区增加储量、扩大产能，配套完善基础设施，实现产量快速增长。到2015年，实现煤层气产量160亿立方米。

在沁水盆地和鄂尔多斯盆地东缘两大煤层气基地的基础上，在织金—纳雍、鄂尔多斯盆地北缘及西南缘等地区进一步形成新的煤层气生产基地，预计2020年，可实现煤层气产量280亿立方米，2030年达到500亿立方米。

### 2. 我国煤层气发展面临的主要问题

#### 1)抽采条件复杂

我国煤层气资源赋存条件复杂，具有成煤条件多样性、成煤时代多期性、煤变质作用叠加性、构造变动多幕性和复杂性特点，从而造成煤层气成藏作用的复杂性和气藏类型的多样性，构造煤发育，高煤阶煤多，含气量高，多数地区呈低压力、低渗透、低饱和特点，除沁水盆地和鄂尔多斯盆地东缘外，其他地区目前

实现规模化、产业化开发难度大。

2)关键技术有待突破

煤层气(煤矿瓦斯)开发利用基础研究薄弱,符合我国地质条件实际的煤层气储集、渗流、开发等的地质理论有待进一步深化。现有煤层气勘探开发技术不能适应复杂地质条件,钻井、压裂等技术装备水平较低,低阶煤和高应力区煤层气开发等关键技术有待研发。

3)协调开发机制尚不健全

煤层气和煤炭是同一储层的共生矿产资源。长期以来,两种资源矿业权分别设置,一些地区存在矿业权交叉重叠问题,有关部门采取了清理措施,推动合作开发,但煤层气和煤炭协调开发机制尚未全面形成,造成不同利益诉求纷扰严重,既不利于煤层气规模化开发,也给煤矿安全生产带来隐患。

3. 煤层气产业发展培育思路

(1)加快沁水盆地、鄂尔多斯盆地东缘两个煤层气产业化基地建设。以沁水盆地、鄂尔多斯盆地东缘实现规模化商业开发的地区为重点,进一步开展示范工程建设,实现已有产区稳产增产,新建产区增加储量、扩大产能,配套完善基础设施,实现产量快速增长。

(2)加快贵州织金—安顺构造煤、鄂尔多斯盆地低阶煤开发试验。对贵州织金—安顺、鄂尔多斯盆地彬长地区低阶煤已经实现单井突破的地区,进一步开展开发试验攻关,探索不同井型、不同完井方式单井提高产能攻关试验、面积排采试验,实现新的突破。

(3)继续加强煤层气基础理论研究。重点开展煤层气成藏规律、高渗富集规律研究及有利区块预测评价,低阶煤煤层气资源赋存规律研究,煤与瓦斯突出机理研究等。

(4)继续加强关键技术装备研发。开展构造煤煤层气勘探、低阶煤测试、空气雾化钻进、煤层气模块化专用钻机、多分支水平井钻完井、水平井随钻测量与地质导向、连续油管成套装备、清洁压裂液、氮气泡沫压裂、水平井压裂、高效低耗排采、低压集输等地面开发技术与重大装备研发。

## (五)煤层气产业发展的政策建议

### 1. 进一步落实煤层气优惠政策

我国煤层具有低孔、低渗、低压、低饱和度的特点,煤层气单井产量相对较低,煤层气规模开发需要大量钻井方可实现,煤层气开发成本高于常规天然气。同时煤层气价格主要按照天然气价格销售,煤层气企业经济效益不理想,制约了煤层气产业的快速发展。建议国家进一步落实已有煤层气产业优惠政策,参照页岩气政策，进一步提高煤层气财政补贴；同时建议政府部门研究煤层气开发土地使用政策，简化用地手续，减少土地征用的中间环节费用，缩短煤层气现场施工审批周期。

2. 按照"先采气、后采煤"，"采煤采气一体化"的原则，促进煤层气、煤炭协调发展

以煤层气、煤炭矿权协调管理为核心，坚决贯彻执行煤层气相关政策和法规，切实加强行业监管力度，坚持"先采气、后采煤"，理顺煤炭和煤层气开采关系，提升煤层气资源的综合利用效率。鼓励煤层气开发企业与煤炭企业合作，充分发挥各自优势，实现煤层气和煤炭行业的良性发展。大力推行采空区抽采、开采区边采边抽、预采区联动抽采等煤层气、煤炭综合开采模式，提高煤层气采收率和利用率。

3. 支持示范区建设和关键技术突破

根据不同地区煤层气资源的具体特点，加快煤层气示范区建设，并给予示范区以政策支持，支持其快速发展。同时，在科技重大专项中增设示范工程，围绕建产区提高钻井试气成功率、提高单井产量、优选后备区等问题，开展前瞻性技术研发和先导试验，为实现煤层气快速发展提供强有力的技术支撑。

## 参考文献

包书景. 2008. 非常规油气资源展示良好开发前景. 中国石化，(10)：29-30.

崔凯华，郑洪涛. 2009. 煤层气开采. 北京：石油工业出版社.

董大忠，邹才能，李建忠，等. 2011. 页岩气资源潜力与勘探开发前景. 地质通报，30(2～3)：324-336.

胡文瑞，翟光明，雷群，等. 2008. 非常规油气勘探开发新领域与新技术. 北京：石油工业出版社.

贾承造，郑民，张永峰. 2012. 中国页岩气勘探开发进展与发展前景. 石油勘探与开发，39(2)：129-136.

姜文利. 2009. 我国煤层气产业发展问题分析. 天然气工业，29(10)：114-116.

蒋裕强，董大忠，漆麟，等. 2010. 页岩气储层的基本特征及其评价. 天然气工业，30(10)：7-12.

秦勇. 2006. 中国煤层气产业化面临的形势与挑战：关键科学技术问题. 天然气工业，16(2)：6-10.

孙赞东，贾承造，李相方，等. 2011. 非常规油气勘探与开发. 北京：石油工业出版社.

邹才能. 2013. 全球非常规油气发展态势与挑战. 中国石油勘探开发研究院.

邹才能，等. 2011. 非常规油气地质. 北京：地质出版社.

邹才能，张光亚，陶士振，等. 2010. 全球油气勘探领域地质特征、重大发现及非常规石油地质. 石油勘探与开发，37(2)：129-145.

Bustin R M. 2005. Gas Shale Tapped for Big Pay. AAPG Explorer，26(2)：6-8.

Curtis J B. 2002. Fractured shale-gas systems. AAPG Bulletin, 86(11): 1921-1938.

EIA. 2000. Annual energy outlook 1999 early release overview.

EIA. 2011. Annual energy outlook 2010 early release overview.

EIA. 2012. Annual energy outlook 2011. early release overview.

Holditch S A, Perry K, Lee J. 2007. Unconventional gas reservoirs: tight gas, coal seams, and shales.

IEA. 2003. World energy outlook.

IEA. 2009. World energy outlook.

Kuuskraa V, Stevens S, van Leeuwen T, et al. 2011. World shale gas resources: an initial assessment of 14 regions outside the United States. Research Report of U. S. Energy Information Administration.

Kawata Y, Fujita K. 2001. Some predictions of possible unconventional hydrocarbons availability until 2100. Society of Petroleum Engineers, SPE Paper 68755.

Schmoker J W. 2005. U. S. geological survey assessment concepts for continuous petroleum accumulations. U. S. Geological Survey, 1: 1-9.

U. S. Department of Energy. 2011. Review of emerging resources: U. S. shale gas and shale oil plays, Washington.

U. S. Department of Energy, Office of Fossil Energy, National Energy Technology Laboratory. 2009. Moden Shale Gas Development in the United States. Washington.

第四章

# 核电产业

## 一、核电产业发展现状

### （一）核电产业的基本概念与范畴

核电是通过可控方式核裂变将核能转变为电能，实现核能的和平利用，被称为 21 世纪人类的第三大发明，使人类从利用化学分子能跨越到利用物理原子能的新天地。尽管经历了三哩岛、切尔诺贝利和福岛核事故三次重大核事故，但过去 30 年间，核电的地位并未发生改变，始终是全球五大电力支柱之一。经过几十年的发展，核能的利用不断成熟，成为人类实现低碳发展的支撑电源之一。

核电产业应涵盖核电站全生命周期，包括建造、运行和退役，并涉及核电全产业链，着眼于建立可持续发展的核燃料循环体系。

核电站全生命周期是指从核电站建造、调试运行到退役，包括核电站选址、建造、运营、中低放废物处理和处置，乏燃料后处理和最终废物处置，乃至核电站退役，恢复核电站厂址自然地貌的全生命周期。

核燃料循环体系是指从铀矿开采、核燃料制造、乏燃料后处理到最终废物处置的整个过程。我国明确了铀钚循环路线，核燃料以在反应堆中使用为界分为前、后两段。前段包括铀矿勘查开采、矿石加工冶炼、转化、铀浓缩和燃料组件加工制造；后段是指核燃料从反应堆卸出后的各种处理过程，包括乏燃料中间储存、乏燃料后处理、核燃料（钚和铀）回收、核燃料再循环、放射性废物处理与最终处置。回收后的核燃料可以在热中子堆中再利用，也可以在快中子堆中再利用，统称核燃料"闭式"循环，如图 4-1 所示。

核电全产业链分为垂直的核燃料供应链以及横向的核电站建造和运行的协作

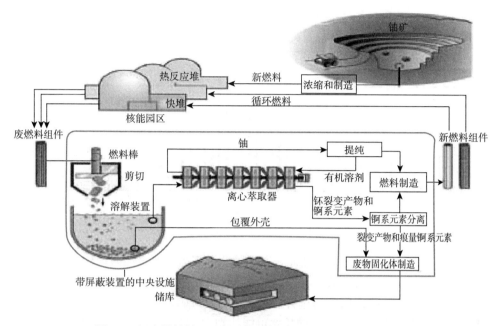

图 4-1　闭合燃料循环示意图(包括快堆和先进的后处理技术)

注：闭合燃料循环有可能把油资料延续数千年

资料来源：第四代核电国际论坛，2002 年

链。供应链包括核燃料前端和后端乃至核燃料循环产能；协作链界定为与核电站建设运行有关的科研开发、工程设计、设备制造、施工建设、调试运营等相关产业链中主要环节组成的产业群，如重型机械制造业、泵阀设备制造业、发电装备制造业、仪表数控生产、核电站用特种材料生产等，为核电站系列化、批量化建设提供装备和服务。

## (二)核电产业发展现状与特点

1. 国际发展现状

1)发展历史

世界核电发展历程如图 4-2 所示。第一座商用核电站建于 20 世纪 50 年代，世界范围内大规模建设浪潮发生在 20 世纪 70 年代和 80 年代；但是，随着 1979 年的三哩岛事故和 1986 年的切尔诺贝利事故，以及 1986 年石油价格的暴跌，核电高速增长暂缓；21 世纪后世界经济增长引发了石油、天然气等能源价格上涨，加上温室气体排放和环保压力增大，核电产业发展开始复苏。

2)福岛核事故后现状

2011 年的福岛核事故给全球核电产业发展带来了深远的影响，某些国家甚

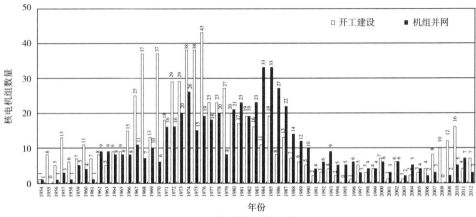

图 4-2　世界核电发展历程

至因此改变了核电发展政策。然而，在保障能源需求、调整能源结构、应对气候变化和保护环境的现实需求与压力下，世界核电发展的总趋势没有发生根本性变化，核电仍然是理性、现实的选择。根据 IAEA（2012）预测，到 2030 年核动力至少占全部动力的 25%，最大增长率可能达到 100%。

　　3）运行状态

　　各国核电运行状态（包括在建、在运行及停堆）如图 4-3 所示。截至 2012 年年底，全球 34 个国家中共有 437 台运行核电机组，总装机容量为 373 吉瓦。核电发电量为 23.5 亿兆瓦，约占总发电量的 16%。全球核电站运行经验超过 15 247 堆年；美国、法国、日本等核电发达国家拥有世界上 57% 的核电装机。

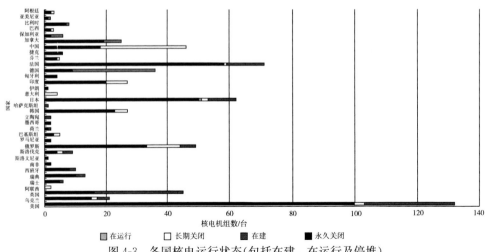

图 4-3　各国核电运行状态（包括在建、在运行及停堆）

4)在建状态

截至 2012 年年底，在 14 个国家有 64 台机组在建，总容量为 6.19 吉瓦。

5)核电技术改造

经过技术改造和设备性能的提高，现有核电站的利用因子已经从建造时的 70% 左右提高到 90%；在役核电站功率提升已经使全球核电发电量增加 2% 以上。例如，美国核电站通过采取三种不同的技术改造，发电功率提升幅度为 5%～10%。此外，美国在 20 世纪 90 年代开始实施运行机组的延寿改造，包括寿命评估、安全分析、系统技术改造、设备性能提升等步骤，成效显著，运行机组寿命由 40 年延长到 60 年，经美国核管理委员会(U. S. Nuclear Regulatory Commission，NRC)批准延寿的核电站占美国全部运行核电站的 70% 左右。

6)核燃料循环状态

目前铀转化和浓缩能力集中在少数国家，主要包括经济合作与发展组织 (Organization for Economic Co-operation and Development，OECD)的 18 个国家具备生产核燃料能力；法国、英国、美国、俄罗斯、日本、印度等国家已经掌握了乏燃料后处理技术。

2. 国内发展现状

经过多年发展，我国已成为世界上少数几个拥有完整核工业体系的国家，核电建设与运行管理达到国际先进水平。截至 2012 年年底，我国国内运行核电机组达到 16 台，装机容量为 1363 万千瓦，发电量为 874 亿千瓦时，占全国总发电量的 1.8%，为保障电力供应和保护生态环境做出了积极贡献(图 4-4)。

1)投运机组安全运行，经济效益逐步提高

秦山一期机组投运 20 年来，未发生国际核事件分级为 2 级及以上的运行事件(事故)，没有对环境和公众造成不良影响。安全运行技术水平不断提高，主要运行指标高于世界平均值，部分指标达到国际领先水平。秦山、大亚湾和田湾核电基地运行机组上网电价已低于当地脱硫燃煤机组标杆上网电价，核电经济性日益显现。

2)核电建设规划调整，在建规模世界第一

我国引进美国 AP1000 先进核电技术，已在三门、海阳开工建设了四台核电机组作为依托项目，同时在台山建造了两台引进法国先进核电技术欧洲压水堆的核电机组。加上自主设计建造的一批二代改进型压水堆核电项目，在建机组 26 台，装机容量 2924 万千瓦，占世界核电在建机组的 40% 以上，已核准待建机组 5 台，装机容量 452 万千瓦(2012 年 10 月 24 日国务院会议以后已开工建设)。开展工程建设前期工作的核电机组 22 台，容量超过 2500 万千瓦。

3)制造能力增长较快，硬件规模世界第一

我国核电装备制造企业依托核电项目建设，加大技术改造力度，以市场需求

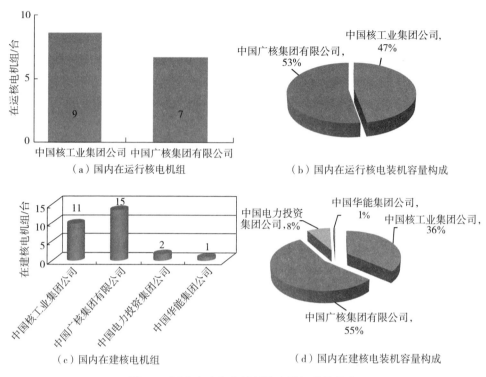

图 4-4 国内在建和在运行核电机组总体状态

为导向，借助引进消化吸收，在核电关键设备制造方面取得突破，形成了每年
8～10 套(约 800 万千瓦)核电主设备制造硬件能力。在建二代改进型机组平均设
备国产化率达到 80% 左右。

4)自主化水平稳步提升，科研体系加快形成

随着核电的发展，我国已经推出两种自主研发设计的核电型号：一种是在引
进 AP1000 基础上自主开发的先进核电机型 CAP1400；另一种是在充分利用国
内技术和工业基础上，自主开发的具有自主知识产权的先进核电机型 ACP1000
和 ACPR1000＋。我国与巴基斯坦签订了卡拉奇 K2/K3 核电项目 ACP1000 出口
合同；高温气冷堆示范工程已开工建设，在自主研发基础上与俄罗斯合作的中国
实验快堆已建成发电；高温气冷堆和快堆产业联盟初步建立，通过产学研用融
合，推动我国四代核电技术进步的局面已经形成。

5)核燃料保障程度提高，乏燃料后处理稳步推进

铀资源供应体系已经建立国内生产、海外开发和国际贸易三条供应渠道，可
以保障核电发展需要。已开展锆材研发和试生产工作，国内运行核电站所需燃料
元件已实现自主化。自主开发的反应堆乏燃料后处理中试工程通过热试，商用大
型后处理厂正在按照"以我为主、中外合作"的原则开展前期技术开发和工程准备

工作。已经建成两个中低放射性废物近地表处置场；正在开展高放射性废物深地质处置设施的选址工作。

# 二、我国核电需求分析

## (一)我国能源发展面临四个基本问题

(1)经济社会发展中的能源供需总量平衡问题。

(2)长期以煤为主的能源结构造成的环境、生态问题。

(3)西煤东运、北煤南运、西电东输的能源输运问题。

(4)对国外资源依存日益增长的能源供应安全问题。

## (二)核电的基本特性决定了其无可替代的重要作用

(1)核电是不排放 $SO_2$ 等污染物和 $CO_2$ 的清洁能源。

(2)核电是高负荷因子大功率密集性的能源。

(3)核电的安全可靠性不断提高。

(4)核电相对煤电具有较强的经济竞争力和替代能力。

(5)核电燃料运输量小，发展核电是调整能源布局的有效途径。

以煤为主体，清洁优质能源比重偏低，是中国能源结构的深层次矛盾，目前发展清洁能源迫在眉睫。首先要积极发展核电，这是中国能源发展的战略选择。

1. 维护我国能源安全的战略保障

核能在保障能源安全方面具有特殊的战略优势。铀资源能量密度高、体积小、燃料费用所占发电成本比重低。投入 200 亿美元，以 90 美元/桶的价格从全球市场采购石油，可保障我国约 60 天的原油储备，折合 0.4 亿吨标准煤。而相同的投入，以 50 美元/磅(1 磅≈0.454 千克)的价格从全球市场采购铀，可保障我国现有核电站稳定运行 60 年，折合 20 亿吨标准煤。核电以同样的贸易额，提供了较石油 50 倍的能量，而体积不及石油的万分之一，保障能源持续供应的时间也远大于石油。

2. 满足能源需求的重要支柱

我国已成为世界上最大的能源消费国，但我国的人均生活用电量[①]却不及日本的 1/6、美国的 1/13。从中长期角度看，我国要在 2020 年前实现 GDP 翻一

---

① 据国际能源署(International Energy Agency，IEA)2011 年的统计。

番，2050 年全面实现小康社会，还将持续面临重化工新一轮增长、国内制造业转移、城市化进程加速的新情况。未来 30 年能源需求将必然是一个长期增长的趋势，但是我国能源供应形势严峻，化石能源供应增加能力有限。非化石能源中，核电是增加能源供给的重要支柱之一，原因在于：一是水能进一步开发的难度增大；二是风电光伏难以支撑持续大规模的电力需求；三是光伏产业的技术成熟度及规模商业化阶段，相比风电还要落后数年。而核电作为重要的基荷电源，是能源供给的重要支柱。特别是未来由电力交通引发的电力需求的大幅增加，要求城市群间具有坚强的基荷电源，核电作为重要的基荷支撑电源，可发挥重要作用。此外，核燃料不需要大规模运输，可以显著减少我国长期形成的"北煤南运"的运输压力，核电可以成为破解我国能源供需逆向分布矛盾的战略选择。

3. 应对气候变化的重要手段

作为《联合国气候变化框架公约》及《京都议定书》的缔约方，我国的高碳能源资源禀赋直接导致碳基能源的高消费、高排放。气候变化问题已逐渐超越环境本身的科学范畴，成为大国博弈的又一政治工具，我国 $CO_2$ 排放的持续增加，将使我国面临越来越大的国际压力。

核能在我国低碳转型中具有重要作用。核电从铀矿开采到废物处置的全生命周期，每度电所产生的碳排放量仅为 2～6 克，与风能和太阳能发电相当，比煤炭、石油和天然气排放量低两个数量级。如图 4-5 所示，在全球碳减排的边际成本中，核能的边际成本几乎为零，远低于造林、风能、太阳能、工业马达、CCS等技术的边际成本。若核电能在 2030 年前后实现 2 亿千瓦的装机，就相当于减少近 20 亿吨 $CO_2$ 排放，将大幅度加速我国能源低碳转型的进程。

4. 建设生态文明的重要举措

我国生态环境污染形势已极其严峻。核电生产过程不会向大气释放有害气体和其他污染物。若核电能实现 2 亿千瓦的装机，就相当于取代近 5 亿吨标准煤，即替代约 1/5 的煤炭供给，极大减轻传统化石能源的供给压力，也将显著改善我国的大气质量。同时，核能作为优质的一次能源，不仅可以用于大规模发电，还可以用来制氢，对于满足工业化、城镇化的能源需求，乃至未来的氢能交通都具有重要战略意义。

5. 能源科技重大创新的重要支撑

核电是高技术密集产业，是能源科技的重要支撑。核科学技术是现代科学技术的重要组成部分，是国家科技实力的重要标志。核科技工业是国防建设的重要基石，是国家安全的重要保障，核战略则是无可替代的重要国家战略。

国外经验和我国实践证明，和平时期，特别是在禁产禁试的形势下，能够替代核武器研制生产，同时又能完整保留一支与核大国相适应的核科技力量并不断

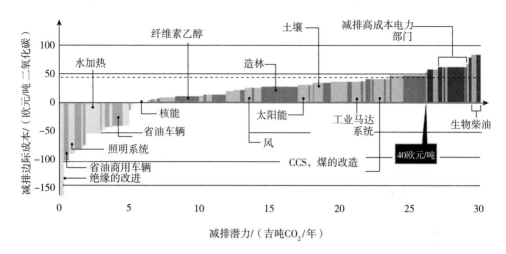

■ 负减排边际成本　■ 减排边际成本低于每吨40欧元　■ 减排边际成本超过每吨40欧元

图 4-5　各种能源技术实现碳减排的边际成本

提高，其中有效的办法就是发展核电。自主地、较大规模地发展核电，有利于维护我国核科技工业体系的完整性，带动和促进我国整个核工业产业的发展。和平利用核能是当代能源领域的先进生产力，涉及材料、冶金、化工、机械、电子、仪器制造等众多行业。核电的特殊性对这些行业的技术水准提出了很高的要求。发展核电，有利于推动这些行业的技术改进，提高其技术水平和管理水平。

# 三、核电产业发展基本趋势

## （一）全球发展趋势

### 1. 国际核电技术发展回顾

人类和平利用核能发电已有近半个世纪的历史，截至福岛事故发生前，其大致可分为四个阶段，即实验示范阶段、高速发展阶段、减缓发展阶段和复苏阶段。福岛事故后，核电建设在世界范围内暂时进入减缓发展阶段，但针对更安全、更先进的核电技术的研发工作从未止步。伴随着核电发展的不同历史阶段，核电技术也日趋成熟、安全、先进，核工业界对核安全的认识和管理水平也在不断提高。对应不同阶段核电技术的发展特点，也逐步形成了核电的代际概念。

1）实验示范阶段：20 世纪 50 年代中期至 60 年代中期
该阶段对核能的利用开始从军用走向民用，以开发早期的试验堆和原型堆为主，也就是"第一代"核电站。全世界共有 38 个机组投入运行，该阶段建设的核电站方案众多，各类型的反应堆多处于方案验证阶段。但各国正是通过如此多堆型的广泛试验和探索，解决了一系列建造核电站的工程技术问题，验证了核电站能安全、经济、稳定地运行。有关核电的法律、法规和标准也伴随着核电的安全研究而逐步建立，该阶段人们对于核安全关注的重点在于最大可信事故。

2）高速发展阶段：20 世纪 60 年代中期至 80 年代初

该阶段前后共形成两次核电站建设高潮：一次是在美国轻水堆核电站的经济性得到验证之后；另一次是在 1973 年世界能源危机之后，核电被很多国家作为保证能源安全和能源独立的有效方案。这段时间全球共 242 台核电机组投入运行，总运行业绩达到上万堆年，此阶段建造的商用核电站被称为"第二代"核电站。第二代核电技术集中表现为压水堆、沸水堆、CANDU 型重水堆、GCR 型石墨气冷堆以及 RMBK 型石墨水冷堆等几种成熟定型的核电技术。这一时期核安全的法律、法规和标准也基本完善，到 20 世纪 70 年代末现有核电站在设计和安全评价上所遵循的确定论安全方法已经基本建立起来，核安全管理奠定了厂址远离人口稠密区、安全壳和设计基准事故这三块基石。

3）减缓发展阶段：20 世纪 80 年代初至 21 世纪初

1979 年的美国三哩岛核电站事故以及 1986 年的苏联切尔诺贝利核电站事故打击了社会和公众对于核电安全的信心，全球核电发展迅速降温。同时，世界经济增速的回落、能源利用效率的提高以及廉价天然气的大量开发也使得对核电的需求降低。各国在这一时期开展了庞大的核电安全研究和评价计划，重点放在了严重事故的预防和缓解方面。1974 年，美国核管理委员会提出的概率风险评价方法得到了广泛的重视和应用，促成了对超设计基准事故分析和安全壳行为研究的关注。在这些安全理念的基础上，美国和欧共体（欧盟的前身）国家分别发布了《先进轻水堆用户要求文件》(Utility Requirements Document of Advanced PWR，URD)和《欧洲用户要求文件》(European User's Requirement，EUR)，提出了适用于先进压水堆的总体要求，显著提高了核电站的安全性和经济性。习惯上把符合 URD 或 EUR 要求的核电站称为"第三代"核电站。世界各大核电供应商按照 URD 或 EUR 的要求，通过改进和研发形成了多种三代堆型，如 AP1000、EPR、ABWR、APR1400 和 ESBWR 等。这些先进核电站具备完善的严重事故预防和缓解手段，在提高核电站的经济性方面也采取了一系列措施，包括简化设计、提高单堆容量、提高可利用率、延长设计寿命等。

4）复苏阶段：进入 21 世纪到福岛核事故发生前

世界经济新一轮的增长，特别是发展中国家的高速发展，引发了石油、天然气等一次能源供应日趋紧张，价格上涨，加上温室气体排放和环保压力增大，各国政府被迫重新审视替代能源在确保可持续发展和能源安全中的战略地位。同时运行机组管理和技术方面的优化改进，以及第三代核电技术储备的日渐成熟和完善，为更安全、更经济的核能利用提供了技术保障，增强了政府和公众对核能利用的信心。很多国家制定了积极的核电发展规划，其中存在大量新增能源需求的中国、韩国、印度、俄罗斯等新兴国家成为核能复兴的主要驱动力，同时面临电源更新换代和电力结构优化需要的发达国家(如美国、英国、日本等)也在酝酿新一轮的核能发展计划。在第二代改进型核电站继续建设的同时，第三代核电站在复苏的核电市场中获得了良好的工程应用契机和巨大的发展空间。

5)持续发展阶段：后福岛时期

福岛事故发生后，人们重新审视评估核电的安全性。为确保核电站的安全，世界各国加强了安全措施，制定了更严格的审批制度。虽然少数国家由于福岛核事故暂停了核电发展计划，从核电发展历史看，技术终将超越事故，发展决不会停止。每一次核事故都是对核电安全性的再认识，会促使核电国家进一步完善核安全法规和监管体系，进一步提高核电设计标准和安全技术，促使核安全理念和核安全标准得到提升，核电技术水平也会得到进一步提高。福岛事故发生后，经过短暂的调整，中国、美国、法国、俄罗斯、英国、保加利亚等多数国家均表示本国发展核电的决心没有动摇，并进一步致力于推动核电技术向前发展。

此外，在现有核能发电技术研发的基础上，国际上针对未来的核电技术也开展了积极研究，即"第四代"核电站。第四代核电站无论是从反应堆还是从燃料循环方面都将有重大的革新和发展，目的是在电价具有竞争力的同时，还要令人满意地解决核安全、废物、核扩散以及公众接受度等问题。2001年，美国、英国、法国、加拿大、日本、韩国、南非、巴西、阿根廷等国成立了第四代核能国际论坛(the Generation IV International Forum，GIF)，围绕着持久性、经济竞争性、安全和可靠性以及防扩散和外部侵犯能力的目标开展第四代反应堆的国际合作。经过论证，GIF推荐了六种可选核能系统进行开发，即气冷快中子堆、铅冷快中子堆、熔盐堆、钠冷快中子堆、超临界水堆和超高温气冷堆。在概念可行性研究、技术和经济性论证阶段之后，根据市场情况，第四代核电站可能在2035年实现首批工业应用。

世界核电技术发展路线图见图4-6。

2. 轻水堆技术仍将是国际核电发展的主流技术路线

截至2012年12月，全球共有30个国家和地区的437台机组在运行，总装机容量达到371.8吉瓦；有14个国家的64台核电机组在建，总装机容量为61.9吉瓦。

核电技术在发展过程中形成了不同的技术路线，目前世界上应用比较普遍或具有良好发展前景的主要有压水堆、沸水堆、气冷堆、重水堆、轻水石墨堆和快

图 4-6　世界核电技术发展路线图

中子堆。它们的主要差别在于慢化剂和冷却剂使用的材料不同。世界上各种堆型核电机组的特点、数量和装机容量见表 4-1。

表 4-1　各种堆型核电机组的特点、数量和装机容量

| 堆型 | 特点 | | 运行机组 | | 在建机组 | |
|---|---|---|---|---|---|---|
| | 慢化剂 | 冷却剂 | 数量/台 | 装机容量/兆瓦 | 数量/台 | 装机容量/兆瓦 |
| 压水堆 | 加压水 | 加压水 | 272 | 250 335 | 52 | 51 294 |
| 沸水堆 | 沸腾水 | 沸腾水 | 84 | 77 737 | 4 | 5 250 |
| 气冷堆 | 石墨 | 二氧化碳 | 15 | 8 055 | 0 | 0 |
| 重水堆 | 重水 | 重水或轻水 | 49 | 24 836 | 5 | 3 212 |
| 轻水石墨堆 | 石墨 | 轻水 | 15 | 10 219 | 1 | 915 |
| 快中子堆 | 无 | 液态金属 | 2 | 580 | 2 | 1 259 |
| 总计 | | | 437 | 371 762 | 64 | 61 930 |

从表 4-1 中可以看出，压水堆数量和装机容量分别占到了运行机组的 62.2％ 和 67.3％，在建机组的 81.3％ 和 82.8％。相比于其他堆型，压水堆核电站的技术优势主要在于两个方面：第一，结构紧凑，堆芯功率密度大，这主要得益于轻水良好的慢化能力和载热能力。第二，基建费用低，建设周期短，这主要得益于压水堆的紧凑结构和轻水的便宜价格。压水堆的缺点则是必须采用高压的压力容器和一定富集度的核燃料。

美国通过多种堆型的比较分析之后，于 20 世纪 50 年代确定重点发展压水堆的战略。除国内大规模建造之外，还向国外大量出口，一度垄断了国际市场。压

水堆的绝对优势地位也有一定的历史原因，具体包括以下几个方面。

第一，压水堆的发展有军用堆的基础，技术问题解决得比较彻底。

第二，工业上有轻水的长期使用经验，对于水的各种性质具有大量的研究基础和应用经验，相关的泵、阀门、管道等设备也具备成熟的工业基础。

第三，核工业的发展为压水堆所需的浓缩铀提供了条件，特别是核武器生产国的浓缩铀生产能力过剩，于是便大力发展压水堆技术来消化过剩的生产能力。

第四，压水堆技术在转入民用之后，通过大量研究和大规模建造运行，进一步降低了成本，并使技术不断完善。

从历史发展以及目前现状来看，虽然其他一些堆型在技术上也具备一定的优点或光明的前景，但是没有哪一种堆型像压水堆这样投入过如此多的资源，进行过如此广泛细致的研究和开发；也没有哪一种堆型具备压水堆这样丰富的制造和运行经验，以及与之相适应的完整工业体系。因此，可以预计的是，作为经过几十年持续开发改进的最成熟技术，压水堆仍将是相当长时间内核电的主流技术路线，是绝大多数国家核电开发的首要选择。

国际原子能机构 IAEA（International Atomic Energy Agency，IAEA）将发电功率小于 300 兆瓦的机组定义为小型反应堆，主要面对没有大电网建设的发展中国家，或者远离电网的孤岛地区，重点开发实现发电、供热、制冷和海水淡化等核能综合利用技术。

3. 国际先进压水堆技术要求分析

如前所述，依据 URD 或 EUR 要求开始酝酿并开发的先进核电站技术，统称为第三代核电技术。目前国际上在建的核电机组已经有相当一部分属于三代压水堆核电技术。第三代压水堆核电站基于对切尔诺贝利和三哩岛核事故的深刻反思及研究，遵循 IAEA 最新核安全标准规范，在安全性设计上做出了重大的改进，同时为了增强与其他发电方式的竞争力，也采取了提高经济性的设计，代表了未来先进核电技术的发展趋势。IAEA 导则、美国 URD 文件和欧洲 EUR 文件对先进压水堆核电的具体技术要求做了详细阐述。

IAEA 发布的《核电站基本安全准则》（INSAG-12）对未来先进核电站应具有的技术特点给出了总体性的要求，包括：充分考虑多重失效和严重事故，通过简化设计、增加多样性减小设备故障率，充分改进现有设计的缺陷，增加信息和数字化技术以及自动保护系统的应用，应用 PSA 方法等。

美国电力研究院（Electric Power Research Institute，EPRI）在美国能源部支持下制定的 URD 给出了适用于先进压水堆的总体要求，包括最高层次的安全设计要求、性能设计要求、可建造性要求、设计过程要求以及经济性要求等。安全设计要求又包括抗事故能力要求、防止堆芯损坏要求、严重事故缓解要求三个方面，提出了诸如简化电站设计、提高设计裕量、提高抗震要求、延长操作员不干预时间、控制堆芯熔化概率和大量放射性释放概率这样的具体要求。性能设计要求则从电站运行寿期、换料间隔、可利用率、平均燃耗、符合跟踪能力等方面提出了具体指标，以提高电站的运行性能。在经济性要求上，考虑初始资本费、燃料成本和运行维修成本后，先进核电站与参考煤电厂相比应有明显的经济优势。

反映欧洲电力公司对未来先进轻水堆技术需求的 EUR 文件提出的主要安全性和经济性要求，涉及电功率范围、安全壳设计、数字化仪表控制（instrument & control，I&C）、操作员不干预时间、堆芯损坏频率和放射性释放频率、设计基准地震、设计寿期、可利用率、燃料燃耗、个人和集体剂量、放射性废物体积、资本成本等诸多方面。

总的来说，先进压水堆技术最显著的特征包括以下三个方面：①提高安全性，降低核电站（堆芯熔化和大量放射性释放）的风险，延长事故情况下的操作员不干预时间。②提高经济性，降低造价和运行维护费用。③延续成熟性，尽量采用已经验证的成熟技术。

2011 年 3 月发生的日本福岛核事故是核工业历史上继切尔诺贝利和三哩岛核事故之后的又一次严重事故，在很多方面都具有"启示录"的意义，必然会带来核电安全法规标准的重大升级和修订，并推动核电技术的再一次进步。几乎所有有核国家均针对福岛事故教训对本国的核电站进行了安全检查，IAEA、西欧核监管者协会（Western European Nuclear Regulators Association，WENRA）以及主要核电国家也发布了基于福岛事故教训进一步提高未来核电站安全水平的建议报告，我国国家核安全局也正在组织编制《"十二五"新建核电厂安全要求》。从目前来看，后福岛时代压水堆核电技术要求将呈现以下新的趋势：①加强应对极端外部灾害的能力，包括防洪、防水淹和抗震能力。②进一步完善超设计基准事故和严重事故的预防与缓解措施，加强纵深防御理念的应用，降低严重事故和大量放射性物质释放的概率。③完善事故管理与应急管理体系，特别是针对长时间全厂断电和多机组严重事故。

综上所述，基于国际核电技术发展的历史回顾，考虑到压水堆在技术和历史、现实方面的优势，在未来 20 年左右的时间内，压水堆技术仍将是国际核电发展的主流技术路线。在具体的技术要求上，未来的压水堆除了需要满足 IAEA 导则以及 URD 和 EUR 文件关于先进核电站安全性与经济性的要求及指标外，还需要考虑福岛事故后在外部灾害、严重事故、应急等方面更高的核安全要求。

4. 新一代核能系统（反应堆和燃料循环）开发

考虑到开发新一代核能系统（反应堆和燃料循环）需要数十年时间的历史经验，在 21 世纪初，国际上即着手组织合作开发，整合各国研发资源，为核能的可持续发展开发新一代核能系统（反应堆和燃料循环）。其主要有三个国际交流平台：①GIF 于 2002 年提出了第四代核电的六种研究开发的堆型（包括各自的燃料循环)和研究开发路线图，见图 4-7；②"全球核能合作伙伴"(the Global Nuclear Energy Partnership，GNEP)致力于推动安全、可持续发展、经济和防止核扩散的先进核能技术联合研究；③ IAEA 发起的"核反应堆和燃料循环倡议"(the International Project on Innovative Nuclear Reactors and Fuel Cycles，INPRO)国际项目。第四代核能系统开发的目标是，在 2030 年或更早的时间创造性地开发出新一代核能系统，使其在安全性、经济性、可持续发展、防核扩散、防恐怖袭击等方面都有显著的先进性和竞争能力。其不仅要考虑用于发电或制氢等的核反应堆装置，还应把核燃料循环也包括在内，组成完整的核能利用系统。

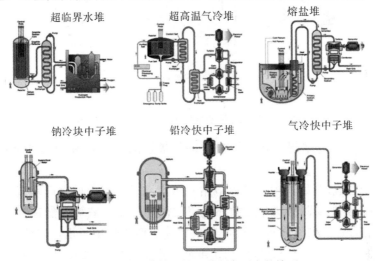

图 4-7　第四代核电的六种研究开发的堆型

5. 聚变能的开发利用

国际上正在开发利用聚变能，研究开发国际热核试验反应堆(international thermonuclear experimental reactor，ITER)，设计功率为 500 兆瓦，等离子体持续时间大于 500 秒(图 4-8)。如果这样一座大功率的聚变核反应堆能如期建成运行，将使聚变发电的工程可行性得到证实。2006 年 5 月 23 日，中国、美国、欧洲、俄罗斯、韩国、日本、印度成立 ITER 组织，实施 ITER 计划。原计划 2008 年开始建造反应堆，2016 年获得第一次等离子。但是目前投资较预期增加，进度较预期推迟。

## (二)国内发展趋势

1. 我国核能发展的三部曲：我国核能利用采取热堆、快堆、聚变堆三步发展道路

(1)"十二五"及"十三五"期间，在安全高效的方针下，实现成熟先进的热中

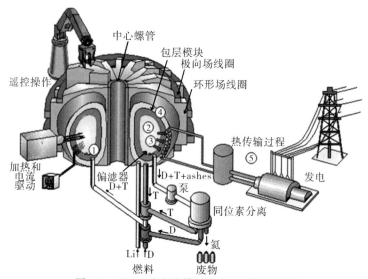

中心螺管
包层模块
极向场线圈
环形场线圈
遥控操作
热传输过程
加热和电流驱动
发电
偏滤器
D+T+ashes
D+T
泵
同位素分离
氚
Li D
燃料
废物

图 4-8　ITER 聚变堆模型和发电系统设想图

子堆(压水堆)核电站规模化、批量化的发展，满足近期和中长期能源发展的需要。

(2)"十三五"开始快中子堆核电站和压水堆乏燃料后处理厂示范工程建设，2025 年前后实现核燃料从开式循环向闭式循环转变，减缓天然铀资源的消耗，实现裂变核能的可持续发展；2030 年前后建成商用快中子堆，快堆燃料制备和快堆乏燃料后处理的研究开发将与快堆同步进行，争取 2035 年前后开始实施快堆燃料循环的闭合，2040 年前后具备实现快中子增殖堆核能系统产业化发展的条件。

(3)第三步发展核聚变堆核电站，我国相关技术发展应与国际同步，争取 21 世纪下半叶实现可控核聚变发电。

图 4-9 为我国核电产业三步走路线图。

2. 安全高效规模化、批量化发展核电

《中国的能源政策(2012)》白皮书提出，要安全高效发展核电。《国民经济和社会发展第十二个五年规划纲要》提出，到 2015 年，中国非化石能源占一次能源消费比重达到 11.4%。中国政府承诺，到 2020 年将达到 15%左右，单位 GDP 二氧化碳排放比 2005 年下降 40%~45%。

非化石能源中，核电是增加能源供给的重要支柱之一。目前中国核电发电量仅占总发电量的 1.8%，远远低于 14%的世界平均水平，发展核电对优化能源结构、保障国家能源安全具有重要意义，是确保中国实现上述目标的重要措施之一。

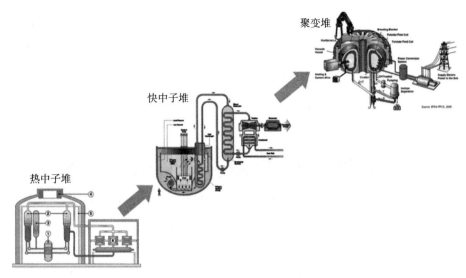

图 4-9　我国核电产业三步走路线图

2012 年 10 月，国务院已讨论通过了《核电安全规划（2011—2020 年）》和《核电中长期发展规划（2011—2020 年）》，国内核电建设稳妥恢复。按照上述规划，到"十二五"末，全国核电运行装机容量将达到 4000 万千瓦，在建 1800 万千瓦；到 2020 年，核电运行装机容量达到 5800 万千瓦，在建 3000 万千瓦。国家在确保安全的基础上高效发展核电的方针没有改变，核电产业发展处于良好的机遇期。根据国家核安全局即将发布的《"十二五"期间新建核电厂安全要求》，我国核电产业已经进入安全、高效、有序发展的关键时期。

展望未来能源结构，在 2030 年核电规模预测将达到 1.5 亿～2 亿千瓦装机，占总发电量的 10％以上，快堆技术逐步实现商用推广，建立核燃料闭式循环；2050 年核电规模预计为 3.5～4 千瓦装机，占总发电量的 15％～20％，成为我国能源的重要组成支柱之一，能够实现对能源安全和应对气候变化的战略意义。

## 四、核电产业战略布局、科技发展规划和技术发展方向

### （一）核电产业战略布局

根据环境保护部对我国备选厂址的分类评价和研究，我国备选厂址可满足 3 亿多千瓦的核电装机容量，其中 40％是内陆厂址。到 2020 年，列入《核电中长期发展规划（2011—2020 年）》厂址保护目录的共 27 个厂址，总装机 1.04 亿千瓦；重点论证厂址目录共 26 个厂址，总装机 1.2 亿千瓦（图 4-10）。"十二五"期

间，优先安排沿海厂址。重视地震、台风、龙卷风、洪水、风暴潮、海啸和泥石流等外部极端事件的潜在风险，在加强各类灾害风险评估论证的基础上，对新建厂址进行严格的全面审核。

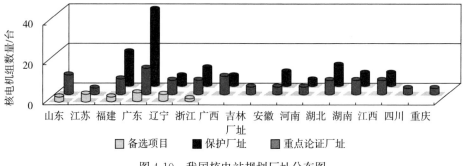

图 4-10　我国核电站规划厂址分布图

　　随着国家经济发展向中西部延伸，内陆地区经济加速发展，对能源和电力的需求日趋增长，有些内陆省份缺乏一次能源，有些地区虽然风电、水电比较丰富，但随气候季节变化很大，需要强大稳定的支撑电源，因此，有必要推动内陆核电的发展。

　　严格按照核安全法规进行内陆核电的选址，对地震最大降雨水库溃坝等导致的洪水，采用保守的预测方法及"干厂址"等设计理念和设防要求，能保证核电机组具备足够的防御外部事件的能力。内陆核电站采用冷却塔等闭式循环用水的模式，日补水量仅为冷却塔用水的蒸发量（仅循环冷却水量的 1%～3%），加上合理的布局，完全可解决我国水资源相对短缺的矛盾。

　　国内外压水堆核电站运行实践表明，放射性流出物的排放完全可以控制在一个较低的水平。国家规范要求我国内陆核电站液态流出物排放浓度的控制水平要较沿海核电站压缩 10 倍，低于 100 贝克勒尔/升。我国正在开发先进的废水处理系统，其净化系数从 3 个量级提高到 5 个量级。例如，采用凝絮—离子交换—反渗透技术的废水处理方案，净化后排水的放射性浓度在 30 贝克勒尔/升左右。另外，田湾核电站废水处理系统采用双蒸发双离子交换的技术方案，净化后排水的放射性浓度达到 18 贝克勒尔/升，完全满足规范要求的净化水平。如果将净化后的水复用，继续用做工艺水或设备系统的清洗水，有可能实现"零排放"或近零排放。

　　在极端事故工况下内陆核电站的放射性污染是可以防止的，事故后果是可控的。研究表明，内陆核电站在严重事故工况下产生的污水，能够按照"可存储"、"可封堵"、"可处理"、"可隔离"的四项原则进行防范和应对，不会对核电站以外的环境造成严重的放射性危害。

## (二)核电科技发展规划

《国家"十二五"科学和技术发展规划》中明确提出了"加快实施国家科技重大专项大型先进压水堆及高温气冷堆核电站和核电站乏燃料后处理";"推进重大科学研究计划实施核聚变能研究专项,加速开展我国聚变能发展研究";"重点探索面向第四代核能等方向的前沿技术"。

《国家能源科技"十二五"规划(2011—2015)》确定了多项先进核能发电技术能源应用技术和工程示范重大专项,提出建立重大技术研究、重大技术装备、重大示范工程及技术创新平台"四位一体"的国家能源科技创新体系,到2015年,将形成具有自主知识产权的堆型及相关设计、制造关键技术,并在高温气冷堆核电站商业运行、快堆核电站技术等方面取得突破;成立国家能源研发(实验)中心,其中核电部分如表4-2所示。

表 4-2　与核电相关的国家能源研发(实验)中心简况

| 名称 | 部委 | 依托单位 | 研究方向 |
|---|---|---|---|
| 国家能源快堆工程研发中心 | 国家能源局 | 中国原子能科学研究院 | 以快堆电站产业化和建立先进闭式燃料循环体系为导向,进行相关法规、标准、规范以及工程建造、调试和运行技术研究,为进一步开发大型先进快堆提供技术支撑;研究堆容器、钠循环泵、蒸汽发生器等示范快堆核电站关键设备设计和制造技术,为实现关键设备和材料的国产化夯实基础;进行商业示范快堆电站工程的设计、关键设备验证试验、燃料元件研发及辐照考验 |
| 国家能源核电软件重点实验室 | 国家能源局 | 国家核电技术公司科学技术研究院有限公司 | 开发具有完全自主知识产权的先进核电设计软件;研发严重事故、超设计基准事故分析相关软件;研发核电站先进数值模拟仿真软件技术;研发核电站运行管理类软件;积极培育核电软件应用市场 |
| 国家能源核级锆材研发中心 | 国家能源局 | 国核宝钛锆业股份公司 | 以实现核级锆材国产化、自主化为目标,形成核级锆合金成分与腐蚀性能、核级锆合金加工工艺与微观组织、核级锆合金加工成型与工模具技术、核级锆合金表征及评价四大研究方向,并在此基础上不断拓展延伸研究领域,探索新型核用材料的开发与应用研究 |
| 国家能源压水反应堆技术研发中心 | 国家能源局 | 中国核动力研究设计院 | 紧密围绕先进核电系统研发、反应堆关键技术攻关、反应堆安全运行及保障技术研究和核电标准研究四个研究方向,解决制约核电产业发展的关键技术及瓶颈问题,强化核电技术创新体系,提升我国核电产业整体技术水平,为国家重点工程提供技术支持和保障,为国家核能科技发展及战略规划提供技术支持 |
| 国家能源先进核燃料元件研发中心 | 国家能源局 | 中国核动力研究设计院和中科华核电技术研究院 | 反应堆堆芯及燃料元件设计、燃料和材料工艺及性能研究、燃料及材料堆外试验研究和燃料元件堆内辐照考验及评价。主要目标是统筹核燃料元件研发的各个环节,提升燃料研发的战略地位,改变我国核电燃料市场缺乏自主品牌的现状,开发拥有自主知识产权的先进核电燃料 |

| 名称 | 部委 | 依托单位 | 研究方向 |
|------|------|---------|---------|
| 国家能源核电运营及寿命管理技术研发中心 | 国家能源局 | 苏州热工研究院 | 核电站寿命管理标准规范体系研究、寿命评价技术研究、重大设备更换技术研究、状态监测与在役检查技术研究、寿期经济性分析技术研究和环境影响评价技术研究六大领域 |
| 国家能源重大装备材料研发中心 | 国家能源局 | 中国第一重型机械集团公司 | 按照"构思一代、研发一代、试制一代、生产一代"的思路，建立系统的"基础科学—工程化—产业化—批量化"研究体系，全力投入百万千瓦级核电关键装备的自主开发 |

## (三)核电技术发展方向

核电技术发展路线如表 4-3 所示。

**表 4-3  核电技术发展路线**

| 时间节点 | 2015 年 | 2020 年 |
|---------|---------|---------|
| 发展目标 | 掌握先进核电技术，提高成套装备制造能力，实现核电发展自主化，核电运行装机达到 4000 万千瓦，包括先进核电机组的核电装备制造能力稳定在 1000 万千瓦以上 | 形成具有国际竞争力的百万千瓦级核电先进技术开发、设计、装备制造能力，争取我国核电技术处于国际前列 |
| 重大行动 | 加强核电安全、核燃料后处理和废物处置等技术研究，在确保安全的前提下，开展在运行核电安全运行技术及延寿技术开发，开展自主先进核电站和 200 吨/年核燃料后处理厂建设，建设高温气冷堆核电站示范工程 | 完成自主先进核电站和 200 吨/年核燃料后处理厂建设，开展增殖快堆示范工程建设，开展嬗变规划工作，逐步建立核燃料闭式循环能力；开展第四代核电先进技术研发，探索核能多用途利用 |
| 重大政策 | 完善安全高效发展核电的法规体系和标准体系，制定核电科技发展规划 | |

1. 加强运行与维修安全技术和管理研究，提高在役核电站安全运行水平、延长使用寿命

(1)认真落实新核安全法规的要求，以及国家核安全局关于应对福岛核事故的各项措施。

(2)运行和维修领域，应用 RM(risk monitor，即风险监测)和 MSPI(mitigating systems performance index，即运行指数缓解系统)工具的风险导向方法制定电站运行的风险管理和维修策略，有效提升负荷因子，提高核电站的年发电量。

(3)运行事故管理。在应用 EOP(emergency operation procedure，即事件导向的事故处理规程)基础上，研究开发 SOP(the state oriented procedure，即状态导向的事故处理规程)编制和应用，制定 SAMG(serious accident management guide，即严重事故管理导则）应对设计扩展工况（包含熔堆事故），研究 EDMG（extremely damage management guide，即极端破坏管理导则）的适应性及制定原则，研究制定应对类似福岛核事故诱发因素的极端自然灾害的管理措施。

（4）开发、使用高性能和长寿命燃料，加深燃耗，延长换料周期到 18 个月，提高核电站的可利用率；并通过改进燃料包壳材料，减少正常运行工况下放射性释放，提高安全性。

（5）老化及延寿。确定核电站老化管理和延寿策略及顶层设计，采用 PDM（process data monitor，即工艺参数监测）技术平台，开展设备可靠性研究、关键设备及材料老化状态评价与寿命预测，开发老化监测和缓解技术，建立老化管理信息平台和数据库。

（6）开发先进的核电站监测技术和数字化仪表控制系统升级，优化人机界面，提高运行可靠性和安全性。

**2. 推动具有自主知识产权的先进压水堆核电示范工程建设和规模化发展**

先进压水堆必须满足国家核安全法规的要求，并与国际 IAEA 导则、URD 和 EUR 文件等关于先进核电站安全性与经济性的要求和指标接轨，还需要考虑福岛事故后在外部灾害、严重事故、应急等方面更高的核安全要求。

（1）安全设计要求。核电站设计必须有足够大的设计裕量，提高抗震要求，延长操作员不干预时间；设置严重事故预防和缓解措施，通过 PRA（probabilistic risk assessment，即概率风险评价）分析，要求内部和外部事件造成的堆芯熔化概率 $<10^{-5}$/堆年，大量放射性释放概率 $<10^{-6}$/堆年；严重事故缓解措施应满足纵深防御的原则；由累积发生频率超过 $1\times10^{-6}$ 的严重事故放射性释放导致的电站边界处人员全身剂量小于 0.25 希弗。

（2）性能设计要求。核电站按 60 年的运行寿期设计，在整个寿期内年平均可利用率应高于 87%，燃料平均燃耗不低于 60 000 兆瓦天/吨铀，具有符合跟踪能力，具有较高的放射性废气废液的净化能力等，以提高电站的运行性能和环保性能。

（3）建设进度应比现有电站有显著的改善，在考虑初始资本费、燃料成本和运行维修成本后，与参考煤电厂脱硫电价相比应有经济优势。

（4）后福岛时代压水堆核电技术要求将呈现以下新的趋势：加强应对极端外部灾害的能力，包括防洪、防水淹和抗震能力；进一步完善超设计基准事故和严重事故的预防和缓解措施；完善事故管理与应急管理体系，针对长时间全厂断电和多机组严重事故有相应的管理措施。

（5）《核安全与放射性污染防治"十二五"规划及 2020 年远景目标》（简称《核安全规划》）和《"十二五"期间新建核电厂安全要求》明确未来的核电技术在满足最新核安全法规标准的前提下，兼顾先进性和成熟性。《核安全规划》要求"'十三五'

期间新建核电站要在设计上实际消除大规模放射性物质释放的风险"，为此需在科研攻关和工程设计上采取相应的措施。

实现核电的规模化、批量化发展，必须立足于建设具有自主知识产权的国产化机组，目前我国正在开发的先进压水堆核电机型具有以下主要技术特点。

(1)在引进 AP1000 的基础上自主开发的 CAP1400 的技术特点：净功率大于1400 兆瓦；通过大功率核电站非能动安全系统研究，提升核安全性能；除了进行屏蔽电机主泵研制外，还开展了湿绕组电机主泵的研制；采用能够经受大型商用飞机撞击的结构设计；提高三废处理系统净化水平；采取一系列应对福岛核事故的措施，提高抗全厂断电事故(station blackout，SBO)的能力。

(2)利用已有成熟技术开发自主的先进核电机组——华龙一号的技术特点：以成熟可靠的技术为基础，借鉴吸收所引进的先进核电机组的设计理念，采用能动与非能动相结合的先进安全系统；具备完善的严重事故预防与缓解措施，考虑应对福岛核电站事故的相关改进措施，提高抗极端自然灾害和 SBO 的能力；充分利用当前国产化技术，使国产化率达到 80% 左右；提高三废处理系统净化水平；双层安全壳(钢覆面预应力钢筋混凝土内层安全壳和钢筋混凝土外层安全壳，两层安全壳间保持负压)可对放射性物质双重包容，并具有抗商用大飞机撞击能力。

我国开发两种具有自主知识产权的先进压水堆堆型，与全球先进压水堆发展方向、思路相一致，并有助于核电科技的发展，起到互为补充、互相促进的作用。几种堆型并行建设在国际上是有先例的，如美国 104 座核电站中压水堆有70 余座，其中有西屋公司开发的 30 万千瓦一个环路的西屋型压水堆系列，有以两环路为基础的不同功率等级的 C.E. 型压水堆系列，还有 B&W 型压水堆系列。

3. 统筹规划我国第四代核电技术和未来核能技术的研究开发，有计划、有步骤地实施核能利用第二步的研发和前期工作

我国已确定以钠冷快中子堆作为增殖核燃料的主要途径，首先实施铀钚核燃料循环。快中子实验堆已建成，接下来要规划自主设计建造示范堆，并引进商用堆核电站，进一步设计建设大规模商用堆。快堆发展规划见图 4-11。为了提高快中子堆增殖系数，需要采用金属燃料，制定从示范堆到商用堆，核燃料从氧化铀到金属铀的路线图；快堆除实现核燃料增殖外，还将为高放废物嬗变提供条件。一座百万千瓦电功率的快堆可嬗变掉 5～10 座同等功率压水堆产生的长寿命次锕系核素。

为了实现对次锕系核素的嬗变，在乏燃料后处理过程中要设法在裂变产物中将次锕系核素分离出来。

模块化的高温气冷堆示范核电站正在建设，清华大学牵头制定了发展热电联

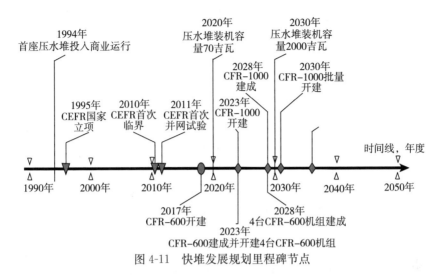

图 4-11　快堆发展规划里程碑节点

产及高温制氢规划(图 4-12),力争早日实现我国具有完全自主知识产权的第四代反应堆商业化应用。

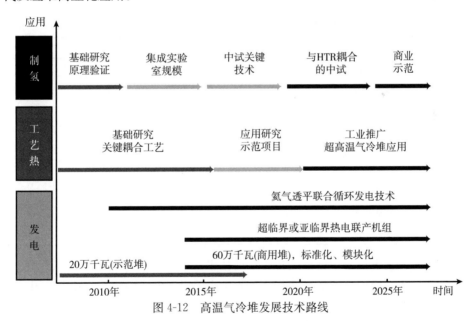

图 4-12　高温气冷堆发展技术路线

科学院开展了熔盐堆、ADS(accelerator-driven sub-critical system,即加速器驱动的次临界反应堆)等未来核电技术的前期研究工作,熔盐堆的开发为未来钍资源的利用提供科研基础,采用熔盐混合燃料循环的热中子反应堆具有很好的中子经济性,能增殖核燃料,燃烧次锕系核素,关键技术在于耐熔岩腐蚀、耐高温、耐辐照的材料研发和设备研制，以及在线熔盐混合燃料的后处理。ADS 系高放废物嬗变的另一种途径，国际上推断其高放废物嬗变效率高于快中子堆，ADS 技术难度极大，一方面是高能加速器研发，另一方面是铅铋合金快中子堆研发，此外还有散裂靶研发等关键技术。

超临界水堆方面正在开展基础理论和基础材料等方面的研究。

4. 探索核能多用途利用，开拓未来核能市场

政府间气候变化专门委员会（Intergovernmental Panel on Climate Change，IPCC）认为，现在核能利用只占一次能源的 6%，建议未来核能在发电和供热领域发挥无碳排放优势，实现持续增长。目前，核能大部分用于发电，只有少于1%的核能用于非电领域，其他潜在应用市场的开发应用，将在很大程度上影响核能发展。

现在国际上开展小批量的核能供热、制冷和海水淡化；探索核能高温利用，开发核电高温工艺供热在稠油热采、煤液化、冶金等领域的应用；利用水的高温裂解制氢，以及氢能和燃料电池应用，氢作为二次清洁能源，作为运载工具的能源，有可观的发展前景。不同工业化应用工艺热的温度见表4-4。

表4-4 不同工业化应用工艺热的温度（单位：℃）

| 工艺 | 大致温度范围 |
| --- | --- |
| 民用供热 | 100～170 |
| 海水淡化 | 100～130 |
| 造纸 | 200～400 |
| 石油精炼 | 300～400 |
| 页岩油和油砂加工 | 300～600 |
| 炼钢 | 500～1000 |
| 制氢 | 600～1000 |
| 水泥生产 | 1100～1600 |
| 玻璃市场 | 1300～1600 |

我国各大核电集团积极投入开展小堆技术开发或者引进技术开展工程建设，实现比先进压水堆更高的安全性、更短的建造周期、更好的经济性和多种用途的目标。

5. 核燃料闭式循环是我国发展核能的既定战略和方针，亦是高效发展核电的重要战略部署

建立核燃料循环体系，包括热堆—后处理—MOX（mixed oxide，即铀钚混合氧化物）燃料厂—快堆四个环节，发挥循环经济效益，充分利用核资源，减少核废物。

当前最主要的是研究开发乏燃料后处理技术，建立商用后处理厂的设计技术研究平台，尽快开展自主研发的乏燃料后处理工艺流程，开展全流程的热实验和中间规模的热验证，研制关键设备，如剪切机、溶解器、钚尾端装置等。

为解决高放废物的减容需要，需要实现快堆或 ADS 嬗变的示范应用，实现固化及地质处置前中间处理，即分离-嬗变；开展高放废物玻璃固化和深地质处置研究，最终实现高放废物与生物圈完全隔离，保证环境、人类、生态的安全。

6. 通过规模化核电建设，带动核燃料产业链和核电装备行业技术提升及产能提高

依托核电建设，制定核电关键设备、材料自主化路线图，抓住核电发展市场机遇，重点突破主泵、数字化仪表控制等关键设备，全面提升我国装备制造业水平；培育装备制造企业设备研发、设计能力，推动企业联合和合作，逐步打造核岛主设备成套供应商；建设高水平核电设备试验验证平台，同时，制造企业需要提高工艺水平和制造技术，完善质量保证体系，形成稳定生产能力，进一步提高产品质量和经济竞争力。

《核电中长期发展规划（2011—2020 年）》将带动核燃料产业链发展，加大铀资源的勘探力度，提升勘探技术水平、矿冶技术水平；不断提升铀转化、铀浓缩技术水平，采用先进技术，使新的高效浓缩技术实现产业化应用；不断提升先进核燃料制造工艺、关键设备、材料的水平，保证我国核电中长期发展规划的实现。

# 五、核电产业发展重点案例

完整、成熟、配套的产业体系是安全高效发展核电的关键支撑。产业的发展需要以核电项目为依托，不断提升产业能力，特别是装备制造业的能力，避免产能过剩或低水平重复建设。我国核电装备制造业的能力建设主要在于以下四个方面。

1. 国家政策引导扶持作用

在《国务院关于加快振兴装备制造业的若干意见》、《国务院关于加快培育和发展战略性新兴产业的决定》的指引下，多部委相继出台鼓励与扶持核电设备国产化的配套政策措施；国家发改委先后召开多次核电技术装备自主化会议予以落实。

2. 重型装备制造基地建设

各大制造集团累计投入 270 多亿元，建设了多个核电制造基地（表 4-5）。

表 4-5　核电产业制造基地及主要设备

| 基地 | 核岛主要设备 | 常规岛主要设备 |
|---|---|---|
| 东北制造基地<br>(中国第一重型机械集团公司、<br>哈尔滨电气集团公司) | 大型铸锻件、蒸汽发生器、压力容器、稳压器、主泵、主管道 | 汽轮发电机组 |
| 四川制造基地<br>(中国第二重型机械集团公司、<br>中国东方电气集团公司) | 大型铸锻件、蒸汽发生器、压力容器、稳压器、主泵、堆内构件、控制棒驱动机构、主管道 | 汽轮发电机组 |
| 上海基地<br>(上海电气集团股份有限公司,包括上核、上汽、上电) | 大型铸锻件、蒸汽发生器、压力容器、稳压器、主泵、堆内构件、控制棒驱动机构、主管道 | 汽轮发电机组 |

3. 进行软实力打造

宣贯核安全文化理念, 严格贯彻核安全法规、核电标准规范、质保体系等。建立了符合核电装备制造的、实践中证明行之有效的质量管理体系; 培养了一批涵盖设计、工艺、制造、检验和质量管理等方面的技术人才和产业工人队伍, 培育了广大职工的核安全文化意识。

4. 产研合作能力提升

通过合作培养了产学研相结合的核电装备研发体系, 并建设了一支专业技术队伍, 在主设备与原材料的研发以及工艺试验和工艺固化等方面进行了大量的探索与创新, 促进了装备制造业的研发、设计、制造、管理水平的提高, 并积极探索集成供货能力建设。

设备国产化的成果: 基本形成了二代改进型、AP1000、欧洲压水堆的核岛主设备制造能力和常规岛主设备设计制造能力。二代改进型核电站核岛主设备已全部实现国产化, 常规岛主设备已全部由国内企业承担供货任务; 关键原材料大型锻件实现全部国产化, 目前已有能力生产全套 AP1000 压力容器和蒸汽发生器锻件; AP1000 核电站主设备国产化工作正在全面、积极、稳步实施之中。

# 六、"十二五"期间核电产业培育与发展的政策建议

1. 确立"战略必争, 确保安全, 稳步高效"的核电发展方针

战略必争是指在全球低碳发展趋势下, 掌握先进核电技术将成为一个国家核心竞争力的标志, 核电应成为我国战略必争的高科技领域, 要形成自主创新的核工业品牌, 力争在世界范围内取得战略竞争优势。确保安全是指坚持安全第一的根本方针, 确保消除对公众健康和环境产生严重影响的放射性物质外泄事故。稳

步高效是指科学规划，有序推进，促使我国核电建设规模、速度、质量、效益协调发展。改革体制机制，加强与完善核电产业体制、安全监管体制和核电事故应急体制，努力实现我国核电产业稳步、高效和可持续发展。

2. 抓紧完善我国核电相关法制建设和标准体系建设

我国核电有后发优势，充分吸取了国际核电发展的经验和已经形成的技术基础；我国核安全法规和要求体现了当前全球核安全的最新要求，新建核电站将从设计上实际消除放射性大量外泄，确保环境和公众的安全。要抓紧完善核电相关法规和标准的建设，加快"原子能法"、"核安全法"的立法进程。核电标准化体系建设必须结合国情，制定与本国工业体系、材料体系、管理体系相适应的核电标准规范。

3. 制定核电中长期发展规划

我国核电只有发展到相当规模才有战略意义，同时，要把握发展的节奏。建议国家在核电发展战略的指导下，制定核电可持续发展的中长期规划和政策。在对核燃料可供性、核电经济性和技术发展进行科学评估的基础上，确定核电发展的规模、计划和步骤。建议在做好安全论证、环境评价和社会风险评价的基础上，稳步启动内陆核电站的建设，首先开展示范项目的建设。高度重视我国核电全产业链各个环节的协调、配套、统筹发展，包括乏燃料储存处理和放射性废物的最终处置等。装备行业是核电建设的基础，亦是核电安全质量的保障，因此要充分重视提高装备行业的技术水平和配套能力。

4. 制定核电科技发展规划

切实加强我国核电科学研究，统筹产、学、研的研发力量，抓紧先进核电技术研发，落实依托项目，实现先进核电自主化和国产化的目标；开展第四代核电技术研究，抓紧快中子增殖堆示范工程建设，包括压水堆乏燃料后处理示范工程建设，实现核燃料的增殖和闭合循环；在高温气冷堆示范工程的基础上，开展高温热利用及高温制氢的科研工作；合理安排核电基础性、前瞻性的科技开发工作，逐步将我国核电的科技水平提升到国际先进水平乃至领先水平。

5. 深化改革，理顺我国核电管理体制和产业体制，使国家利益最大化

科学合理的产业结构是核电健康快速发展的基础。借鉴国外的经验教训，结合我国国情，积极稳妥地进行我国核电产业体制的改革，这是一项十分重要的任务。应从国家层面进一步统筹规划，推进改革，促进核电行业的有效整合，集中资源，致力于实现"核电走出去"，使国家利益最大化。

**参考文献**

国务院. 2005. 国家中长期科学和技术发展规划纲要(2006—2020年).

国务院 . 2013. 核电中长期发展规划(2011—2020 年).

IAEA. 2012. Energy，Electricity and Nuclear Power Estimates for the Period up to 2050（2012 ed.）.

IAEA. 2013. Nuclear Power Reactor in the Word(2013 ed.）.

OECD，NEA. 2008. Nuclear Energy Outlook 2008.

# 第五章

# 智能电网

## 一、智能电网的战略地位

### (一)我国电力发展现状分析

我国电网的发展经历了由小到大、由弱到强的过程。电网从城市孤立电网逐步发展到地区电网，再发展到省级电网，进一步发展到大区电网，目前已经初步形成全国联网格局。电网规模不断扩大的同时，电压等级不断提高，电网技术不断升级，电网可靠性、灵活性和经济性得到显著提高。截至2012年年底，我国电力总装机容量达到11.45亿千瓦，全国发电量49 774亿千瓦时，发电规模居世界第一。

目前，我国已形成了东北、华北、华中、华东、西北、南方六大跨省区域电网。除台湾外，我国电网已实现交直流互联。其中，东北—华北通过高岭背靠背工程实现异步联网，华北—华中通过晋东南—南阳1000千伏交流实现同步联网，华中—华东通过多回超/特高压直流实现异步联网，华中—南方通过三峡—广东±500千伏直流实现异步联网，西北—华中通过灵宝背靠背工程实现异步联网。2012年，华北、华中、华东、东北、南方电网500千伏及以上线路规模分别达到2.87万千米、3.35万千米、2.44万千米、1.18万千米和2.59万千米，变电容量分别为1.85亿千伏安、1.67亿千伏安、2.19亿千伏安、7298万千伏安和9425万千伏安；西北电网330千伏及以上电网线路、变电规模分别为3.2万千米和1.358亿千伏安。截至2012年年底，全国电网220千伏及以上输电线路回路长度为50.7万千米，公用变电设备容量为22.8亿千伏安，中国电网总规模居世界首位。区域联网不断加强，跨省、区资源配置能力逐步提高，跨区交换电力电量逐年增长。

我国电网的电压等级逐步提高，网架结构不断优化。1981 年，华中电网建成我国第一个 500 千伏交流输电工程，标志着我国由省网向跨区电网迈进；1989 年，±500 千伏葛沪直流工程建成，率先实现华中—华东电网的直流异步联网；2005 年 9 月，西北电网官亭—兰州东 750 千伏输变电示范工程正式投产，使我国电网最高电压等级提高到 750 千伏；2009 年 1 月，晋东南—南阳—荆门 1000 千伏特高压交流试验示范工程正式投产运营；±800 千伏云广特高压直流示范工程和向家坝—上海特高压直流示范工程分别于 2010 年 6 月和 7 月正式投产。我国输变电技术和运行管理站在了世界的最前端。随着电网电压等级的不断提高，各级电网功能定位逐步明确，网架结构不断优化。交直流 500 千伏已成为跨省、跨区输电的重要线路，除西北形成 750 和 330 千伏主网架外，其他区域电网均已形成 500 千伏为主干、220 千伏为骨干、110 千伏或 66 千伏为高压配电的电网结构。华北 500 千伏主网基本形成以京、津、冀、鲁为受端负荷中心，以蒙西、山西为送端的坚强电网；华中形成以湖北为中心的辐射状跨省电网；华东主网形成两个 500 千伏跨省市环网结构；东北 500 千伏主网架覆盖绝大部分电源基地和负荷中心；西北实现陕西、甘肃、青海、宁夏四省区联网；南方形成 500 千伏（部分 ±800 千伏直流）"强直强交"西电东送网架及覆盖广东、广西、云南、贵州、海南五省区的供电网络。随着特高压交直流电网的发展，将会形成更坚强的区间互联系统。

与输电系统相比，我国电网的配用电环节相对薄弱。我国作为发展中国家，面对长期存在的电力瓶颈制约，在电力发展上一直存在着注重外延发展和发电能力建设的指导思想，由此也形成了电力系统长期存在的对配电系统不够重视的传统观念。电力系统多年来的关注重点往往放在大型电站、电源基地、长距离输电线路建设和 220 千伏及以上主网建设上，对规划建设合理的受端系统明显重视不够。而处于受端的配用电环节直接面向用户，是保证供电质量、提高电网运行效率、创新用户服务的关键环节。由于历史的原因，我国配电网的自动化程度还比较低，在供电质量方面与国际先进水平还有很大的差距。我国配电网普遍存在着结构不合理、不满足 N-1 运行准则情况多、单辐射供电线路多、环网化率低、转供能力差、电源支撑不足、应急机制不健全等现象，配网总体水平相当薄弱，农网的建设标准和可靠性水平更加落后。

从电网线损率上来看，近年来全国电网线损率一直保持在 6.0% 以上，比多数发达国家的线损率高出 1～2 百分点，线损率在世界上处于中等水平。我国城乡配电网损耗占损耗总量的 70% 左右，农村电网中配电变压器损耗占农网损耗总量的 30%～70%，空载损耗在深夜时甚至能占到变压器损耗的 50%～80%。我国电网线损率水平近年来与发达国家一直保持着一定的差距，甚至略有扩大，这说明我国输、配电网的运行经济性仍有待提高。

从供电可靠性来看,2012 年全国供电可靠性为 99.948%,对应用户年均停电时间为 4.56 小时。同期美国城乡用户年均停电时间不到 2 小时,欧洲发达国家在 1 小时左右,而新加坡、日本则不到 10 分钟。国际上发达国家对供电可靠率的要求一般接近 99.99%,即用户年均停电时间不超过 1 小时。我国供电可靠性水平与发达国家尚有较大差距。

### (二)我国能源结构调整对电力系统带来的挑战

随着人类社会的不断进步和发展,对能源的需求也在逐年增加,中国占全球能源消费的比例已超过 20.0%,超过美国成为世界上最大的能源消费国。纵观全球,能源消费的增幅高于经济增幅,但传统化石能源储量显然已不能支持人类未来的发展需要,同时,传统化石能源的利用带来了极大的环境污染和温室气体排放问题。为调整能源结构、保护环境和应对气候变化,同时为转变经济发展方式,实现可持续发展,我国向国际社会做出了 2020 年非化石能源占能源消费的 15%,单位 GDP 二氧化碳排放量比 2005 年降低 40%~50% 的郑重承诺。因此,我国调整能源结构,提高非化石能源占我国一次能源生产和消费总量的比重已迫在眉睫,电力结构调整任重道远。我国电力发展与能源结构的调整在多个方面面临重要挑战。

1. 电网支撑大范围优化资源配置能力亟待提高

我国能源资源与用电需求在地理分布上极不均衡,决定了我国远距离、大规模输电和全国范围优化能源资源配置不可避免。大规模、集中式的水电、煤电、风电、太阳能、核电等能源基地的开发,需要电网提升资源配置能力。

2. 现有电力系统难以适应清洁能源跨越式发展

我国风资源丰富地区主要集中在东北、华北、西北等区域,这些地区大多负荷水平较低、调峰能力有限,大规模风电就地利用困难,需要远距离大容量输送,在大区城以至全国范围内实现电量消纳。同时,我国风电和太阳能发电存在分散接入和规模开发两种形式,两者都对电网的规划、调度、运行及安全保障技术提出了新的挑战。

3. 大电网安全稳定运行面临巨大压力

我国电网安全稳定运行面临的压力主要来自以下几个方面:其一是电力工业规模迅速扩大,目前我国电网已成为世界上电压等级最高、规模最大的电网之一,2011 年年底总装机容量位居世界第一,并且仍处于持续、快速增长阶段。其二是电网结构日趋复杂,形成了全国联网的交直流互联大电网。其三是自然灾害频发,冰灾、地震、台风等极端灾害对电网的安全造成了极大的威胁。

4. 用户多元化需求对现有电网提出新的挑战

配用电环节要满足分布式电源接入、电动汽车充放电、电网与用户双向互动的需求。亟须突破大规模分布式电源接入配电网的关键支撑技术。电动汽车发展已进入产业化发展期，电动汽车充放电技术亟须突破。智能城市和智能家居的发展，开辟了灵活互动的电能利用新模式，迫切需要建立开放的智能用电平台。

5. 能源供应结构还需完善，能源利用效率需要进一步提升

当前及未来相当长的时间内，我国能源供应结构中，煤炭一直会占据优势地位。这种以煤为主的能源结构，使我国在大气污染排放方面成为世界主要关注对象。此外，随着我国经济的高速发展，对能源的需求还将迅速增加。在这种情况下，推动节能减排、提高能源利用效率将是服务"两型"社会建设，促进经济社会可持续发展的必然趋势。

6. 电网发展对关键技术和装备提出更高要求

提高设备运行的安全性及经济性，节约维护费用，需要以智能化的输变电设备为基础，实现设备全寿命周期管理，提高输变电资产的利用效率。提高电网运行的安全性和稳定性，需通过智能化的输变电设备与电网间的有效信息互动，为电网运行状态的动态调节提供有力支撑。同时，电工制造行业及相关产业自主创新和产业升级，需要靠提升输变电设备的智能化水平来推动，以提升科技创新能力和国家竞争能力。

## （三）智能电网发展的重大需求

智能电网（smart grid）是在传统电网基础上，将电力技术与信息、通信、传感、计算机网络技术等高度融合，集数字化、自动化、智能化、信息化于一体，实现电网与用户间互动的新一代电网，代表 21 世纪电气技术的未来发展方向。它将成为可充分利用广泛分布的可再生能源的基础设施，是可实现节能减排和减缓气候变暖的一种有希望的途径。智能电网能满足信息时代高电能质量、高供电安全和可靠性的要求；能实现与用户的密切互动，提高电力部门与用户双方的电能和资产利用率。

智能电网的建设将不仅给电力行业带来革命性的产业变化，也给人们的日常生活方式与生活习惯带来实质性变革，是全社会实现大幅度节能减排的一条有效途径。智能电网需要全社会的共同努力才能够完成，其建设过程将为制造业、服务业产品的升级换代带来契机，因而成为全世界关注的技术创新制高点，代表了21 世纪电气、能源与信息化领域的未来发展方向。

智能电网的基本特征主要体现在安全、可靠、优质、高效、兼容、互动等方面。

1. 智能电网将是一个更加安全的电力系统

智能电网的安全性主要体现在两个方面：首先，优化电源及电网规划模式，强化网架结构，提高电网的抗灾能力，有效抵御自然灾害及人为等外力破坏，保证极端情况下的系统安全性及供电可靠性；其次，通过各种先进的控制手段及新技术的综合应用，提高电力企业对紧急事件的快速反应和抗风险能力，利用现代信息技术对电网进行有效的监测与事故预警，提高网络信息安全以及电网运行管理水平，提高系统的抗灾能力。

2. 智能电网将是一个更加可靠的电力系统

可靠性主要体现在智能电网将具备快速自愈的能力，能够充分利用监测信息及决策支持算法，在线实时自我评估并预测电网状态，针对异常运行状态实现准确预警，以便提前采取措施，防止停电事故的发生；当系统出现故障时，能够快速准确定位、快速隔离故障区段以及快速恢复非故障区域的供电，保证供电可靠性。

3. 智能电网可保证更加优质的电力供应

随着用电设备数字化程度的日益提高，设备对电能质量越来越敏感，电能质量问题有可能导致自动化生产线的停运，造成重大的经济损失。因此，能够满足 21 世纪用户的电能质量要求是智能电网的又一重要特征。通过制定新的电能质量标准，对电能质量进行分级定价，实现从"标准"到"优质"的差异化服务，并通过电力电子技术、储能技术等手段实现定制电力，以满足不同用户对电能质量水平的要求，是智能电网要达到的重要目标之一。

4. 智能电网的资产利用率更高，运行更加高效

智能电网将支持开放的电力市场和电力交易，能够实现大范围资源的合理配置；通过先进的电压无功控制、网络重构等动态优化策略，均衡系统负荷，提高系统运行的稳定性，减小网络损耗；利用先进传感及量测技术，对设备运行状态进行实时监测，动态评估其运行状态，优化电力资产的利用，降低投资成本和运行维护成本，提高资产利用率，最终达到"电子换钢铁"的目的。

5. 智能电网能够兼容各种能源发电形式

智能电网概念的提出在很大程度上源于解决新型可再生能源发电、分布式电源的灵活接入问题。可再生能源发电、分布式电源的接入对传统电网的电压质量、继电保护等方面均带来负面影响，传统电网无法适应可再生能源发电、分布式电源的大规模接入。在智能电网环境下，各种不同类型的发电和储能系统都能够更加方便地接入，做到"即插即用"。同时，使各种可再生能源发电、分布式电源在所有的电压等级上都可接入，并尽量能够参与调度，在充分利用可再生能源

的基础上，提高供电可靠性。

6. 智能电网将为用户与电网间的互动提供开放便捷的平台

智能电网将鼓励用户参与电力系统的运行和管理。从供电角度来看，用户的需求是一种可管理的资源，通过需求侧管理能够平衡供求关系，提高系统运行效率与可靠性；从用户的角度来看，电力消费是一种经济行为，通过需求侧响应能够使用户积极参与电网的运行和管理，优化其使用和购买电力的方式，可使双方受益。双向实时的通信系统是实现用户参与电力系统运行和管理的基础，该系统能够实时通知用户其电力消费的成本、实时电价、电网目前的状况、计划停电信息以及其他一些服务信息，用户可以根据这些信息制订自己的电力使用方案。

总之，智能电网是通信、计算机、高级传感与测控、新型电力电子等技术在输配电系统中的集成应用与融合。它是一切电力新技术应用的总称，代表着现代电网建设的理念、目标。智能电网的实施是一项系统工程，涉及输电、配电、用电各个环节，涵盖能源、环境、社会和经济等多个方面，其发展需要多学科、多领域的共同支持。随着人们对于智能电网认识与理解的不断深入，智能电网相关技术也将不断发展，全面实现智能电网的建设目标需要一个相当长的过程。

# 二、世界智能电网产业发展现状

目前，世界范围内新能源革命方兴未艾。作为新能源发展的关键支撑技术——智能电网引起了世界各国的高度关注，各国纷纷结合自身国情提出了相关的技术标准和战略规划，并搭建相关研究平台，力争掌握主动权。针对智能电网技术，美国和欧洲已经形成强大的研究群体，研究内容覆盖发电、输电、配电和用电等环节，许多电力企业也在如火如荼地开展智能电网建设实践，通过技术与具体业务的有效结合，智能电网建设在企业生产经营过程中切实发挥作用，最终达到提高运营绩效的目的。由于世界各国的能源分布和具体国情有别，经济发展水平等具体情况不同，其智能电网的建设动因和关注点也存在一定的差异。

## （一）国外智能电网发展现状

解决能源安全与环保问题，应对气候变化，抢占产业制高点，创造新的经济增长点与增加就业岗位，是国外主要发达国家发展智能电网的共性经济动因。但由于国情不同，各国发展智能电网的基础和侧重点也有所不同。美国和欧洲的电网设施普遍陈旧，需要通过电网升级改造，提高系统可靠性和资产利用率水平。因此，近中期美国主要侧重于加大现有网络基础设施的投入，积极发展清洁能源发电，推广可插电式混合动力汽车，实现分布式电源和储能的并网运行，同时大力推广应用智能电表，更好地支持需求侧响应，提高电力系统资产利用效率与能源使用效率。欧洲各国则主要侧重于解决电网对风电（尤其是大规模海上风电）的消纳、分布式电源并网、需求侧管理等问题。对日本而言，其电力系统的自动化水平较高，可靠性和运行效率已经达到了较高水平，近中期智能电网的发展主要侧重于解决分布式光伏发电的大规模并网问题，以及电动汽车和电网的互动问题。

当前，许多国家已就智能电网制定了战略发展框架。下面对其做简要介绍。

(1) 美国。2007 年 12 月，美国国会颁布了《能源独立与安全法案》，其中的第 13 号法令为智能电网法令，该法案用法律形式确立了智能电网的国策地位，并就定期报告、组织形式、技术研究、示范工程、政府资助、协调合作框架、各州职责、私有线路法案影响以及智能电网安全性等问题做出了详细和明确的规定。2009 年 2 月，美国国会颁布了《复苏与再投资法案》，确定投资 45 亿美元用于智能电网项目资助、标准制定、人员培养、能源资源评估、需求预测与电网分析等，并将智能电网项目配套资金的资助力度由 2007 年的 20% 提高到 50%。2009 年 7 月，美国能源部向国会递交了第一部《智能电网系统报告》，制定了由 20 项指标组成的评价指标体系，对美国智能电网的发展现状进行了评价，并总结了发展过程中遇到的技术、商业以及财政等方面的挑战。

(2) 欧洲。2006～2008 年，欧盟依次发布了《欧洲未来电网的愿景与战略》、《战略性研究计划》、《战略部署文件》三份战略性文件，构成了欧盟的智能电网发展战略框架。就其主要成员国来看，英国 2009 年依次发布了《英国可再生能源发展战略》和《英国低碳转型计划》两份战略性文件。德国 2009 年发布了名为《新思路、新能源——2020 年能源政策路线图》的战略性文件。

(3) 日本和韩国。日本于 2009 年 4 月公布了《日本发展战略与经济增长计划》，其中包括了太阳能发电并网、未来日本智能电网实证试验、电动汽车快速充电装置等与智能电网密切相关的内容。日本电气事业联合会在 2009 年 7 月表示，将全面开发《日本版智能电网》。韩国在 2008 年发布了《绿色能源工业策略》，推出了《韩国版智能电网》设想。

许多国家的政府还颁布了一些支持智能电网建设的政策法规，以激励全社会的广泛参与，并资助实施了一些示范工程。

(1) 美国。根据美国《复苏与再投资法案》，美国政府将在未来 2～3 年向电力传输部门投资 110 亿美元，其中能源部所属电力传输与能源可靠性办公室 (Office of Electricity Delivery and Energy Reliability, OE) 获得 45 亿美元，主要用于推动智能电网发展；邦纳维尔电力公司 (Bonneville Power Administration, BPA) 和美国西部电力公司 (Western Area Power Administration, WAPA) 各获得 32.5 亿美元的国库借款权，主要用于加强电网基础设施，尤其是新建线路，以适应清洁能源并网的要求。OE 的 45 亿美元中，有 34 亿美元用于智能电网项目资助计划，6.15 亿美元用于示范工程建设。奥巴马总统于 2009 年 10 月底正式批准了获得资助的项目，共有 100 个机构将获得政府资助，带动的私有机构投资将超过 47 亿美元。示范工程方面，共有 32 项示范工程入选，带动的私有机构投资超过 10 亿美元。总体上来看，美国政府的投资有效地带动了相关行业的参与和投资，已经确立了一大批智能电网待建项目，预计总投资将超过 100 亿美元。美国能源部还多次组织由政府、产业界和科研院所广泛参与的研讨会，就智能电网的特征和评价指标体系达成了共识。众多风险投资公司也纷纷支持智能电网项目建设，2002～2007 年，美国与智能电网产业相关的风险投资金额年均增长率为 27%，2007 年达到近 2 亿美元。

（2）欧洲。英国政府及能源监管机构在 2009 年 8 月宣布了新的智能电网建设计划，将在 5 年内投资 5 亿英镑建设 4 个"智能城市"。德国政府由环境、自然保护与核安全部和经济与技术部在 2008 年联合启动了"E-Energy"示范工程计划，目前已确定 6 个标志性示范项目，分别由 6 个技术联盟负责实施，政府投入 6 千万欧元，另外 8 千万欧元由技术联盟自筹。丹麦启动了 EDISON 示范项目，主要研究集成大规模分布式风电和电动汽车的智能电网，丹麦电网公司 Energinet 对项目进行了资助，国际商业机器公司(International Business Machines Corporation，IBM)与西门子公司也参与了项目建设。欧洲其他国家，如荷兰、意大利、法国、西班牙等也在智能电表、风电与太阳能并网等方面开展了大量工作。

（3）日本和韩国。日本经济产业省(Ministry of Economy，Trade and Industry，METI)积极引导日本企业参与国内外的智能电网建设。日本经济产业省与美国新墨西哥州签订了合作协议，日方将参与该州智能电网示范工程的投资与建设；对内启动了日本国内的智能电网工程，由九州电力公司和冲绳电力公司在 10 个独立的岛屿上建设示范项目，项目整体预算为 90 亿日元，其中政府将资助 60 亿日元。韩国知识经济部在 2009～2012 年，投入 2547 亿韩元推进智能电网技术的商用化。韩国电力公司花费 6500 万美元在 2011 年完成济州岛智能电网示范项目，并在其承担的菲律宾电力项目中采用了智能电网技术。

很多发达国家还开展了智能电网相关技术标准的制定工作。例如，美国标准与技术研究院(National Institute of Standards and Technology，NIST)提出将分三个阶段建立智能电网标准。在 2009 年 9 月，美国商务部部长骆家辉在 Grid Week 大会上宣布了 NIST 在第一阶段的最新进展报告，选取了近 80 项现有标准，用于指导和支撑当前智能电网发展，明确了 14 个需要优先解决的方面，并特别分析了信息安全方面的标准。美国通用电器(General Electric，GE)公司发起了电动汽车插头标准制定工作，并得到业内其他公司的积极响应和支持，设计的标准插头有 5 个触头，可以支持最高 240 伏电压和 70 安培电流，还能够支持电力载波通信。日本东京电力公司、富士集团以及三菱公司联合制定了电动汽车接入电网标准，为电动汽车接入电网打下了良好基础。

### （二）我国智能电网发展现状

智能电网的发展与建设蕴涵着巨大的发展机遇，世界上无论大国或小国都可能在这场竞赛中获得成功，并缔造人类新的生产和生活方式，而赢得这场竞赛的国家必将把握未来世界经济的制高点。对我国而言，这更是一个巨大的历史机遇和挑战。

目前，在与智能电网密切相关的可再生能源发电发展方面，国家启动了多项"973计划"和"863计划"项目并予以支持。"十一五"和"十二五"期间，国家在三大先进能源技术领域设立了重大项目和重点项目，包括以煤气化为基础的多联产示范工程、兆瓦级并网光伏电站系统、太阳能热发电技术及系统示范、分布式发电供能系统相关基础研究等。科技部、中科院、中国工程院等都专门组织进行了针对智能电网发展策略的研究工作。国家电网公司和南方电网公司等也都将智能电网规划建设纳入了议事日程，作为头等大事来抓。

国家电网公司提出了"坚强智能电网"的概念。以特高压电网为骨干网架，以各级电网协调发展的坚强网架为基础，以通信信息平台为支撑，具有信息化、自动化、互动化特征，包含电力系统的发电、输电、变电、配电、用电和调度各个环节，覆盖所有电压等级，实现"电力流、信息流、业务流"高度一体化融合的现代电网。按照"统一规划、分步实施、试点先行、整体推进"的原则，将分三个阶段建设实施。

第一阶段：2009～2011年，为研究试点阶段。完成坚强智能电网的整体规划，形成顶层设计；加强各级电网建设，开展关键性、基础性、共用性技术研究，进行技术和应用试点。到2011年，坚强智能电网的关键技术试点工作全面开展。建设"三华"同步电网，"两纵两横"特高压网络构架基本形成；电网具备接纳国家规划发展的可再生能源发电规模；完成智能变电站建设及改造试点工程；建成智能调度技术支持系统整体试点；全面开展智能用户服务关键技术研究，研发智能用电设备，完成智能配电网示范性工程建设；完成"SG186"工程。

第二阶段：2012～2015年，为全面建设阶段。形成坚强智能电网建设标准，规范建设要求；跟踪技术发展并进行建设评估，滚动修订发展规划，坚强智能电网建设全面铺开。到2015年，基本建成坚强智能电网，关键技术和装备达到国际领先水平。基本建成以特高压电网为骨干网架、各级电网协调发展的国家电网；具备接纳和优化配置大型火电、水电、核电和可再生能源基地电力的能力；在重要区域内开展枢纽变电站智能化建设和改造；初步建成智能调度中心，智能调度技术支持系统达到国际领先水平；双向互动服务在大中城市得到推广，在有条件的地方开展分布式能源试点；基本建成智能电网-企业资源计划（smart grid-enterprise resource planning，SG-ERP）系统。

第三阶段：2016～2020 年，为完善提升阶段。在全面建设的基础上，评估建设绩效，结合应用需求和技术发展，进一步完善和提升我国坚强智能电网的综合水平，引领国际智能电网的技术发展。到 2020 年，全面建成坚强智能电网，技术和装备全面达到国际领先水平。建设以特高压电网为骨干网架、各级电网协调发展的更加坚强的国家电网；发电及需求之间实现实时互动反馈；超过 50% 的关键变电站实现全站设备的智能化，建成安全防御、运行优化、高效管理三位一体的智能调度体系；智能化用电设备得到广泛应用，双向互动服务全面推广；分布式能源系统以及具备发电能力和用电功能的各种终端用电设备实现"即接即用"，全面建成 SG-ERP 系统，信息化达到国际领先水平。

在规划的同时，2009 年国家电网公司启动了一批试点工程，包括上海世博园智能电网综合示范工程、国家风光储输示范工程、常规电源网厂协调试点工程、输电线路状态监测中心试点工程、智能变电站试点工程、配电自动化试点工程、用电信息采集系统试点工程、电动汽车充放电站试点工程、智能电网调度技术支持系统试点工程等；并启动了标准化工作及研究检测中心建设两项基础建设，在发电、输电、变电、配电、用电、调度 6 个环节及通信信息平台方面部署了重点专项研究 117 项。目前，一批主要技术标准和规范已经编制完成，部分关键技术研究和重要设备研制也取得突破，又提出了第二批试点项目，包括中新天津生态城智能电网综合示范工程、大规模风电功率预测及运行控制、输电线路直升机/无人机智能巡检、柔性直流输电、分布式光伏发电接入与微电网运行控制、省级集中 95598 供电服务中心、智能用电小区/楼宇、信息平台及安全、多网融合试点工程、电网运行集中监控、输变电设备状态监测系统、农电营配调管理模式优化试点工程等。结合国家电网公司提出的总体部署，华北、华东、华中等电网公司以及各省电力公司积极配合，结合各自电网运行现状，提出并落实智能电网规划。

南方电网从自身电网实际出发，对其拟建设的智能电网给出了自己的理解和定义：智能电网是一个具有先进技术水平的安全、可靠、高效、灵活的现代化大电网，是各电压等级电网的协调发展，是现代先进技术与电网的有机结合；建设智能电网的目标是实现电网的安全、可靠、高效运行和对"低碳社会"发展需要的灵活适应。

南方电网公司系统近年来陆续开展了自愈配电网技术、分布式发电系统、微电网技术研究等项目，并结合智能电网发展需求，制定了《南方电网公司"十二五"科技发展规划》，明确了"十二五"及中长期发展战略目标。南方电网公司"十二五"重点科研领域发展目标包括多个方面。

（1）大型互联电网安全经济运行领域。重点围绕大型互联电网的"安全"与"经济"问题，开展关键技术研究。通过在线一体化仿真技术、在线预警与预防控制技术、有功/频率控制技术、无功/电压优化技术、继电保护与自动装置技术、安全控制技术，进一步提高南方电网安全稳定运行的可靠性；通过交直流混合输电控制技术、新能源接入大型电网控制技术、大型抽水蓄能电站的智能控制技术、电力灾害预警、应急决策与响应平台，解决南方电网特有的安全技术问题；通过电网规划关键技术、经济运行技术、电力市场技术、交互式供用电营销、需求侧管理技术与用户响应机制，进一步提高南方电网的运行效率和经济性。

（2）输变电关键技术领域。重点围绕南方电网西电东送的骨干网架，开展关键技术研究。进一步提升特高压直流输变电技术水平及自主化程度，解决交直流长距离、多落点混合输电面临的技术问题；采用轻型直流输电技术、灵活交流输电技术、紧凑化输电技术等各种先进的输电方式，进一步提高南方电网西电东送能力；有效解决输变电系统中存在的电磁环境、运行维护问题；对特高压交流输变电技术是否在南方电网应用进行可行性论证和预研。

（3）配电与供用电技术领域。将智能配电网建设作为南方电网在"智能电网"发展方向上先行的切入点和突破点。在配电网规划、自动化、运营管理等方面开展研究，提升配电网的智能化程度和管理水平，切实提高南方电网供电质量和可靠性；研究高级量测体系、智能电器和智能用电管理技术，为智能配电网的实施提供基础的技术手段；研究分布式电源接入与微电网技术、电动汽车产业化运营相关技术，为智能配电网结构形态的变革提供技术支撑。

（4）智能化信息支撑平台领域。重点围绕电力通信网络智能化技术、智能调度自动化系统支持平台技术和信息化系统支撑平台技术等方面，开展关键技术研究，为南方电网在调度、输电、变电等环节实现"智能电网"的目标奠定"通信"、"信息"平台基础。

南方电网公司制定了中远期前瞻性智能电网科研发展目标，即在大型互联电网安全经济运营领域，开展智能电网背景下的输配电系统快速建模和仿真技术、特高压环境下的交直流互联电网综合稳定控制、基于广域信息的保护控制一体化系统技术、大型互联电网连锁故障传播机理及阻断措施、低碳电力关键技术的初步探索等前瞻技术研究；在输变电关键技术领域，开展超导输变电应用技术、前瞻性输电技术、直流气体绝缘金属封闭输电线路技术、智能传感器技术、电工新材料及其应用等前瞻技术研究；在配电与供用电技术领域，开展智能变压器、超导储能、固态断路器、非晶合金变压器等前瞻技术在配网应用的研究；在智能化信息支撑平台领域，开展无线通信技术、物联网技术等前瞻技术在电网应用的研究。

南方电网公司还部署了重点科研平台与试验示范工程。重点科研平台建设主要包括南方电网多时间尺度广域一体化仿真平台，特高压试验研究平台，大功率电力电子研究平台，智能配电技术研究平台，新能源发电接入、输送及存储研究平台。试验示范工程包括智能配电网试验示范工程，高温超导输电试验示范工程，轻型直流输电试验示范工程，新型储能技术试验示范工程，电动汽车充电站试验示范工程，新能源、可再生能源、新型储能及其接入试验示范工程，分布式电源接入与微电网技术试验示范工程等。

## 三、我国智能电网产业发展的目标、思路与总体路线图

### (一)我国发展智能电网需要重点解决的问题

智能电网涵盖的技术领域很多，每个国家都可能有自己的发展策略，结合我国经济社会发展的实际及电网现状，我国智能电网的发展应重点关注下述问题。

1. 智能电网安全保障关键技术

智能电网的安全保障关键技术是发展我国智能电网所要重点解决的问题之一。随着经济的迅速发展，电力需求持续增长，电网规模也随之快速增大，其运行方式更加复杂；间歇式可再生能源的大规模开发和并网运行给电网带来了新的安全性问题；"西电东送"虽然可实现能源资源在大范围内的优化配置，但同时也增加了电网运行的难度和风险；各种电网新技术的应用，进一步增加了电网的复杂性。随着电网规模的扩大，电网安全事故造成的影响和损失也将越来越大，经济和社会对电网的安全性提出了更高的要求。为了提高智能电网的安全性，需要针对智能电网的特点，有针对性地开展智能电网的安全保障关键技术研究工作，以进一步提高我国电力系统的安全性。

2. 大规模可再生能源集中与分散并网关键技术

可再生能源发电通常具有波动性、随机性的特点，大规模可再生能源集中并入大电网将导致电力系统调峰困难，也将直接影响整个电网运行的安全性和经济性。大规模可再生能源分散并入配电网，将使得原无源配电网变为有源网络，传统的保护与控制方法将无法适应，配电自动化技术的实施将更具挑战性。目前，我国对可再生能源发电并网还缺乏统一的技术标准，项目建设尚不规范，大批已建成的风力发电系统不能并网运行的问题日益突出。解决大规模可再生能源集中与分散并网关键技术问题对实现可再生能源的规模化高效利用具有十分重要的意义。

3. 可靠、高效、优质智能配电技术

可靠、高效、优质智能配电技术是实现智能电网发展目标最为直接且重要的手段。发展智能配电系统的根本目的就是向用户提供可靠、高效、优质的电能供应。长期以来，我国配电网投资严重不足，配电网已成为制约供电质量与运行效

率提高的瓶颈。需要对配电系统的重要性、建设和运行方式重新加以认识，克服传统的"重发、轻供、不管用"观念，更加重视配电新技术的研发和应用，充分利用信息技术、电力电子技术、先进的控制技术等手段，提高配电网技术装备水平，进而整体提升配电网运行和管理水平。

4. 配电与用电智能互动集成技术

智能电网的一个重要特征就是可以为用户参与电力系统的运行和管理提供开放的互动平台。智能电网将可以实时通知用户其电力消费的成本、实时电价、电网运行状况、计划停电信息以及各种节能方案，用户可以根据这些信息制定自己的电力使用方案，自行进行成本管理。智能电网将充分考虑到客户个性化、差异化的服务需求，实现能量流和信息流的双向交互，为客户提供灵活定制、多种选择、高效便捷的服务。另外，随着清洁能源日益发展，用户将拥有自己的小型发电设施，智能电网将允许用户将多余的电能返送电网，使得用户获得经济收益。智能电网还将充分利用电动车充放电实现对系统负荷的移峰填谷，进而提升整个系统的资产利用水平。

## (二)我国智能电网产业发展的目标与思路

(1)总体目标。突破大规模间歇式新能源电源并网、储能智能配用电、大电网智能调度与控制、智能装备等智能电网核心技术，形成具有自主知识产权的智能电网技术体系和标准体系，建立较为完善的智能电网产业链，基本建成以信息化、自动化、互动化为特征的智能电网，推动我国电网从传统电网向高效、经济、清洁、互动的现代电网的升级和跨越。通过投资和技术辐射带动能源、交通、制造、材料、信息、传感、控制等产业的技术创新和发展，培育战略性新兴产业，带动相关产业发展，打造一批具有国际竞争力的科技型企业，建设一批拥有自主知识产权和知名品牌、核心竞争力强、主业突出、行业领先的大企业(集团)。

(2)发展思路。从我国经济和社会的发展现状出发，近期重点发展有助于解决电网合理布局、高效输配、优化调度、增强保障度、有效降低经济成本等问题的新技术和新装备，使电网的资源配置能力、安全水平、运行效率大幅提升，电网对于各类大型能源基地，特别是集中或分散式清洁能源接入和送出的适应性，以及电网满足用户多样化、个性化供电服务需求的能力显著提高；远期应更加关注有助于将电网打造成新的全社会能源服务平台的新技术与新装备，为构建能够与用户灵活互动、满足可再生能源灵活接入运行、有助于全社会能源利用效率全面提升的新一代电网提供技术支撑。最终将智能电网培育成支撑我国经济可持续发展、有助于能源高效利用的新兴产业。

### (三)我国智能电网产业发展的总体路线图

我国智能电网产业发展的总体路线如图 5-1 所示，大致包括三个阶段。

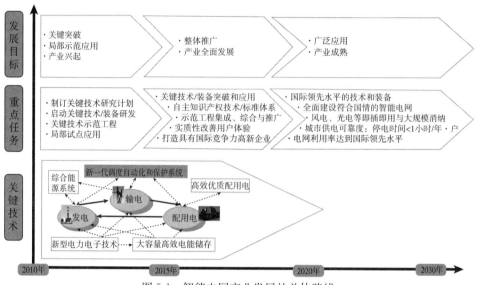

图 5-1　智能电网产业发展的总体路线

(1)2010～2015 年，完成智能电网关键技术研究计划的制订，启动关键技术及装备的研发和工程化试点工作，并在部分关键技术研发和示范工程应用上取得突破。

(2)2016～2020 年，在智能电网关键技术与装备上实现重大突破和工业应用，形成具有自主知识产权的智能电网技术体系和标准体系；突破可再生能源发电大规模接入的关键技术，实现可再生能源规模化并网发电的友好接入及互动运行；积极发展储能技术，提高电网对间歇性电源的接纳能力，解决大规模间歇性电源接入电网的技术和经济可行性问题；完成智能输变电示范工程在部分重点城市的推广应用；实质性改善用户体验，用户的供电可靠度达到每年每户停电小于 2 小时；形成较为完善的智能电网产业链，打造一批具有国际竞争力的高新技术企业。

(3)2021～2030 年，关键的智能电网技术和装备达到国际领先水平，重点解决电网合理布局、高效输配、优化调度、增强保障度、有效降低经济成本等问题；建成符合我国国情的智能电网，使电网的资源配置能力、安全水平、运行效率大幅提升，电网对于各类大型能源基地，特别是集中或分散式清洁能源接入和送出的适应性，以及电网满足用户多样化、个性化、互动化供电服务需求的能力显著提高；全面满足消纳大规模风电、光电的技术需求，为培养新的绿色支柱能源提供畅通的电力传输通道；城市用户的供电可靠度达到每年每户停电小于 1 小时；电网利用率达到国际领先水平。

# 四、可突破性发展的智能电网技术

## （一）智能电网相关技术

智能电网是实施新的能源战略和优化能源资源配置的重要平台，它涵盖了发电、输电、变电、配电、用电等各个环节，并广泛利用先进的信息和材料等技术，实现清洁能源的大规模接入与利用，提高能源利用效率，确保安全、可靠、优质的电力供应。实施智能电网技术的推广应用与产业化进程，对于调整我国能源结构、节能减排、应对气候变化具有重大意义。

建设智能电网，充分发挥电网在资源优化配置、服务国民经济发展中的作用，对我国经济社会全面、协调、可持续发展具有十分重要的战略意义。智能电网技术是电网领域的一次重大技术革命，也是新一轮能源技术变革的重要内容。发展智能电网技术是实现我国电网跨越式发展的重要途径，对新能源发电、储能、信息与通信、电力电子装备等战略性新兴产业具有重大的支撑作用。智能电网具有很强的辐射能力和拉动作用，可带动相关产业发展与升级。为支持智能电网发展，需要针对图 5-2 所示的几方面技术和产业领域进行重点布局。

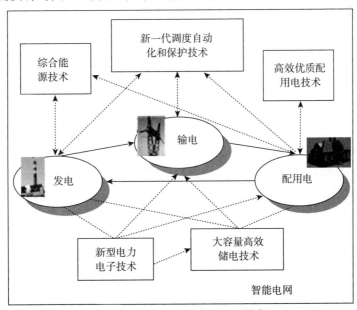

图 5-2　智能电网重大突破性技术

1. 电力系统技术

电力系统技术包括新一代调度自动化和保护技术、综合能源技术、高效优质配用电技术等。

（1）新一代调度自动化和保护技术。面向系统中大规模集中接入的可再生能源与高渗透率下分散接入的分布式电源，传统的电网调度技术和保护策略已不能满足要求，必须发展与之相适宜的新一代调度自动化和保护技术，这对于解决电网消纳可再生能源能力，提高供电安全性与可靠性起着重要作用。新一代调度自动化技术将与广域动态安全监控技术相结合，提高电网运行控制的智能化水平。

（2）综合能源技术。分布式发电系统将是各种分布式能源利用的重要形式，在配电系统中，未来将会有大量的分布式电源接入。为了减少分布式电源并网运行给电网带来的影响，可通过微电网形式对分布式电源加以有效管理，在实现各种分布式电源有序运行的同时，有效提高系统中各种分布式能源的综合利用效率。微电网未来将高度融合于智能配电系统，因其可同时满足用户电能与热能的综合需求，最终将发展成综合能源系统。

（3）高效优质配用电技术。配电系统直接面向用户，也是智能电网技术发展的重中之重，肩负着提高供电可靠性、兼容各种分布式电源、创造新的服务和市场等诸多任务与期望。未来的配电系统首先将是更加可靠与坚强的系统，具有快速自愈功能，并实现各种分布式电源的即插即用，通过需求侧响应与用户形成互动。上述功能的实现有赖于多方面的技术变革与突破。

2. 设备制造技术：主要涉及新型电力电子技术

新型电力电子技术是未来实现各种形式电能灵活转换的关键，对于各种可再生能源的高效利用起到至关重要的作用，对电力装备技术的发展起到极大的推动作用。新型电力电子技术不仅广泛应用于高压输电系统，在配电系统中，包括分布式发电、柔性配电等也将获得广泛应用。

3. 相关支撑技术：主要涉及大容量高效储电技术

储电技术对于平滑风力发电、光伏发电等波动性与随机性较强的可再生能源对电网的影响具有重要作用，同时，储电技术将在很大程度上影响分布式发电与微电网技术的发展。当前，储电技术的形式与种类很多，一些技术已进入工程应用阶段，但在未来一段时间内，技术与经济因素仍将是影响储电技术发展的主要障碍。

（二）新一代调度自动化和保护系统

1. 意义及其在智能电网中的地位

电网调度作为电力系统最主要、最核心的决策功能部分，是维持电能生产、保障电网正常运行和发展的重要手段；而电网保护是保证电网设备安全和整体稳定运行的关键；调度和保护智能化是智能电网需解决的核心问题之一。调度自动化和保护系统是电力系统安全、经济、优化运行必需的装备，对应地，智能调度和保护系统也是智能电网新兴产业的重要组成部分。

近60年来，随着通信和计算机技术的发展，电网产业的技术虽然有很大进步，但从原理上始终没有逃离依靠给定参数进行整定和就地判别的传统技术的窠臼。由于电力大系统的复杂性，监测盲点很多，电力系统元件参数(特别是负荷参数)的随机性、时变性，以及发电机部分参数随运行状态变动和非线性特征的影响，导致给定参数有很大的误差，迄今复杂电力系统的仿真只能靠加大保守度来换取可靠度。电力系统调度自动化和保护系统对牵涉机电暂态的问题难以很好把握，并且还有一系列经典难题得不到解决，因而造成大量设备冗余和资源浪费，更使大范围灾难性停电事故得不到更有效的防御。

新兴的电力系统广域动态安全监测系统技术和物联网技术的发展，为电力系统调度自动化和保护技术的更新换代提供了新契机，这些技术有助于消除监测盲点，提供在线实时的全景监测数据，可以实现最佳可观和可控。基于广域动态安全监测和物联网的新一代电力调度自动化和保护系统将是全新的、对传统系统和设备具有颠覆性意义的系统，可能成为新的智能电网战略性新兴产业的重要支撑，对未来电力系统的智能化发展具有重大的变革性影响。

2. 核心技术

1)基于全局动态监测的电力系统智能调度技术

现有电力系统调度的基础是非同步准稳态数据和离线模型仿真，调度的时间尺度为分钟级，且多个目标之间缺乏协调，因而具有很大的保守性；而广域动态监测技术能提供数十毫秒级全局同步的动态数据，能得到对电网运行状态的直接量测结果而非间接估计，从而可在同步动态数据和在线超实时分析基础上，发展突破性的智能调度技术，进而在更细微的时间尺度、更精细的调节粒度和更多维的目标维度上实现电网智能调度，降低保守度，深挖潜力，大大提升电网运行效率。

该项技术的核心环节包括：全局的广域同步实时信息支撑；动态的系统状态估计或状态量测；在线超实时的潮流分析和稳定性计算；系统模型(特别是负荷模型)的在线辨识；多维度(时间、空间和目标)协调一体的优化调度；基于广域高速通信和物联网的分散协调分析与决策。

该技术的突破性效果表现为：克服信息残缺、滞后和非同步带来的不确定性；全面提升分析和决策的速度、精度与广度；采用自校正技术跟踪物理系统变化，将模型的不确定性降到最低；降低调度的保守度，提高电网的安全稳定性和运行效率。

2）基于全局动态反馈与协调的广域稳定控制技术

传统的分散控制采用本地反馈信息进行局部控制，由于其对电网整体的可观性和可控性受限，非但难以实现对大电网有效的控制，反而易于引发全局性的稳定性问题，目前我国互联电网的（超）低频功率振荡问题即为典型问题。而广域动态监测和高速通信系统为突破这种传统模式、发展全局性稳定控制系统提供了契机。该技术将从基本构架、信息结构、控制策略和通信支撑等方面对已有稳定控制技术进行颠覆性改造，从而推动各种广域稳定控制系统的应用，从全局层面解决好我国大型互联电网面临的安全稳定问题。

该项技术的核心环节包括：不囿于本地量测的广域反馈控制信息结构；最佳可观的反馈信息选择和最佳可控的控制点选择；基于全局协调优化的稳定控制规律及其自适应策略；高速通信系统及网络延迟的建模与补偿方法。

该技术的突破性效果表现为：克服本地量测因可观性或可控性不佳而导致的控制效果差的问题，实现最佳可观和控制的有机结合，极大地提升控制效果；克服多个就地控制之间缺乏协调而恶化系统整体性能的问题，提升大电网的整体安全稳定性；通过控制信息和控制策略的自适应调节，有效解决电网运行方式时变和模型不确定性带来的控制难题，实现广域多目标鲁棒优化控制。

3）动态监测—在线辨识—广域控制一体化技术

模型参数的时变性与不确定性是现代电网分析面临的核心难题，是制约现代电网效率提升的瓶颈因素，这是因为长期以来，电网的监测、分析与控制之间是"非连续的分隔"体系，而随着广域动态测量、超实时分析和互联网技术的发展，可以将动态监测—在线辨识—广域控制"勾连"成一个整体，实现从"所见"到"所控"的连贯执行，可有效解决传统方法面临的模型参数时变性与不确定性难题，彻底颠覆传统的调度、控制与保护系统的技术思路和方法体系。

该项技术的突破性效果表现为：打破传统调度的监测—控制分割体系，形成一个整体流畅的功能闭环；对调度员来说，从监测到控制的透明化，将电网自动化水平提升到全新的高度；实现电网的自动趋优运行，物理电网与信息系统高度融合，形成一个"智能机器人"，从而达到高度智能化。

4）系统级广域保护技术

传统保护系统以设备为核心，不能解决大电网中的系统级保护问题，反而易于导致连锁故障，引起大面积停电事故。而随着广域信息和互联网技术的引入，全新的系统级广域保护系统应运而生。与传统保护相比，它的突出特点是：基于全局的动态信息和整体的互联协调逻辑，可实现全网的时空优化协调保护，具有充分的鲁棒性和自适应性，能应对恶劣的多重和串级故障。

该项技术的核心环节包括：不囿于本地或局部量测的广域信息监测与交互机制；兼顾设备安全与系统整体稳定性的协调决策机制；适应电网运行方式变化的

保护策略自适应调整机制；在时间、控制、目标尺度上与设备保护和系统控制相适应的无缝衔接机制；应对连锁、多重扰动的实时应变策略。

该技术的突破性效果表现为：打破传统保护依赖本地量测实现单个元件保护的局限性，基于全网信息实现保护决策；克服局部元件保护可能恶化整体性能的缺陷，构建设备/元件和电网整体安全的双赢机制，实现全网的时空优化协调保护；通过保护信息和保护策略的自适应调节，有效解决电网运行方式时变和模型不确定性带来的保护难题，实现广域优化保护目标；有效应对恶劣的多重和串级故障，从根本上防范连锁性的大面积停电事故。

5) 基于物联网技术的电网监测技术

智能电网是现代电网的发展方向和演化目标，其关键要素是能量流和信息流的一体化与智能化，而广域动态监测与物联网技术即是推动这一进程的重大力量。

该项技术的核心环节包括：①传感量测布点。信息完备、全面与信息最小化是一个矛盾，电网规模庞大，且呈现分层分电压等级加电磁环网的复杂结构，传感量测应有效布点。②组网与通信支持。物联网中的网络层通信网在向传感层延伸，但是，低电压等级配用电网络规模因此更为庞大、结构复杂，传感量测布点数量众多，从传输性能和经济性的角度考虑，采用何种通信网络，如电力专网或是公共互联网，是一个尚未解决的问题。③信息提取。关键信息和特征需要从"生"数据中分析提炼，避免冗余的原始数据及信息的平行或上行传输。④数据、信息管理和组织。面对海量数据、信息以及多种应用，高效组织和管理是决策控制得到准确实施和执行的基本保障，一方面需要明确从决策控制产生、发出到决策控制指令到达执行单元，整个环节中传感、通信的性能需求及影响；另一方面，需要特别确定通信网异常状态对决策控制实施的影响。⑤信息物理网络的耦合机理。电力物理系统与传感、通信网络耦合，二者相互作用，其量化关系、耦合过程和作用机理需要清晰。⑥状态判断。根据当前和历史数据、信息，结合电力物理系统的模型，对电力系统运行状态进行判断和预测，为控制决策提供实效信息和依据。

该技术的突破性效果表现为：物联网技术实质性地提高电网发、输、配、用各环节一次设备的感知能力，结合二次设备实现联合处理、数据传输、综合判断等功能，对电网设备、资源运行状况进行全面监控和管理，建立基于物联网的智能电网信息一体化平台，提高输变电环节的智能化水平和可靠度；结合物联网，利用先进的信息、通信、网络和计算技术，发展广域动态监测信息系统支撑平台，消除参数和状态监测盲点；大力发展在线测量-辨识技术，克服参数的随机、时变困难，得到实测的、能够真实反映实际电网的状态和参数信息；目前指令下达仅 20～30 毫秒，物联网发展有望进一步提高传感、通信性能，指令下达延时进一步缩短，且将电力系统中最佳可观点的物理量送到最佳可控点的控制器中，真正意义上打破"不可控"，消除控制盲点，进行"优化"控制；借助物联网，有望实现发、输、配电与负荷互动，进而从发电端和用电端共同协调，有效削峰填谷和减少热备用，从而推进大容量新能源、绿色能源接入电网，提高电网设备利用率。

### 3. 现有基础

基于广域动态安全监测和物联网的新一代电力调度自动化和保护系统，包括多方面的核心技术，目前均有一定的基础。

#### 1)广域测量系统/相量测量单元

作为智能电网的主要信息来源和传感系统，广域测量系统/相量测量单元（wide-area measurement system/phasor measurement unit，WAMS/PMU）自 20 世纪末诞生以来，获得迅猛发展。目前，在我国已经覆盖 500 千伏及以上电压等级的电网、600 兆瓦及以上的发电厂，并在部分 220 千伏电网上得到应用，WAMS 主站的相量采集频率达到 50～100 赫兹，广域通信延迟普遍控制在 50 毫秒以内，数据同步性好、实时性高。随着 PMU 布点的进一步扩展，并与变电站自动化技术相结合应用，将来可能覆盖调度系统涉及的所有厂站，并在配电系统和微电网层次得到应用，为新一代电力调度自动化和保护系统奠定坚实的信息基础。

#### 2)能量管理系统

我国的能量管理系统（energy management system，EMS）发展已经历了专用计算、通用计算和开放分布式计算的三代产品阶段，具有良好的基础。应用方面，其在国家电网/南方电网、各区域、省、市级电网中均得到广泛应用；理论方法方面，形成了时间—空间—目标三维协调的能量管控理念；装备方面，正自主构建以 D5000 为代表的国产系统。但整体上还有一些问题需要解决：①基于静态和准稳态数据的调度决策；②依赖于离线模型，模型的不可靠性和不确定性导致较高的保守度；③分析、监测与控制等功能之间的相对割裂；④动态监控功能有待加强。

#### 3)广域控制

与传统的就地控制不同，借助于 WAMS 平台，广域控制器的输入信号不再限于本地范围，因此对于区间低频振荡等全局性稳定问题具有更好的可观性，可以集中主要的控制能量抑制最危险的主导稳定性问题。另外，由于广域信号能在一定程度上反映系统结构和运行方式的变化，广域控制器本身就具有一定的适应能力。因此，从 WAMS/PMU 技术兴起的初期，广域控制系统的研究就被提出，而近几年随着 WAMS 平台建设日益完备，这一领域也成为一个研究热点，从理论与仿真角度，在输入信号与控制器布点选择、广域控制器设计、时滞对控制稳定性的影响等方面进行了大量的研究工作。在国外，魁北克水电（Hydro-Quebec）系统设计了多频带发电机广域附加阻尼控制方案，ABB 等公司在 2002 年针对冰岛进行的相量测量论证了实施广域阻尼控制的可行性。在国内，南方电网于 2008 年实施完成了基于广域信息的多回直流的功率调制控制系统，建成世界上首套基于广域信息的多直流自适应协调控制系统，为广域阻尼控制奠定了坚实的基础。

4）广域保护

广域保护系统是近几年发展起来的新技术，尚处在开发和逐步完善阶段，目前已有几个示范性系统：在国外，如加拿大 Hydro-Quebec 电力公司的可编程减负荷系统（programmable load shedding system，PLSS），美国 BPA、Ciber Inc. 及华盛顿州立大学共同研制开发的广域稳定和电压控制系统（wide area control system，WACS）等。在国内，如在广东花都供电局 4 个 110 千伏变电站装设的广域保护系统和湖北荆州供电局 4 个 110 千伏变电站装设的广域保护系统，均是很好的尝试。但目前这些广域保护系统均是介于保护和紧急（稳定）控制之间并采用广域信息实现的局部性功能系统，与其他自动控制功能的联系薄弱，有待于逐步完善和整合。

5）智能电网中物联网技术

发展至今，与电力的发、输电物理网络并列已经形成多个信息网络，如基于远程终端装置（remote terminal unit，RTU）单元的数据采集与监视控制系统（supervisory control and data acquisition，SCADA）系统、基于 PMU 的 WAMS 系统，以及用电侧的量测和信息系统，这些信息网络都具有物联网的特性。但由于电力系统存在多样性和分散性的特点，电网对应的物联网络尚无统一的体系构架，尚没有形成智能电网和物联网的统一构架。近几年，针对电力系统领域物联网的共性问题，已开始进行尝试性的研究和工程实践，但系统化的研究尚有待于进一步开展。

需要注意的是，基于广域动态安全监测和物联网的新一代电力系统调度自动化和保护系统是基于一系列创新技术且相互依存与融合而构成的整体性技术，在未来的发展中，不但需推进各项技术自身的发展，更要让它们形成一个相互融合的整体。

4. 产业化发展路线

1）预期目标

2012～2015 年：各项关键技术与装备的研发，系统级产品及局部试运行，并进一步完善。

2016～2020 年：推广应用并逐渐融合成主导电力系统调度和保护的集成系统。

2021～2030 年：新一代电力系统调度自动化和保护系统成为主导电力系统可靠、经济运行的核心系统，获得广泛应用。

2）发展效果预测

形成新一代电网调度、控制和保护系统及其产品系列；提升电网的自动化水平、输电容量和设备利用率，有望使 500 千伏输电网的平均输电容量超过 1000 兆瓦。

## (三)综合能源系统技术及应用

### 1. 意义及其在智能电网中的地位

能源是人类赖以生存和发展的基础，是国民经济的命脉。在智能电网基础上构建社会综合能源系统，对能源各环节进行一体化规划设计和运行优化，有助于提高能源利用效率，有助于可再生能源规模化开发，有助于提高能源供应安全与自愈能力。而区域综合能源系统包含分布式终端能源单元和与之相耦合的能源供应网络，是综合能源系统的核心，也是耦合关系最为密切、动态特性最为复杂、彼此最需优化协调的部分。在《国家中长期科技发展规划纲要(2006—2020)》中明确提出要"提高能源区域优化配置的技术能力"，并将"终端能源供给系统"、"能源梯级综合利用技术"等列入优先主题，因此，开展区域综合能源系统研究符合国家重大需求。

从提高能源利用效率的角度考虑，无论常规一次能源还是可再生能源，进行能源梯阶利用无疑是提高其综合利用率的一种有效途径。例如，基于天然气或燃煤的冷热电联产(combined cooling heating power，CCHP)系统，利用高品位能量发电，低品位能量供热或供冷，用能效率可达 80% 以上；已建成的北京奥运媒体村太阳能综合利用示范系统，采用光电＋光热梯阶利用模式，太阳能综合利用率可达 52%(其中，光热效率为 42%，光电效率为 10%)，远高于单纯的光伏发电和太阳能加热。而能源梯阶利用的过程，就是多种能源协同工作的过程，因此，欲实现各类能源的梯阶式开发，最大限度地提高其利用效率，无疑需要各供能系统的协调配合。

可再生能源的规模化开发利用，更离不开综合能源系统及相关技术的支持。考虑到多数可再生能源(如风能、太阳能等)具有能流密度低、分散性和间歇性强等特点，同时考虑到冷热能难以进行长距离传输，在进行风能、太阳能等可再生能源规模化开发时，首先需依托电力网实现高品位能源的远距离输送，较低品位能源则需实现就地消纳。在这一过程中，一方面需要电力系统在规划、设计及运行过程中充分考虑可再生能源发电并网运行的要求；另一方面，间歇式可再生能源发电并网后引起电力系统的一系列问题，也希望通过不同能源系统间的有机协调，低成本地解决，如利用电力需求侧响应技术来协调大量电加热、储冷、储热设备，以抵消可再生能源发电波动的影响，而这一过程就是多种能源协同工作的过程。现如今，正是由于缺乏综合能源系统相关技术的支持，才形成我国可再生能源规模化开发的瓶颈：我国中西部存在丰富的风能、太阳能，但由于电力系统在长期建设过程中未考虑大量可再生能源发电入网的需求，已造成部分风电和太阳能发电无法入网等问题；国家发改委在用户侧推行的"金太阳"工程，同样由于电网尚不满足太阳能发电即插即用的并网要求，而限制后者效能的充分发挥。因此，各种供能系统彼此缺乏协调，已成为制约我国可再生能源规模化开发和利用的重要障碍，这一问题亟待破解。综合能源系统相关技术有利于提高一次能源利用效率，有利于可再生能源的规模化开发利用，这对我国减少能源对外依存，提高能源供应安全，减少我国温室气体及污染物排放，实现节能减排目标，保证我国能源的可持续供应，实现我国社会经济健康、和谐及可持续发展，都有重要的战略意义。

综合能源系统可以分为区域型综合能源系统和用户端综合能源系统。对于区域型综合能源系统，智能配电网是其电能量集成分配的重要平台，综合能源系统实际上是智能配电网与其他能源网络的集成，智能配电网技术的发展对综合能源系统的构建意义重大。用户端综合能源系统又称为微电网，微电网是指由多样化的分布式能源发电系统、储能装置、能量变换装置、相关负荷和监控、保护装置汇集而成的小型供能系统，是一个能够实现自我控制、保护和管理的自治系统，既可以与大电网并网运行，也可以孤立运行。从电的角度看，微电网可以看做小型的电力系统，它具备完整的发电和配电功能，可以有效实现网内的能量优化。另外，微电网在满足网内用户电能需求的同时，还需满足网内用户热能的需求，此时的微电网是一个综合能源系统。现有研究和实践已表明，将分布式发电系统以微电网的形式接入大电网并网运行，与大电网互为支撑，是发挥分布式发电供能系统效能的有效方式。微电网未来将成为智能电网的重要组成部分，相关技术对于解决大量分布式电源的有序并网运行意义重大。

2. 核心技术

在这一领域的研究、推广与应用方面，相关的核心技术主要体现在下述几个方面。

1）综合能源系统中的能量转换与高效利用技术

在综合能源系统中，涉及大量的分布式能源发电系统，亦即发电功率在数千瓦至 50 兆瓦的小型模块化、分散式、布置在用户附近、直接接入中压或低压配电系统的发电系统。近年来，应用较多的分布式发电技术主要有微型燃气轮机、燃料电池、光伏发电、风力发电、生物质能发电等。分布式发电技术未来将成为国际上一项重要的技术增长点。大量并网运行分布式电源的采用，可以实现负荷就近供电，降低系统运行损耗，有效缓解电力系统的调峰、备用等问题，有助于防止大面积停电事故的发生，可有效提高电力系统的抗灾能力。在综合能源系统中，为了实现能源的灵活应用，常常需要安装各种储能设施，包括电能储存系统、热能储存系统等，这些常常是综合能源系统高效可靠运行的保障。

这一领域相关的技术包括光伏发电、小型智能化风力发电、微型燃气轮机、燃料电池、生物质发电技术、各种电能和热能规模化储存技术。

2）综合能源系统运行控制技术

综合能源系统的可靠与经济运行需要高水平的控制技术做支撑。按照控制的对象不同，综合能源系统的控制可分为设备级控制、综合能源系统级控制、综合能源系统与所接入配电系统间的协调优化控制。当综合能源系统体现为微电网形式时，设备级控制有两种模式，即主从控制模式和对等控制模式。主从控制模式是指在微电网处于孤岛运行模式时，其中一个分布式电源或储能装置作为主控制单元，采取恒压/恒频控制，用于向微电网中的其他分布式电源提供电压和频率参考，而其他分布式电源则可采用恒功率控制的控制模式。对等控制模式是指微电网中所有的分布式电源在控制上都具有同等的地位，各控制器间不存在主和从的关系，每个分布式电源都根据接入系统点电压和频率的就地信息进行控制的控制模式。上述控制的关键是维持综合能源系统并网运行或独立运行时的稳定性。除了这些控制之外，设备级控制还担负着保证系统内的电能质量满足负荷要求的任务。对于综合能源系统级的控制，目的是保证综合能源系统在并网运行或独立运行时都能够实现优化运行，且在系统并网运行模式与独立运行模式间切换时尽可能地减少对系统内负荷的影响。综合能源系统与所接入配电系统间的协调优化控制则是要尽可能减少综合能源系统并网运行时对配电系统的影响，包括对电能质量的影响、对配电网运行可靠性的影响等。

这一领域相关的技术包括分布式能源发电系统控制技术、分布式电源间协同控制技术、综合能源系统运行模式切换控制技术、电能质量控制技术、综合监控系统等。

3）综合能源系统保护技术

当综合能源系统接入配电网时，将使得原无源配电网变为有源网络，传统的保护与控制方法将无法适应，微电网及含微电网配电系统的保护与控制包含多方面的含义：保护既包含以切除故障元件、确保非故障系统安全运行为基本目标的常规意义下的保护问题，又包含切机、切负荷、解列、微电网保护等与微电网接入密切相关的问题，既要克服微电网接入对传统配电系统保护带来的影响，又要满足含微电网配电系统对保护提出的新要求。这些保护问题有些属于微电网内部问题，有些则属于含微电网配电系统的问题。综合能源系统中的电源类型多、运行特性复杂，系统有时作为配电网的负荷运行，有时又作为电源向配电网供电，这种角色的轮换使得配电系统的保护与控制更加复杂,需要更高水平的配网保护及控制系统与之相适应。综合能源系统由于既能并网运行,又能够独立运行,并且需要在不同运行模式切换过程中尽可能地平稳过渡,其保护将变得十分复杂。

这一领域相关的技术包括分布式能源发电系统保护技术、微电网综合保护技术、系统孤岛保护技术、系统低电压穿越技术、含分布式电源和微电网的配电网保护与自动化技术等。

4)综合能源系统的运行优化与能量管理技术

综合能源系统优化运行的目的是通过对系统内各种分布式能源的科学化调度,实现能源利用效率的最大化。与大规模互联电力系统的优化运行相比,综合能源系统在许多方面有其特殊性。它集成了多种能源输入(太阳能、风能、常规化石燃料、生物质能等)、多种产品输出(冷、热、电等)、多种能源转换单元(燃料电池、微型燃气轮机、内燃机、储能系统等),是化学、热力学、电动力学等行为相互耦合的非同性复杂系统,具有实现化石燃料和可再生能源的一体化循环利用的固有优势。目前,相关优化运行技术的研究是智能电网研究的一个热点。正如在常规的电力系统中可以通过对发电机的节能调度实现节能降损一样,通过综合能源系统的能量优化,也可以实现其高效经济运行。同常规的电力系统相比,综合能源系统中的可调节变量更加丰富,如分布式电源的有功出力、电压型逆变器接口母线的电压、电流型逆变器接口的电流、储能系统的有功输出、可调电容器组投入的无功补偿量、热电联供机组的热负荷和电负荷的比例等。通过对这些变量的控制调节,可以在满足运行约束的条件下,实现系统的优化运行与能量的合理分配,最大限度地利用可再生能源,保证整个系统运行的经济性。同时,还可以通过对综合能源系统输出的有效控制,降低配电系统损耗。

这一领域相关的技术包括综合能源系统能量优化管理技术及系统、含分布式电源和微电网的配电网能量优化技术及管理系统等。

3. 现有基础

在综合能源系统研究方面,国家重点基础研究发展计划("973计划")于2009年支持了"分布式发电供能系统相关基础研究"项目,针对微电网形式的综合能源系统的运行特性及高渗透率下与大电网相互作用的机理、含微电网的新型配电系统规划理论与方法、微电网及含微电网的配电系统保护与控制、分布式发电供能系统综合仿真与能量优化管理方法等几个方面的理论问题开展研究。2010年,科技部又启动了先进能源技术领域"智能电网关键技术研发(一期)"863重大项目,其中"高渗透率间歇性能源的区域电网关键技术研究和示范"、"高密度多接入点建筑光伏系统并网与配电网协调关键技术"、"含分布式电源的微电网关键技术研发"等课题均是直接面向微电网型式的综合能源系统技术的研发与示范。在同期的国家科技计划集成示范类项目中,科技部分别支持了包括海南电网、宁夏电网、江西共青城、上海崇明岛等多个智能电网集成示范项目，其中也都含有综合能源系统的内容，目的是在一个相对独立的地域范围，建立一个涵盖发电、输电、配电、用电、储能的综合能源系统集成示范工程，实现智能电网多个领域技术的综合测试、实验和示范，形成对未来智能电网形态的整体展示，体现低碳、高效、兼容接入、互动灵活的特点。此外，目前国家电网公司、南方电网公司以及多家发电企业都在开展综合能源系统的示范工作，对相关技术进行了非常有价值的探索。

4.产业化发展路线

1）预期目标

2012～2015 年：发展出综合能源系统相关的保护与控制技术、协调规划与能量优化管理技术，解决综合能源系统本身及接入电网的技术和经济可行性问题。

2016～2020 年：综合能源系统中的能量转换与高效利用技术方面实现重大突破和工业应用，形成具有自主知识产权的技术体系和标准体系，提高综合能源系统的技术和应用水平。

2021～2030 年：综合能源系统成为全社会用能系统的重要组织形式，大批高技术、高效率的智能化综合能源系统获得广泛应用。

2）发展效果预测

结合智能电网建设试点工作的推进，在国内建立一批综合能源系统示范工程，并据此制定出相关的并网运行导则；以国家能源发展战略为导向，制定出完善的综合能源系统并网标准和管理规范，并颁布配套的政策和法规；实现综合能源系统的广泛应用，显著提高能源的利用效率，实现配电系统可以全额接纳可再生能源发电、微电网即插即用以及与用电需求侧的灵活互动。

## （四）高效优质配用电技术

1.意义及其在智能电网中的地位

配电网直接面向用户，是保证供电质量与客户服务质量、提高电力系统经济效益的关键环节。但是，长期以来，中国电力系统存在"重发、轻供、不管用"现象，配电网投资欠账多，造成配电网网架薄弱、自动化与智能化水平低，是目前制约供电质量、运行效率、客户服务水平提高的瓶颈。国际上发电、输电、配电投资比例一般在 1：0.45：0.7 左右，而中国在 2000 年前的投资比例为 1：0.21：0.12。近年来，电网的投资比例有较大增加，但主要还是投给了输电网。由此导致中国配电网性能与世界先进水平还有很大差距。在供电可靠性（供电连续性）方面，2008 年中国城市地区平均每个用户的停电时间为 10.3 小时（扣除缺电因素),农村地区为 44 小时;而欧洲国家用户年平均停电时间只有 1 小时左右,新加坡、日本的用户年平均停电时间还不到 10 分钟。在电能质量(波形质量)方面,我国电网的谐波水平、电压合格率等与世界先进水平存在较大差距,一些地区的电能质量难以满足用户的要求。在网络损耗方面,中国电力系统的线损率在 6% 以上,而发达国家线损率在 4% 左右。在设备负载率方面,中国主要城市的配电网主设备大部分时间都处于低负荷运行状态,线路全年平均利用率在 30% 左右,配电变压器的负载率在 20%~30%,而发达国家配电设备平均利用率在 50% 左右。与此同时,配电网对供电质量(供电可靠性与电能质量)有着决定性的作用。中国用户的停电时间 95% 以上都是由配电网引起的,其中 80% 以上是中低压配电网原因,电能质量恶化的主要原因也在配电网,并且在中国电力系统的损耗中,配电网损耗占 70% 以上,其中中低压配电网的损耗占 50% 以上。

另外,当今经济社会的快速发展和科学技术的不断创新,给配电网带来了许多新的问题:①高科技设备的大量应用、自动化生产线的增加,对供电可靠性和电能质量提出了更高的要求。一些对供电质量十分敏感的负荷,如半导体集成电路生产线、体育场馆的照明系统,哪怕持续几秒的短暂停电也会造成严重的经济损失和混乱。②大功率冲击负荷、非线性负荷的增加,未来大量电动汽车充电站数量的增加,使电能质量控制难度更大。③可再生能源发电、储能装置等分布式电源在电网中的渗透率日益提高,其固有的波动性和随机性将对供电质量带来影响,给配电网设计、保护控制、运行管理带来困难。④城市中日益紧张的空间资源,促使配电网主设备的资产利用率需要得到较大的提升。⑤随着配电网智能化水平的提高以及与用户交互程度的逐步深入,配电网自动化与设计分析系统面临海量数据的处理、共享问题,而分布式电源、柔性配电设备等的加入,更增加了问题的复杂性。因此,能够实现含可再生能源、储能与电动汽车的新型多源配电网自愈运行与控制,保障用电环节的信息准确采集与能效提升,并有效参与配电网优化运行的相关技术,可能成为战略性新兴产业,对未来配用电环节的智能化发展起到决定性的影响。

2. 核心技术

在这一领域的研究、推广与应用方面,相关的核心技术主要体现在下述几个方面。

1)高级配电自动化技术

高级配电自动化技术是指利用先进的测量和传感技术、控制技术、计算机和网络技术、信息与通信技术,将配电系统中大量的分布式智能终端与各种具有高级应用功能的信息系统加以集成的自动化系统。其目的是提高配电系统在正常及故障情况下的监视、控制、保护水平及相互协调能力,满足智能配电网自愈控制、需求侧响应、高级资产管理等方面的需求,为智能配电网运行、调度与维护提供有效的分析、计算与决策支持。高级配电自动化是智能配电系统的核心，是实现配电网运行与管理信息化、自动化、智能化的关键。它不仅是对传统配电自动化技术的继承和发展，更融入了现代电力电子技术、信息与通信技术、分布式计算与仿真技术等新技术，更关注解决分布式发电、储能装置、微电网、电动汽车充电装置、负荷需求侧响应等给配电系统保护、控制、调度和管理带来的新问题。利用高级配电自动化技术可全面提升配电网运行的安全性、可靠性、电能质量、供电能力与资产利用率水平。高级配电自动化的特征主要体现在：①支持分布式电源、储能装置、微电网的灵活、友好接入，并实现有效的监控、调度与管理；②分布式智能终端的广泛采用，使得电网运行方式与结构更加灵活；③能够适应各种变化的网络结构并实现系统自愈控制；④支持需求侧响应功能；⑤支持高级配电资产管理。

这一领域相关的技术包括分布式智能控制、配电网广域测控体系、智能配电终端技术、分布式电源高度渗透的有源配电网保护与监视技术、故障自愈技术等。

2）智能配电网信息集成技术

目前，在供电企业内部，存在着很多单独开发、独立运行的自动化或信息系统，由于系统之间数据不能有效地共享，形成多个"信息化孤岛"共存的局面。这一方面使综合数据的提取非常不便，需要经过大量的人工处理，致使配电运行决策人员无法及时掌握电网真实的技术指标，定量地了解配电网存在问题的严重程度和分布位置，无法及时得到支持决策的数据；另一方面，供电企业投入巨大资金建设并派专人维护这些系统，但由于系统中存在的大量数据得不到充分的利用，造成了很大的资源浪费。此外，配电网通用信息模型（common information model，CIM）仍不完善，不能完全适应供电企业信息化快速发展的要求。因此，需要构建电力企业统一的信息模型，并基于统一的信息模型建立统一的数据交换接口和信息集成平台。随着配电网自动化、智能化程度的提高，越来越多的业务信息，包括大量的量测数据、运行管理信息、营销与客户服务信息等，都需要通过网络进行数据传递。海量数据的存储与传输给控制系统和数据网络的安全性、可靠性及实时性提出了新的挑战。

这一领域相关的技术包括智能配电网信息系统与架构、智能配电网信息模型、智能配电网海量数据存储处理技术、数据融合与数据挖掘、分布式系统集成技术、智能配电网信息安防与运行维护技术等。

3）配电网智能分析与智能调度技术

传统配电网多采用放射式结构或环网结构开环运行方式，潮流单向流动，保护控制的配置相对简单。伴随着大量分布式电源深度渗透、柔性配电技术（distribution flexible alternative current transmission systems，DFACTS）的大量应用，配电网转变为功率双向流动的有源配电网，给其运行调度提出了新的挑战，而可再生能源发电的间歇性与随机性更是加剧了问题的复杂程度。智能调度是有源配电网运行管理中不可或缺的技术手段，可为配电网运行管理提供全维度、精益化服务，包括量测处理、信息建模、分析计算、数据挖掘与智能化的运行状态评估、安全预警、辅助决策和控制等。通过配电网智能调度系统能够实时监测电网运行状态，及时发现并快速消除安全与供电质量隐患，合理调整电网运行方式，实现电网经济高效运行。

这一领域相关的技术包括智能配电网分析技术、快速仿真与模拟技术、智能调度运行技术、可视化调度技术等。

4）高级资产管理技术

配电网中设备众多、分布面广、异动率高、易受外力破坏、图纸资料不完善、标准化程度差，其管理难度远大于输电系统。配电设备的状态直接决定了配电网运行的安全性与可靠性；投资结构合理的情况下，配电设备投资额占整个电网资产的比例在60%以上。因此，加强配电资产管理对于提高供电质量与资产利用效率具有十分重要的意义。配电网资产管理是一个使设备达到最优性价比的复杂的系统工程，涉及配电网规划、设计、建设、运行以及设备采购、维护、报废等过程。其中，规划、设计影响设备利用率水平的高效性；建设、运行影响设备利用的可靠性；采购、维护、报废影响设备利用周期的经济性。从资产管理的手段上来说，高效的设备资产管理需要科学有效的电网规划理论、细致准确的设备监测方法和全面成熟的设备管理体系，这些方面均需要在现有基础上进行升级提高。

这一领域相关的技术包括面向供电可靠性和电能质量提高的配电网络规划方法、考虑全电压等级序列协调的电网规划模型和方法、智能配电网规划理论与方法、设备状态检修监测与状态检修技术、设备的全寿命周期成本管理技术等。

5）柔性配电/定制电力技术

作为柔性交流输电系统（flexible alternative current transmission systems，FACTS）在配电系统应用的延伸——DFACTS是于20世纪90年代发展起来的新概念和新技术。DFACTS应用现代电力电子和控制技术实现电能质量的控制与改善，为用户提供供电质量符合其特定需求的电能，又称为定制电力技术（custom power）。目前已开发并投入的定制电力设备主要有固态切换开关（solid state transfer switch，SSTS）、静止同步补偿器（static synchronous compensator，STATCOM）、有源电力滤波器（active power filter，APF）、动态电压恢复器（dynamic voltage restorer，DVR）、统一电能质量控制器（unified power quality controller，UPQC）、动态不间断电源（dynamic uninterrupted power supply，DUPS）等。DFACTS设备的大量应用是智能配电网区别于传统配电网的重要特征之一。加强DFACTS技术及其在配电网中的应用研究，对于实现智能配电网可靠、优质、高效的目标具有十分重要的意义。

这一领域相关的技术包括电能质量监测评估与定制电力技术、DFACTS 设备及其关键技术、DFACTS 设备应用与运行技术等。

6）故障电流限制技术

近年来，随着电网规模的不断扩大，其短路容量也随之日益增加，尤其是在经济较发达的重负荷地区，由于电网密集、结构复杂，短路电流已经达到甚至超过了开关设备的遮断容量，已成为影响电网安全可靠运行和制约电网发展的重要因素。常规限流措施，如采用高阻抗设备、加限流电抗器等，在降低短路电流的同时，也增加了系统的稳态损耗。故障限流器（fault current limiter，FCL）在系统正常运行时呈低阻抗状态，具有较高的稳态和暂态稳定性，在系统发生短路故障时能够表现出足够高的阻抗，使得短路电流得到有效限制，确保电网和电气设备的安全。目前研究较多的 FCL，根据其构成原理可分为磁元件限流器、正温度系数（positive temperature coefficient，PTC）电阻限流器、固态限流器、超导限流器（super-conductive FCL）及各种混合式限流器（如固态开关和超导混合的限流器、固态开关和机械式断路器混合的限流器及 PTC 电阻混合的限流器等）。展望未来的智能配电网，FCL 将获得普遍应用，短路电流甚至降低至 2 倍额定电流以下，配电网将摆脱短路电流的危害，传统的遮断大电流的断路器或许会从系统中消失，电网保护控制方式将发生根本性的变化。

这一领域相关的技术包括智能化固态 FCL 技术、超导 FCL 技术、FCL 参数对电网短路暂态行为的影响与作用分析技术等。

7）智能电表与用户互动技术

智能电表是实现配电与用电智能双向互动的基础和关键。智能电表能够作为电力公司与用户户内网络进行通信的网关，使用户可近于实时地查看其用电信息和从电力公司接收电价信号。当系统处于紧急状态或实施需求侧响应时，在得到用户许可条件下，电表可以中继电力公司对用户户内电器的负荷控制命令。此外，智能电表不仅仅局限于终端用户，电力公司也可以在配电变压器和中压馈线上安装智能电表，其中的一部分将与实时数据采集和控制系统相结合，以支持系统监测、故障响应和系统实时运行等功能。用户门户和家用网络（home area network，HAN）是与智能电网密切相关的关键技术，它们负责将智能电表与用户可控的电器或装置（如可编程的温控器）连接起来，使后者可根据电力公司的需要，积极参与需求侧响应，同时对用户安装的分布式发电设备（如屋顶太阳能光伏发电、小型冷热电联产系统）以及储能装置（如插件式混合动力电动汽车）进行优化管理。

这一领域相关的技术包括智能表计及其相关技术、用户门户接入和户内网络支撑技术、电网与用户双向互动支撑技术等。

8）智能量测体系及技术

智能量测体系是测量、收集、储存、分析和运用用户用电信息的完整信息处理系统，是诸多技术和应用集成的量测系统解决方案，主要包括四部分，即智能电表、通信网络、量测数据管理系统和用户户内网络（包括用户门户与户内网两部分）。智能量测体系的主要工作过程为：智能电表能按照预先设定间隔记录用户用电信息，这些信息通过通信网络传到数据中心，并在那里根据不同的要求和目的进行分析和处理；同时将系统信息通过用户门户延伸到用户户内网，使用户可以分析和利用系统的相关信息，实现系统与用户的密切互动。电力运营部门可以根据获得的量测信息进行电力调度，安排需求侧响应或进一步向上传送给输配电运行部门以实施安全控制。智能量测体系在智能互动中起着关键作用，在智能电网发展中处于优先位置，除智能电表及用户户内技术外，其关键技术还包括通信网络和量测数据管理系统。

通信网络负责调度控制中心与用户之间的信息交换，由于智能电网需要采集大量的设备状态和客户计量数据，这两类数据的特点是：数据量大，采集点多且分散，对实时性要求比电网实时运行数据低，数据需要被多个系统和业务部门使用。在智能电网中，这部分数据的采集将基于开放标准的数字通信网，智能电网的通信网也将是集成各类通信技术后构建的一个异构式通信系统。

这一领域相关的技术包括智能量测体系信息传输技术，海量数据处理及信息挖掘、共享技术，量测数据管理系统等。

9）智能需求侧管理

需求侧管理主要包括系统导向和市场导向两种形式。系统导向的需求侧管理是由系统运营商或购电代理商向消费者发出削减或转移负荷的信号，通常基于系统可靠性程序，补偿价格由系统运营商或市场确定；而市场导向的需求侧管理，则是让消费者直接对市场价格做出反应，产生行为或消费方式的改变，价格往往由市场机制形成。传统的需求侧管理通常以系统导向为主，多采用行政管理手段（如计划用电），而对价格手段运用相对不足；智能需求侧管理则转变为以市场导向为主，它依托高级量测体系（advanced metering infrastructure，AMI），利用反映电网动态功率平衡情况的实时电价机制调整用户的用电行为。智能需求侧管理包括电网与用户间的信息互动和电能互动两个方面。信息互动主要体现在供需之间的信息交互。供电企业可以及时收集、统计与分析用户的需求，并在电网运行中动态整合用户信息，以增强系统的安全性、可靠性并提高电网运行的经济性；用户也可以及时了解实时电价信息与电费等用电情况，合理地安排用电方案和响应策略，以更好地管理、优化电能的使用，节约用电成本。电能互动主要体现在供需之间的双向互动供电。在传统电网中，供需双方的界定和划分是以用户计费电表为界限：计费电表以上为供应侧，计费电表以下为需求侧，即用户计费电表就是供应侧的终点与需求侧的起点。而在智能电网中，借助于具有双向计量与通信功能的高级计量系统，用户也可以安装分布式电源，并向电网供电，这也打破了传统的供需双方划分方式。

这一领域相关的技术包括有序用电方案制定及电价引导机制，需求侧管理与用户响应支撑技术，智能电网用电能效提升评估、评价技术。

10) 电动汽车充放电技术

随着电动汽车的逐步推广和产业化以及电动汽车技术的日益成熟，电动汽车能源供给成为其中的一项关键因素。电动汽车对充电站有一些特殊的要求，如充电快速化、充电通用化、充电智能化、电能转换高效化、充电集成化。因此，在智能电网建设中应着重研究电动汽车充放电运行模式，充分利用电动汽车在时间上可平移负荷的特点，依靠智能电网中所支持的需求侧响应，在一定程度上削峰填谷、平滑负荷曲线，提高设备利用效率、降低系统损耗。

这一领域相关的技术包括电动汽车充放电关键设备、电动汽车充放电管理系统、电动汽车充放电与电网控制和调度交互技术等。

3. 现有基础

国家电网公司在 2009 年 8 月发布了《智能电网第一阶段重点项目实施方案》，在配用电环节中分别设置了"配电自动化试点工程"、"用电信息采集系统试点工程"、"电动汽车充放电站试点工程"、"智能用电小区/楼宇"等项目，这些试点工程的实施地点广泛分布于我国各地，如"上海世博园智能电网综合示范工程"和"中新天津生态城智能电网综合示范工程"。它们全面展示智能电网的众多成果，构建清洁、安全、高效、可持续的能源供应系统和服务体系。

2011 年，国家"863 计划"在先进能源技术领域的智能电网重大专项中投入数亿元，设立两个方向共七项课题来开展智能配用电关键技术的研发，包括"电动汽车智能充放储一体化电站系统及工程示范"、"电动汽车充电对电网的影响及有序充电研究"、"电动汽车与电网互动技术研究"、"智能配电网自愈控制技术研究与开发"、"灵活互动的智能用电关键技术研究"、"智能配用电信息及通信支撑技术研究与开发"、"智能配用电园区技术集成研究"等课题。这些课题均主要面向分布式电源、储能、电动汽车等新元素接入后有源配电系统与电源/负荷进行充分交互的相关技术，目的是提升配电网运行的可靠性、经济性、资产利用率和可再生能源接纳水平。

4. 产业化发展路线

1) 预期目标

2012～2015 年：各种关键技术与设备的研发，掌握工程化技术；在试点城市完成智能配用电技术中的高级配电自动化、智能调度、资产管理、智能量测/

需求侧管理等软件系统建设，形成智能电表、DFACTS 和 FCL 的控制策略、实现方案与成熟产品。

2016～2020 年：系统级产品及局部试运行，形成规模装备产业能力；在发达城市的主城区初步实现含高级配电自动化、智能调度、资产管理、定制电力、故障限流、智能量测/需求侧管理等技术的智能配用电服务网络。

2021～2030 年：推广应用并逐渐融合成主导智能配用电的硬件装备与软件系统。

2）发展效果预测

形成规模化的智能电表、DFACTS 和 FCL 及其产品系列。形成规模化的高级配电自动化、智能调度、资产管理、智能量测/需求侧管理软件系统及其产品系列。在智能配用电网络中充分发挥可再生能源、可调控负荷的作用，实现配用电一体化规划、调度、运维管理的相关技术。

## （五）新型电力电子技术及应用

### 1. 意义及其在智能电网中的地位

在现代电力系统中，虽然微电子、计算机和高速通信技术在电网的调度、控制和保护上得到了广泛应用，但是，当控制信号送到执行设备(如断路器)时，大多是通过机械性操作来达到控制目标的。也就是说，在大容量电力电子技术得到应用以前，进行潮流控制、提高系统稳定性和输电能力虽然有很多种方法，但它们有一个共同的基点，即机械开关。受机械开关本身的物理性质和关断特性等限制，机械式控制方法速度慢，它的操作时间一般为 20～80 毫秒。机械开关也不能在短时间内频繁操作，从而严重制约了其对系统进行连续快速控制的能力。

半导体开关器件结合了机械开关和电子器件的优点，既能够实现快速频繁的开关控制，又能够实现高压大电流。建立在半导体开关器件基础上的电力电子技术使电力系统从机械性操作发展到数字化的电子式操作，使电网可以具有快速灵活的可控性。

电力电子技术最开始是通过 FACTS 和高压直流（high voltage direct current，HVDC)输电系统引入电网。FACTS 技术能对交流输电系统的某个或某些参数进行控制，提高输电系统的可控性和传输容量。HVDC 传输损耗低，没有无功引起的电压问题，非常适合远距离或通过电缆输电。近些年电力电子设备在风力发电、光伏发电和电池储能系统的电网接入中起到了重要的作用。

如果说早期电力电子技术在电力系统中的应用还存在争议的话，近些年电力电子技术在电力系统中的应用已经得到广泛接受，在智能电网中电力电子技术也将担任关键角色。智能电网的一个重要目标就是使电力系统具备灵活和智能可控性，这种可控性的最终操作必然需要通过电力电子设备实现。

在交流电力传输方面，FACTS 装置可以快速灵活地控制电力传输中的电压、功角和阻抗等参数，提高系统的暂态稳定性和电压稳定性，提高电网的传输容量，按需控制电网潮流，阻尼系统振荡，限制短路电流，防止连锁性（cascading）故障和大范围停电事故等。FACTS 技术是在 20 世纪 70 年代出现的，并随着电力电子器件和技术的发展得到不断的发展。在智能电网的概念出现后，FACTS 的这些功能也正与智能电网的可靠、安全、经济、高效、环境友好和使用安全等目标相符合，也体现了 FACTS 装置将作为智能电网控制的执行操作设备。

交流电网的特点是各种设备通过相对较低的阻抗连接在一起，以相同的频率一起运行，主要面临功角稳定、频率稳定、电压稳定等问题的威胁。随着大电网的互联，保持大型交流电网的同步稳定运行变得越来越难，区域电网内部的运行控制也面临重重困难。随着电力电子技术的发展，高电压大电流的直流输电成为可能。传统的直流输电技术基于晶闸管等半控型器件，其耐压高、电流大，满足电力系统大容量传输的需求。基于晶闸管的传统的直流输电已经达到 ±800 千伏电压等级、6400 兆瓦的传输容量，传输距离达到 1900 多千米。HVDC 送端、受端频率相位无须保持同步，且由于采用电力电子器件，其传输的功率可以控制和调节，能有效隔离电网之间的相互影响，因此非常适合异步电网之间的互联，可降低稳定问题的复杂性。基于半控型晶闸管器件的传统直流输电系统，需要在满足正向电压的条件下触发才能导通，属于电流源型直流输电技术，其逆变输出为电流输出，受端必须有交流电压支撑，受端附近交流系统故障易于造成换相失败，影响直流功率的传输。其整流逆变需要消耗大量的无功，输入输出需要大量的电容器和滤波器，动态电压响应很慢，这些设备也使得换流站占地面积非常大。

相对于传统直流采用不可关断的晶闸管，柔性直流输电采用可关断的绝缘栅双极型晶体管（insulated gate bipolar transistor，IGBT）等器件，直流侧具有支撑直流电压的电容，因此实现了电压源型的直流输电。柔性直流输电通过多电平叠加或器件串联可以实现很高的输出电压，无需变压器可以直接与交流系统相连。柔性直流输电的容量已经可以达到 1000 兆瓦以上，损耗和成本已经非常接近传统直流技术。柔性直流输电技术由于有电容支撑，可以自主输出电压波形，不存在换相失败问题，相反，可以为电网提供无功调节和电压支撑的功能，具有快速且独立的有功、无功调节能力，能够快速改变有功功率的传送方向。柔性直流输电技术除了具有常规直流的优点外，因其有功无功调节上的特点，在交流系统发生故障时可以快速进行有功无功的支援，从而避免系统的电压和频率稳定问题，系统薄弱的部分有了柔性直流输电的支持也可以保持稳定运行，在极端情况下还可以为电网提供黑启动的能力。柔性直流输电还可以增加系统的阻尼，抑制低频振荡。因此，柔性直流输电技术是目前最为理想的一种灵活输电技术，其相关技术的协同发展将颠覆目前电网的发展模式，广泛代替交流输电技术成为区域电网间、区域内电网间的连接手段，用于新能源发出的电力的传输，用于大型城市配电网，对于未来电网具有重要意义。

基于电压源变流器（voltage source converter，VSC）的高压直流（VSC-HVDC）输电可以独立、快速控制所传输的有功功率和无功功率，因此极大地增加了输电的灵活性，使其成为最近发展起来的最有潜质的电力传输方式，特别适用于风力发电场与主网之间的稳定联结、向孤立的远方小负荷区供电等应用。近年来柔性直流输电技术在国内外都已得到了普遍的重视，柔性直流输电工程也日益增多。

在配电网络方面，随着城市的发展和用电负荷的快速增加，对配电网络输送容量的要求也日益增加，需要在有限的配电网走廊上输送更大的容量。在用电密集的城市电网中采用柔性直流技术，将可以占用更少的输电走廊，并可利用它的快速可控性等特点，解决城市供电中存在的供电困难、成本高以及潮流难以控制等问题，维持城市电网的安全、可靠、经济运行。通过直流配网的方式，还可以减少储能系统和新能源发电系统接入电网的中间环节，降低接入成本，提高功率转换效率和电能质量。

在智能电网的概念下，未来电网中传统的发、输、配电的结构将有很大改变，将有越来越多的分布式电源接入配电网，如风力发电、光伏发电等新能源发电和电池储能系统等。各种新能源发电系统需要通过功率转换系统（power conversion system，PCS）接入电网中。当大量的分布式电源接入电网后，对于各种电源、储能系统和负荷之间的功率流动，电网还必须具有快速控制和智能管理的能力。另外，智能电网的发展正是建立在集成的、高速双向通信网络的基础上，通过先进的测量技术和控制方法，实现电网的可靠、安全、经济、高效、环境友好和使用安全的目标，这也要求电网能够对功率流动实现快速灵活的控制。先进的功率转换技术是实现智能电网中功率控制和管理的底层基础。因此，在未来智能电网中，主要由变压器和开关构成的传统配电网方式必然会彻底改变，基于电力电子变流器的大容量功率转换系统将为各种新能源发电、分布式发电和储能系统提供灵活的电网接入，并且通过功率转换系统实现电网中的智能功率控制和管理。

2. 核心技术

1）新型电力电子器件

硅半导体器件的出现曾经给电能变换技术带来了巨大的变革，但是目前硅半导体器件的性能发展已经接近极限。虽然相对于早期的晶闸管和门极可关断

(gate turn-off，GTO)晶闸管等器件，IGBT 等硅半导体器件所允许的开关频率已经有较大提高，但目前大容量 IGBT 器件开关频率一般仍低于 10 千赫兹。硅半导体器件的开关损耗也仍较大，使电能变换效率较低。例如，采用 IGBT 器件时，以 10 千赫兹开关频率工作的直流/交流(direct current，alternative current，DC/AC)变流器一般的损耗率在 3% 左右。在包含新能源接入和储能系统接入的智能变换系统应用中，往往需要多级 DC/DC 或 DC/AC 的功率转换，这将使整体变换效率更为恶化。目前 IGBT 等硅半导体器件的最高允许结温普遍在 150℃左右，为了保证器件的安全，往往还需较为庞大的散热器和强制冷却系统。在电网应用中，电气隔离和电压匹配通常是不可避免的，由于硅半导体器件的开关频率限制和损耗原因，在目前实用的大容量功率转换系统中往往较少采用高频变压器，通常的做法是通过工频变压器实现电气隔离和升压变换，但是由于功率变压器体积庞大且笨重，很难实现功率转换系统的高功率密度。

近年来，在功率半导体领域已经着眼于新的材料，开发新一代的功率半导体器件。碳化硅(SiC)是半导体界公认的 21 世纪有广阔发展潜力的新型半导体材料。与现有的硅半导体器件相比，SiC 器件耐高温(工作温度和环境温度)、具有较高的击穿电压和工作频率，适于在恶劣条件下工作。SiC 的工作环境可稳定地提高至 300℃甚至更高，因此可减少散热器数量甚至不用散热器。SiC 器件可在高频下工作，在 100 千赫兹下使用的 SiC 器件已经问世。与传统的硅器件相比，SiC 器件可将大幅降低功耗，从而可大幅度降低电力变换器的体积和重量。

2)高效率高功率密度电压源换流器

在现有电网中，功率转换系统已经在风力发电、光伏发电和电池储能系统的电网接入中起到了重要的作用，但是还未形成一个整体的智能功率变化系统的概念。但是在未来电网中，功率转换系统将作为更为核心的角色并实现更为系统性的功能，交流电网、分布式电源、储能系统、负荷等将通过功率转换系统形成一个整体，不仅能够实现各种交直流电压转换和电压等级变换等功能，还能够实现功率流动的灵活控制和快速管理。这也对功率转换系统的高功率密度、高效率、快速性和智能性提出了更高的要求。

3)直流断路器技术

现代电力系统对电力的稳定供应提出了更高的要求，而目前的机械式断路器动作速度较慢、触头磨损大，需定期维护。随着电力电子器件的不断发展，其作为固态断路器的应用成为可能。直流断路器是直流输配电网中的关键环节。

当采用多个直流输电线路进行联网，但某一段线路出现故障时，需要通过直流断路器及时将故障线路隔离。直流电流没有过零点、无法自动熄弧，直流线路故障时电流增加极快，这些是直流断路器的难点。通过采用可关断器件或人为产生过零点等技术可实现直流断路器，切断大容量直流电流回路。降低运行时的损耗、提高断路器的可靠性，也是该项技术实用化的关键。

4）直流变压器技术

相对于输电网络，柔性直流技术应用于配电网时将面临更为复杂的技术问题。由于需要应对各种不同直流电压等级的负荷、储能系统和分布式发电的接入，直流配网中的直流电压变换将不可避免。但是，直流配网中难以像交流变压器那样通过磁耦合的方式实现电压变换，因此，必须基于电力电子技术通过DC/DC变换器实现直流电压的变换和功率的双向传递，主要方式是通过电力电子变流器实现高频变换，并通过高频变压器实现电压的变换和电气隔离。

当直流电网发展到一定的阶段，将会产生不同电压等级变换的需求，如将太阳能风电、海上风电输出的直流电源升高到更高的电压等级，进行远距离传输，将超高压直流输电网的电压降低，通过地下直流电缆给城市配电网供电等。

5）柔性交流输电技术

20世纪80年代中期，美国电力研究院 N. G. Hingorani 博士首次提出FACTS概念：应用大功率、高性能的电力电子元件制成可控的有功或无功电源以及电网的一次设备等，以实现对输电系统的电压、阻抗、相位角、功率、潮流等的灵活控制，使原基本不可控的电网变得可以全面控制，从而大大提高电力系统的灵活性和稳定性，大大提高现有输电线路的输送能力。在电气电子工程师协会（Institute of Electrical and Electronics Engineers，IEEE）所评选的21世纪前10年的11项最为重要的科学技术方面，FACTS技术被列在第9位，并认为FACTS技术使智能电网具备智能化。

静止无功补偿器（static var compensator，SVC）、静止同步补偿器等在电力系统已经得到较广泛的应用。基于VSC的FACTS装置将是智能电网中的主流发展方向。

6）柔性直流输电技术

随着我国经济的高速发展，以及实现节约型、低能耗的可持续发展模式要求，对于经济、灵活、高可控性和高质量的电力传输的要求也日益提高。近年来可再生能源发电已成为未来电力系统的发展方向。但是，新能源发电一般供电质量不稳定且远离交流主电网，采用交流互联方案将清洁能源发电直接接入交流电网的方式可能会给主网带来很多负面的影响。目前虽然我国大力发展风力发电，但是风电的远距离输送能力已经成为制约其发展的瓶颈，很多地方已经出现了"窝电"的现象，迫切需要更为灵活可控的先进大容量输电方式。

直流输电技术具有输电线路造价低，损耗少，线路走廊较窄，输送容量和距离不受同步运行稳定性限制等优点。但是传统的高压直流输电方式采用的是晶闸管换流阀，必须借助受端电网电压换相，无法向小容量系统或无源负荷供电，还需要大量的无功补偿和滤波装置，一般只适用于远距离大容量输电、海底电缆输电和异步联网等场合。

基于 VSC 的 VSC-HVDC 输电技术成为最近发展起来的一种新型电力传输技术。它采用脉冲宽度调制技术（pulse width modulation，PWM）直接将直流电压逆变为幅值和相位都可控的交流电压，并对受端电网的系统容量没有限制，并可以独立、快速控制所传输的有功功率和无功功率，因此极大地增强了输电的灵活性。VSC-HVDC 所具有的技术优势，使其成为最近发展起来的最有潜质的电力传输方式，特别适用于风力发电场与主网之间的稳定联结、向孤立的远方小负荷区供电等应用。

7）大规模多端直流网络技术

为了应对欧盟国家面临的能源危机和气候危机，在 2006 年，超级电网的概念首先由一家爱尔兰公司 Airtricity 提出。欧洲"North Sea"工程计划将 10 吉瓦的海上风电通过 VSC-HVDC 网络输送到欧洲内陆。大规模多端直流输电网络的可控性和经济性，使其成为加强输电电网和实现超级电网的必然选择。通过大规模多端直流网络可以实现大规模可再生能源的并网与互补，实现"多国"的电网互联，提高安全、稳定性的同时，开放电力市场，刺激发电建设和发展。

8）直流电网规划运行控制理论与技术

直流输电技术总的来讲简化了电网的运行控制，增加了电网的可控性，具有很多的优点。合理的方案、合理的规划、可靠的控制方法，将能大力促进直流电网的建设，提高其应用效果。但基于直流传输电网的大量特性将与交流电网不同，功角稳定、频率稳定问题不复存在，另一种意义的功率稳定、电压稳定将会出现。因此，需要研究构建直流电网的功率和电压控制理论。直流输电技术增加了电网的可控性，在电网出现极端故障的情况下，如何有效利用直流电网的调节能力，是在智能电网框架下需要重点研究的课题。

3. 现有基础

1）新型电力电子器件技术

国外 SiC 已经产业化，预计在 10 年内逐步替代硅 IGBT 和快恢复二极管。目前日本罗姆公司、德国英飞凌公司和美国 Cree 公司都已经成功开发出可以量产市售的 SiC 二极管。2009 年，Cree 公司与 Powerex 公司开发出了双开关 1200伏、100 安培的 SiC 功率模块。日本罗姆公司目前已经可以提供 650 伏/20 安培的 SiC 双重扩散金属氧化半导体（double-diffused metal-oxide semiconductor，DMOS）样品。美国 Cree 公司的 1200 伏/33 安培和 1200 伏/49 安培的 SiC DMOS 器件已经量产并可以购买到。在 SiC 器件应用方面，2008 年日本丰田公司开发出了 SiC 二极管逆变器，应用于 X-TRAIL FCV 型汽车，进行道路行驶实验。日本大阪的关西电力公司开发出 SiC 逆变器，用于光伏发电。根据国外专家分析，SiC 器件在未来数年内将逐步进入智能电网市场。我国在"十二五"规划、

"863 计划"中也对 SiC 器件的研究进行了立项。

2）高效率高功率密度电压源换流器

对于接入中压配电网（如 10 千伏电网）的大容量功率转换系统，容量范围通常在几十千伏安到数兆伏安。现有的功率转换技术通常是通过工频变压器实现电压匹配和电气隔离。但是工频变压器占地较大，而且变压器的工频噪声也极易引起附近居民投诉。这已经成为实现高功率密度和高效率的功率转换系统的一个主要障碍。近年来，通过采用高频变压器的双向隔离 DC/DC 变换器取代传统的工频变压器正在成为研究趋势。例如，近年来出现的智能变压器的概念——电力电子变压器（power electronic transformer）就是以高频隔离和 DC/DC 变换技术实现传统变压器的功能。一些学者认为双向隔离 DC/DC 变换器将成为下一代高功率密度变换器的核心电路，其核心思想是通过智能的功率转换系统满足未来智能电网的需要。欧洲 UNIFLEX 计划和功率路由器概念的基础也都是高频隔离变换单元。针对电池储能系统，近年来也提出了一些更为灵活的基于高频隔离变换的功率转换系统方案。为了实现高功率密度，高频隔离变换已经成为下一代功率转换系统的必然发展趋势。

3）直流断路器技术

目前国内外现有的典型直流断路器有基于叠加高频振荡电流的直流断路器和混合式直流断路器等。在这些技术中，开关均为机械开关，开断的时间长、分散性大，难以实现准确的定相开断，要求分闸速度快，进而能限制短路电流上升率，应用此方法既困难又不经济。同时，这些断路器需要配合避雷器、电容、电感等辅助设备，占地面积大，不适宜在城市配电网中应用。

固态断路器按其电路组成可分为两种：一种是由纯电力电子器件组成的固态断路器（如晶闸管断路器）。其优点是分断速度快（通常为微秒级）、分断无电弧、工作稳定，但其导通损耗大，需要庞大的散热设备，且缺乏明显断口。另一种是由机械式断路器和电力电子器件组成的混合型固态断路器。它结合了机械式断路器和电力电子器件的优点，使固态断路器技术得到了新的发展。一些学者提出了基于 GTO 的混合型固态断路器。但该断路器只适用于交流电路，且 GTO 是电流可控型器件，控制复杂。

4）直流变压器技术

近年来以高频隔离双向 DC/DC 变换器为核心电路的电压和功率转换技术已经得到更多的关注，并被很多学者认为将在未来成为包括电力电子变压器等智能功率转换装置的核心电路。为了解决电力电子变压器接入中高压交流电网的问题，很多研究提出通过多电平换流器接入高压侧电网，一方面可以解决器件电压等级的问题，另一方面也可以通过多电平技术降低开关频率，提高装置效率和改善电能质量。例如，清华大学延续在链式变流器方面的研究成果积累，将链式变流器结合高频隔离 DC/DC 单元，其技术已应用于电力电子变压器和储能系统电网接入装置等领域。

5）柔性交流输电技术

近年来我国在基于大容量电压源变流器的 FACTS 装置的研究和应用方面取得了显著的研究进展。在 2000 年，清华大学研制成功了基于 GTO 的 20 兆乏新型 STATCOM，使我国成为少数具有大容量 STATCOM 装置自主研发能力的国家之一。2006 年，清华大学与上海电力公司、许继电气合作成功研制了上海西郊站±50 兆乏链式 STATCOM，并且在 2010 年成功研制 35 千伏直挂式链式 STATCOM，使我国成为链式多电平技术及其 STATCOM 技术的领先者。2011 年，南方电网公司、荣信电力电子有限公司和清华大学等合作完成的±200 兆乏链式 STATCOM 在南方电网公司投入运行。

6）柔性直流输电技术

轻型直流输电技术出现以来已经得到迅速的发展和应用，ABB 公司自 1997 年第一个试验性的轻型直流输电工程在 Hellsjon 投运以来，迄今为止已经有 9 条轻型直流输电线路投入运行。工程的应用目的覆盖了风力发电输送、提高地区间功率输送能力、海上平台供电、非同步电网互联等。目前，国外还有多条线路即将在近几年投入运行。

近年来我国也在柔性直流输电技术方面开展了研究和示范工程。中国电力科学研究院和上海电力公司所研制的上海南汇风电场柔性直流输电工程在 2011 年正式投入运行，工程容量为 20 兆伏安，采用了模块化多电平变换器（modular multilevel converter，MMC）换流器技术，用于联结南汇风电场和书柔换流站。2011 年起，南方电网公司和清华大学等单位承担了国家"863 计划"课题"大型风电场柔性直流输电接入技术研究与开发"项目的研究任务，并计划在南澳岛建设 200 兆瓦的三端柔性直流输电系统。在这个示范工程中将采用 MMC 换流器拓扑结构。国家电网公司计划在舟山开展五端柔性直流输电工程。深圳供电局已计划开展柔性直流配网的研究和示范工程。

7）大规模多端直流网络

大规模多端直流网络近些年非常受关注。在国外，如泛欧洲"超级电网"计划是要把整个欧洲的可再生能源与计划中的非洲及中东太阳能电场通过大规模多端直流网络整合在一起。在国内，南方电网公司已计划在南澳岛建设 200 兆瓦的三端柔性直流输电系统，国家电网公司也已计划在舟山开展五端柔性直流输电工程。

4. 产业化发展路线

1）预期目标

2012～2015 年：研究实现 100～500 兆瓦的小型多端柔性直流输电系统；完

成第 1 个城市直流配网示范应用项目。

2016~2020 年：研究实现超高压 1000~2000 兆瓦的大容量柔性直流输电系统；研究实现高电压大电流的直流断路器；研究实现高电压大电流的直流变压器；直流配电网关键装备可以实现产业化；直流配电网结合新能源发电可以在城市电网中得到产业化应用。

2021~2030 年：推广应用大容量柔性直流输电技术，形成采用直流进行区域分割的交直流混合电网。

2）发展效果预测

预计 15 年后，世界电网建设中将有超过 20％的资金投资于直流电网；掌握直流电网关键设备的核心技术，并在世界范围内具有一定的优势；直流电网将有效支持新能源的接入，显著提高电网的安全性和稳定性。

## （六）大容量高效电能储存技术及应用

### 1. 意义及其在智能电网中的地位

化石能源资源逐渐枯竭，人类社会正在走向可再生能源的规模利用时代。可再生能源发电时，功率、电压和频率的波动大，且会冲击电网，需要发展配套的高效储能技术。除了可再生能源发电领域，高效储能技术在输电、配电、用电等领域也可发挥重要作用。在输电环节，高效储能技术可以为电网安全稳定运行提供调频、调压以及功率控制等功能；在配电环节，高效储能技术可提供电能质量控制、动态无功支撑、黑启动、热备用等功能；在用电领域，高效储能技术可提供错峰用电、应急电源等功能。高效储能技术有望改变电能无法大量储存的现状，是智能电网调控发、输、配、用等环节的关键技术，是落实节能减排重大国策的重要途径之一。高效规模储能技术也可用于政府重要部门、军事基地等应急供电，增强要害部门抵抗事故、灾害和战争打击的能力。因此，开发高效的规模储能技术意义非常重大，而且非常迫切。

可用于规模储能的化学电源技术是指以化学能为中介转换电能的器件构建及其相关技术，因化学电源具有能量转换效率高、系统设计灵活、充/放电转换快、系统选址自由等诸多优势，已成为大规模蓄电领域的首选技术。有望用于规模储能的化学电源体系包括铅酸电池、金属氢化物镍电池、锂离子电池、钠硫电池、液流电池等，其性能各有优缺点。铅酸电池比能量较低、循环寿命短，但其安全性好、成本低，目前占有较大的市场份额。金属氢化物镍电池比铅酸电池比能量高约 50％，100％放电深度(depth of discharge，DOD)以循环 800~1000 次，但其正负电极材料成本居高不下，用于规模储能的性价比较低。锂离子电池能量密度较高，100％DOD 情况下循环寿命可达 1000 次以上，但其成本较高，安全性仍没有很好地解决。钠硫电池循环寿命较高，但需要在 300℃ 左右运行且不能停机，安全性也需要深度考验。液流电池循环寿命极长，虽比能量稍低，但规模储能的性价比很高。综合来看，改进的铅酸电池（铅炭电池等）、金属氢化物镍电池、锂离子电池及液流电池是规模储能技术的发展方向，具有较强的应用基础、较高的性价比和较好的技术成熟度。用于规模储能时，化学电源须具有高安全性、高转换效率、长循环寿命、低成本，还要求组合成高电压、高功率应用体系时保持这些性能，这些化学电源技术还需要在基础理论、关键技术及应用和产业研发方面做大量工作。

液流电池技术因其安全、循环寿命长而被认为是最适宜规模储能的化学电源技术。目前示范和研发的液流电池体系主要是全钒液流电池和锌溴液流电池，但上述两类体系均存在效率低、成本高、难以消除正负极电解液交叉污染等问题，限制了其商业化步伐和大规模应用。锌镍单液流电池正极为传统氧化镍电极，负极为沉积型锌电极，电解液为碱性锌酸盐溶液，单液流、成本低、无正负电极的交叉污染，循环寿命可达万次以上，可为我国智能电网和可再生资源发电的储电提供一种廉价而又性能适中的解决方案。锌镍单液流电池拥有自主知识产权，应用前景广阔，现已有美国研究单位开始跟踪研发。尽早实施锌镍单液流电池的工程化和产业化，对于我国液流储能技术和产业化发展具有重要的意义。

2. 核心技术

1）大容量、低成本和高安全性的储能电池技术

加强规模储能用化学电源关键材料、部件的自主研发能力，完善单体性能，提高单体一致性和产业化能力，构建适用的能量控制策略和配套调控装备，建立材料和器件配套供应体系，建设高水平的生产基地，形成模块化的电池模组及调控系统产业化能力，满足智能电网和可再生能源利用的迫切需求。

这方面涉及的关键技术包括以下几个方面。

（1）规模储能的化学电源关键材料开发和产业化。材料是构建规模储能的化学电源器件的基础，包括电极活性材料、集电材料、电解质相关材料以及封装辅助材料等。电极活性材料及电解质相关材料等是规模储能的化学电源的关键材料，需要首先建立关键材料供应链。开发规模储能的化学电源的关键材料，掌握结构与性能的影响因素、制备技术、质量控制方法等，结合工业和技术基础建立产业，从而为电池工程化奠定基础。

（2）规模储能的化学电源的工程化技术。规模储能化学电源系统在实际应用时的功率规模要求达到数十千瓦到数十兆瓦级，储能容量要求达到数兆瓦时至百兆瓦时。规模储能化学电源工程化首先要深刻认识和理解其组分单元、结构、分布特性对电池性能的影响规律，建立电池单体的实现方法和技术途径，要保证电池单体在实现和放大过程中性能不降低或降低不多。需要建立工艺技术、生产技

术和设备，通过模拟仿真、实验验证等手段构建和完善产业技术和评测技术。

（3）规模储能的化学电源的模块化技术。规模储能化学电源系统是由多个单体通过具备监控的串、并联组合形成的达到规定电压和功率的完整系统，其中组合单体而成系统的模块化技术是规模储能化学电源系统另一核心技术。需要开展电池模块化及其工艺实现研究，形成电池模组以及电池模组系列化产品。需要形成各种应用环境和工况下电池模块监控技术和性能预测能力，提供系列化、标准化的系统解决方案。

（4）规模储能的化学电源储用耦合调控技术。规模储能化学电源系统的应用涉及电网、储能电池、变流装置、用电负荷等多个组成单元，是化学化工、电力电子相互耦合的复杂动态系统，其运行特性与储能电池特性、电力变换器、电网结构、控制方式等多种因素相关。需要在保证系统安全稳定运行的基础上，评估和提升其运行效率、经济性及可靠性。需要研究储能系统运行理论与能量优化管理方法，深入认识和理解规模储能系统与电网及负载的耦合机理，利用储能技术的动态支撑能量，形成主动致稳技术。需要研究规模储能化学电源系统的应用评估方法，制定规模储能化学电源系统的应用策略及布局，提出配套政策法规的支持建议。

2）兆瓦级高效储能系统的集成和并网控制技术

这方面涉及的关键技术包括以下几个方面。

（1）兆瓦级高效储能系统海量电池先进管理技术。兆瓦级储能系统的储能单元往往由成千上万个单体化学电池通过串/并联构成，为确保电池性能良好，延长电池使用寿命，必须对电池进行合理有效的管理和控制。电池管理系统通常包含以下功能组成部分，即数据采集、剩余容量估算、均衡控制、热管理、安全管理和数据通信。纵观国内外的研究工作，现阶段的电池管理技术都是针对一般较小容量动力电池系统，如电动自行车和电动汽车，而兆瓦级储能系统具有容量大、电池数目多、并网电压等级较高等新特点，作为电池储能应用的关键技术之一，需要重点解决海量储能电池的均衡控制、高精度电量估算方法和电池安全管理等方面的问题。

（2）兆瓦级高效储能系统功率转换技术。功率转换系统是直流电池和交流电网连接的中间环节，是储能系统能量控制的核心。目前，大容量电池储能系统的功率变换器多采用多台50～500千瓦变换器并联的方式实现，存在效率低、控制复杂、并网电压受限、难以扩展等缺点。兆瓦级高效储能系统功率转换技术需要研究适合大容量储能系统的高效率功率转换系统的体系结构、功率转换系统簇内电池单元间的均衡控制策略、功率转换系统簇间的均衡控制策略、功率转换系统有功/无功解耦控制策略、功率转换系统的冗余方法及冗余控制策略、功率转换系统的扩容方法及其控制策略、功率转换系统低电压穿越技术、功率转换系统交直流侧故障处理及保护技术、孤岛检测与运行模式无缝切换技术、电网异常情况

(三相不平衡、电压跌落等)下功率转换系统运行控制策略、适合储能电站的电气设计和散热设计技术。

(3)兆瓦级高效储能系统高级应用技术。作为一个新型的输变电设备,高效储能系统在配置的灵活性、功率动态响应速度、运行模式的多样性等方面有别于传统的电力设备,其并网运行缺乏成熟的经验。兆瓦级高效储能系统高级应用技术需研究储能系统完成削峰填谷、调频、调压、孤岛运行、提高配电网电能质量等一系列高级应用功能的实现方法;研究大容量储能系统与大容量分布式电源间的协调控制技术;研究大容量储能系统的紧急控制技术;研究基于大容量储能系统的电网故障恢复技术。

3. 现有基础

电能的大规模存储作为储能技术的重要方面,长期以来广受世界各国的关注。电能的存储与电池技术的发展密不可分。目前,全世界范围内的大容量锂离子电池储能系统处于研究与初步应用阶段。2008年,美国A123 Systems公司开发出H-APU柜式磷酸铁锂电池储能系统,主要用于电网频率控制、系统备用、电网扩容、系统稳定、新能源接入等服务;2009年,该公司为AES Gener在智利的阿塔卡马沙漠的Los Andes变电站提供了12兆瓦的电池储能系统,并投入商业运行,主要用于调频和系统备用。

在国内,深圳比亚迪公司2009年开发出基于磷酸铁锂电池储能技术的200千瓦×4小时柜式储能电站和1兆瓦×4小时储能示范站(实际投运330千瓦),其应用方向定位于削峰填谷和新能源灵活接入。2011年,南方电网公司投资建设的5兆瓦×4小时深圳宝清电池储能站正式投运,是国内第一个并网运行的兆瓦级电池储能站。目前,国家电网公司在张北正在建设32兆瓦的电池储能站,投运后将是国内最大的电池储能站。

为确保电池性能良好,延长电池使用寿命,必须对电池进行合理有效的管理和控制,为此,国内外均投入大量的人力、物力开展广泛深入的研究。我国在"十五"期间设立电动汽车重大专门研究项目,经过几年的发展之后,在电池能量管理系统(battery management system,BMS)方面取得很大的突破,达到与国外较为接近的水平。综合国内外的研究工作,现阶段的电池管理技术都是针对一般较小容量动力电池系统,如电动自行车和电动汽车,其BMS通常包含以下功能组成部分,即数据采集、剩余容量估算、均衡控制、热管理、安全管理和数据通信。作为电池储能应用的关键技术之一,BMS近年来已经有很大的提高,很多方面都已进入实际应用阶段,但有些部分仍然不够完善,尤其是在采集数据的可靠性、均衡措施、荷电状态(state of charge,SOC)估算精度和安全管理等方面都有待进一步改进和提高。

功率转换系统是直流电池和交流电网连接的中间环节,是储能系统能量控制的核心。储能系统中应用的功率转换系统主要有四种结构形式，即 DC/AC 单级结构、单级并联结构、DC/DC＋DC/AC 双级结构、多 DC 接入双级结构。DC/AC 单级结构是将电池组直接接于功率变换器直流母线端，再经功率变换器逆变后接入电网。该形式变换器输出电压一般≤AC 690 伏，系统容量受到限制。单级并联结构将多个 DC/AC 单级结构的交流输出端并联以实现扩容，其本质与 DC/AC 单级结构相同。DC/DC＋DC/AC 双级结构将电池电压经第一级的 DC/DC 变换后得到稳定的直流电压，再经过 DC/AC 变换器逆变后接入电网。加入 DC/DC 稳压环节，消除了电池电压变化对后级 DC/AC 变换器控制的影响。但增加的 DC/DC 环节也增加了开关损耗、体积和成本，降低了效率。多 DC 接入双级结构将多个电池组经 DC/DC 升压后并联在一起，接于一个 DC/AC 变换器直流母线端，逆变后接入电网，其缺点与 DC/DC＋DC/AC 双级结构类似。

　　大容量电池储能系统并网运行在国内外都处于探索研究阶段，如何充分利用电池储能系统快速灵活地控制功能，为电网高效、可靠运行提供帮助，是电池储能系统高级应用控制研究的核心问题。从国内外研究情况看，电池储能系统在电力系统中可发挥的主要功能包括：①削峰填谷；②孤岛运行；③系统调频；④无功支撑；⑤热备用；⑥阻尼控制；⑦电能质量治理；⑧新能源接入控制。目前，国外并网运行的电池储能电站大多侧重一种或相近的一两种功能模式。清华大学研究开发的电池储能系统高级应用控制软件考虑了储能电站削峰填谷、孤岛检测、动态调频、动态调压、新能源接入、电能质量治理等多种功能模式的控制策略及其参数选取规律，实现了电池储能站多种高级应用功能的综合协调管理方案，有效解决了储能电站多种运行模式之间可能存在的功率需求不一致的矛盾，该模式已成功应用于南方电网深圳宝清电池储能站。

　　4. 产业化发展路线

　　1) 预期目标

　　2012～2015 年：关键技术研发，掌握工程化技术，初步具备演示示范能力。

　　2016～2020 年：系统级产品的进一步完善，形成规模装备产业能力和评价能力；具备规模储能电源系统的运行和保障能力，推广应用并逐渐主导规模储能系统。

　　2021～2030 年：大容量电能存储技术的可靠性、经济性等具备大规模推广应用的条件，并在电力系统中获得广泛应用。

　　2) 发展效果预测

　　形成规模储能电源及其产品系列；在智能电网及可再生能源利用中植入规模储能电源并获得耦合调控能力，形成主动致稳技术。

# 五、智能电网产业培育与发展保障措施

智能电网产业的发展既需要关键技术的攻关和突破，又需要相关支持政策的落实，是一项复杂的系统工程，涉及政策、资金、科技、人才、管理等诸多方面，需要在政府的组织领导下，协调各方面力量共同推进。具体措施有以下几个方面。

(1)加强组织领导，完善管理机制。建立多部门的协调机制，加强各部门之间、电网与发电企业之间、电网与电力用户之间、国际与国内之间的联动和协调。加强科技行动的顶层设计，结合国家清洁能源发展战略和规划的实施，统筹部署智能电网的技术研发和示范应用。

(2)加强技术合作和集成创新，努力营造有利于自主创新的智能电网技术研究开发环境。建立智能电网产业技术创新战略联盟，分别由电网公司、高校与研发机构、设备制造企业、能源公司、大型能源用户等牵头组织落实一批重大技术攻关项目，尽可能避免任何形式的技术或行业垄断情况的发生。

(3)在有基础的高等院校、科研机构、企业等建立国家重点实验室和工程中心，在有条件的地区布局产业化基地。加强与国家重大科技专项和相关科技计划的结合，充分集成现有的创新成果和资源；集成国内优势科研力量，加强与国家重点工程建设的衔接，依托国家重大工程和清洁能源基地开发，开展智能电网的示范建设。

(4)充分发挥国家高新技术产业开发区、国家级高新技术产业化基地的作用，加快成果产业化，推动创新型产业集群建设工程，围绕主要目标，合理选择技术路径和产业路线，采取有效措施，促进产业集群的形成和创新发展。

(5)制定智能电网技术相关的研发和应用鼓励政策，营造有助于新技术应用的社会和经济环境，使得智能电网技术逐渐成为可以改变人们工作和生活方式、显著提升全社会节能减排水平的不可或缺的技术。

## 参考文献

国家电网公司 . 2012. 国家电网公司"十二五"科技规划 .

李祥珍 . 2010. 借助物联网构建坚强智能电网 . 世界电信，(6)：39-41.

南方电网公司 . 2014. 南方电网公司"十二五"科技发展规划(修编稿) .

余贻鑫，栾文鹏 . 2009. 智能电网 . 电网与清洁能源 . 25(1)：7-11.

中国工程院，国家自然科学基金委员会 . 2010. 智能电网工程科技中长期发展战略规划 .

第六章

# 风电产业

当今世界，能源与环境问题并列成为人类社会共同面临的重大挑战，影响着人类社会发展的进程与未来（路甬祥，2007）。缓解能源危机、开发可再生能源、实现能源的可持续发展成为世界各国能源发展战略的重大举措。风电作为可再生能源中现阶段能大规模商业化应用的重要类别，在世界各国发展迅速。最近十几年，我国风电产业发展迅速，目前已是世界风电装机量最大的国家，但我国风电产业也面临着一些问题，还需要在政策和社会资本的支持下促进风电产业的可持续发展。

## 一、风电产业发展现状和趋势

### （一）风电产业的基本概念与范畴

风力发电是指将风能转变为电能，使之能够为人类所利用的过程。风电产业涵盖了与风力发电有关的工业生产及科学研究的内容，包括风力发电设备的零部件、整机、相关的电气设施的设计和制造，设备的运输和安装，风电并网技术及设备等，但不包括并网之后的输电与配电过程。随着非并网风电需求的不断提高，在非并网条件下，风电产业还涵盖了分散式的入户接入、局域微电网的建设等。此外，围绕风电领域展开的科学研究也属于风电产业的范畴。

### （二）风电产业全球发展现状及趋势

#### 1. 发展迅速

风能利用的历史久远，但现代风力发电技术的研究却是从 20 世纪 70 年代开始的；在 90 年代之后得到了快速发展；从 90 年代之后到 2009 年，国际上风电行业呈现高速扩张的形势。如图 6-1 和图 6-2 所示，从 1996 年开始风电每年的新增装机量都在不断提高。2002～2011 年的十年间，年均增长率为 22%。2009 年以后，受国际金融危机和风电行业开始向新阶段过渡等多重因素的影响，风电行业发展速度减慢，风电技术和应用领域也开始呈现出新阶段的特点，设备供应商更加注重质量与服务。在这期间，年新增装机量保持稳定。截至 2013 年，全球总装机容量达到 318 137 兆瓦，当年新增装机量为 35 467 兆瓦，与 2012 年相比有所下降，这也是该领域自诞生以来新增装机首次出现下降。全球风电市场出现放缓（GWEC，2014），但是根据全球风能理事会（Global Wind Energy Council，GWEC）预计，2014 年全球风电市场将回暖，全球新增装机将达到 47 300 兆瓦。

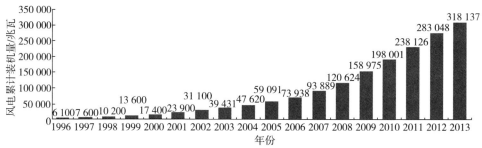

图 6-1　全球风电累计装机量统计

资料来源：全球风能理事会

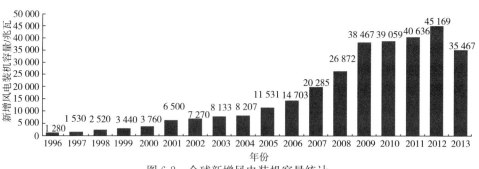

图 6-2　全球新增风电装机容量统计

资料来源：全球风能理事会

对于风电行业未来的发展目标，欧洲与北美的国家提出了很高的要求。丹麦《能源法》提出，丹麦 2030 年风电装机量要达到 5500 兆瓦，发电量占全国总发电量的 50%；英国 2020 年陆上风电装机容量要达到 13～14 吉瓦、海上风电达到 50 吉瓦；法国风能发展短期目标是 2012 年装机容量达到 11 500 兆瓦，中期目标是到 2020 年装机容量达到 25 000 兆瓦（GWEC，2014）。根据加拿大风能协会（Canadian Wind Energy Association，CanWEA）所发布的报告，到 2025 年，风电在加拿大的总体能源结构中将占到 20% 以上的比重（GWEC，2014）。IEA 在

2013 年年底发布了《风电发展路线图 2013》，其中提到，到 2050 年，风电在全球发电量中所占比例由目前的 2.5% 提高到了 15%～18%，装机量则由目前的 300 吉瓦增加到 2500～2800 吉瓦。同时路线图也提到，到 2050 年陆上风电的成本要比现在降低 25%，海上风电成本降低 45%，需要在设计、材料、制造技术和可靠性方面付出更多的努力。

### 2. 区域分布

中国、德国、英国分列新增装机容量排名前三，分别为 16 100 兆瓦、3238 兆瓦和 1883 兆瓦，如图 6-3 所示。

导致 2013 年新增容量下降的主要原因是美国风电税额抵免（production tax credit，PTC）政策在 2012 年年底中断，这项政策曾在过去的 20 年间抵消了风电机组设备 30% 的建设成本，再与美国多个州实行的可再生能源配额政策协作，成功助推美国风电市场的快速发展。生产税抵免政策中断后美国风电市场的重创源于高额成本以及不稳定的风能资源，在风电的发展上，全球范围内都必须解决成本和技术上的问题。据全球风能理事会判断，美国的装机将在 2014 年回归正轨。

加拿大在 2013 年风电增势异常强劲。来自全球风能理事会的数据显示，2013 年加拿大累计装机为 780 万千瓦，在全球国家中排名第九，新增装机达到了 160 万千瓦时，位列第五，同比增长 22.4%。欧洲新增装机 2013 年增长率达到 8%，主要集中在德国和英国。

印度已经出台了新的国家"风电任务计划"（WindMission），巴西在 2013 年通过招标项目等方式确定了 4700 兆瓦的新项目。而墨西哥的电力体制改革也将极大地促进风电市场未来几年的发展。尽管 2013 年非洲仅实现了 90 兆瓦的新增装机，但在 2014 年，南非、埃及、摩洛哥、埃塞俄比亚、肯尼亚和坦桑尼亚将迎来风电市场的繁荣。

### 3. 成本降低

风力发电的成本降低与风能产业规模扩大以及制造业重心向中国转移有关。1981～2002 年，风电成本由 15.8 欧分/千瓦时下降到 4.04 欧分/千瓦时，2010 年降至 3 欧分/千瓦时左右，到 2020 年左右，风电成本预计将降低到 2.34 欧分/千瓦时左右（国家发改委能源研究所可再生能源发展中心，2007）。

## （三）中国风电产业发展现状及趋势

根据中国风能协会（Chinese Wind Energy Association，CWEA）统计，2013 年，中国（不包括台湾地区）新增装机容量 16 088.7 兆瓦，同比增长 24.1%；累计装机容量 91 412.89 兆瓦，同比增长 21.4%。新增装机和累计装机两项数据均

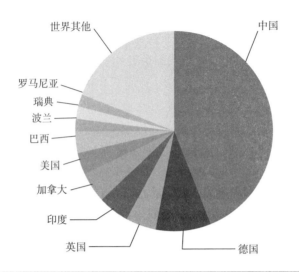

| 国家 | 新增装机量/兆瓦 | 占全球比重/% |
| --- | --- | --- |
| 中国** | 16 100 | 45.4 |
| 德国 | 3 238 | 9.1 |
| 英国 | 1 883 | 5.3 |
| 印度 | 1 729 | 4.9 |
| 加拿大 | 1 599 | 4.5 |
| 美国 | 1 084 | 3.1 |
| 巴西* | 948 | 2.7 |
| 波兰 | 894 | 2.5 |
| 瑞典 | 724 | 2.0 |
| 罗马尼亚 | 695 | 2.0 |
| 世界其他 | 6 573 | 18.5 |
| 全球前10总计 | 28 894 | 81.5 |
| 全球总计 | 35 467 | 100.0 |

图 6-3　2013 年全球新增装机前 10 位国家统计

注：** 表示临时数据；* 表示项目已经完成，部分项目已联网

资料来源：全球风能理事会

居世界第一，如图 6-4 所示。中国风电的新增装机容量在经历连续 2 年下降之后，于 2013 年开始回升。这说明中国的风电行业在经历了行业的深度调整期之后进入复苏期。

2013 年，中国风电新增装机容量排名前 20 的企业占据了国内 96％的市场份额，其中，新疆金风科技股份有限公司（简称金风科技）新增装机容量排名保持第

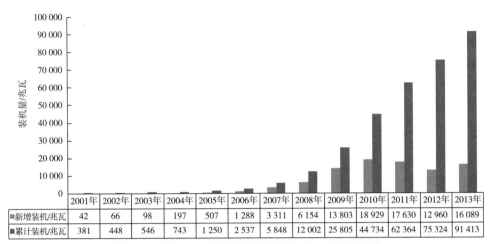

图 6-4　截至 2013 年中国新增及累计风电装机量统计

一，达到 3 750.25 兆瓦，占据 23.3％的市场份额。其次为国电联合动力技术有限公司、中国明阳风电集团有限公司、远景能源科技有限公司和湘电风能有限公司，如表 6-1 所示。

表 6-1　2013 年风电整机制造厂商总装机量统计

| 序号 | 制造商 | 装机容量/兆瓦 | 装机容量占比/% |
|---|---|---|---|
| 1 | 金风科技 | 3750.25 | 23.3 |
| 2 | 联合动力 | 1487.5 | 9.2 |
| 3 | 明阳风电 | 1286 | 8.0 |
| 4 | 远景能源 | 1128.1 | 7.0 |
| 5 | 湘电风能 | 1052 | 6.5 |
| 6 | 上海电气风电设备有限公司(简称上海电气) | 1014 | 6.3 |
| 7 | 华锐风电科技(集团)股份有限公司(简称华瑞风电) | 896 | 5.6 |
| 8 | 中海重工(重庆)海装风电设备有限公司 | 786.7 | 4.9 |
| 9 | 东方汽轮机有限公司 | 573.5 | 3.6 |
| 10 | 浙江运达风电股份有限公司(简称运达风电) | 538.75 | 3.4 |
| 11 | 维斯塔斯风力技术公司 | 507.7 | 3.2 |
| 12 | 沈阳华创风能有限公司风力发电机 | 474 | 2.9 |
| 13 | 南车株洲电力机车研究所有限公司 | 343.45 | 2.1 |
| 14 | 浙江华仪风能开发有限公司(简称华仪风能) | 314.1 | 2.0 |
| 15 | 太原重工股份有限公司 | 293 | 1.8 |

续表

| 序号 | 制造商 | 装机容量/兆瓦 | 装机容量占比/% |
|---|---|---|---|
| 16 | 歌美飒风电(天津)有限公司 | 256.75 | 1.6 |
| 17 | 三一重工股份有限公司 | 219.5 | 1.4 |
| 18 | 许昌许继风电科技有限公司 | 216 | 1.3 |
| 19 | 通用电气风能传动科技公司 | 174.4 | 1.1 |
| 20 | 久和能源科技有限公司 | 146 | 0.9 |
| | 其他 | 631 | 3.9 |
| | 总计 | 16 088.7 | 100 |

资料来源：中国可再生能源协会风能专业委员会，2013 年

从地域分布上来看，国内风电仍然主要分布在三北(华北、西北和东北)地区及华东沿海地区等传统风资源发达的地区，如图 6-5 所示。按省份统计，内蒙古仍然是累计装机容量最多的省份，截至 2013 年，累计装机量为 20 270.31 兆瓦。2013 年的新增装机是新疆最多，达到 3146 兆瓦。在三北地区风电开发的重点已从内蒙古向新疆转移。

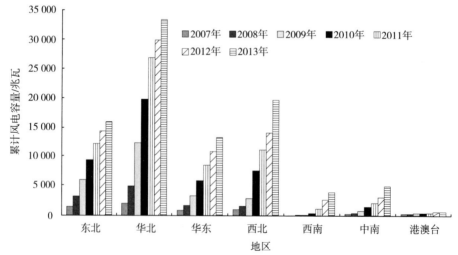

图 6-5　国内各主要地区累计风电容量统计

资料来源：CWEA

2013 年，中国风电设备利用小时达到 2080 小时，同比提高 151 小时，弃风程度明显减轻。全国风电并网发电量为 1401 亿千瓦时，同比增长 36.3％，约占全年社会用电量的 2.6％(中国电力工业联合会，2014)。发电量占比还很低，发展空间仍很大。

风电机组出口方面，2013 年，共有金风科技、华锐风电、明阳风电等 7 家中国风电机组制造商向国外出口风电机组，容量达 692.35 兆瓦，同比增长60.8%。截至 2013 年年底，我国已累计出口的风电机组总容量达到 1392.5 兆瓦，出口国家由 2012 年的 19 个扩展到 27 个。中国风电机组制造商在"走出去"方面取得明显突破。

海上风电方面，海上风电已经成为未来中国风能发展的一个主要方向。陆上的优势风资源区已经获得了比较充分的开发，一、二类风区已基本开发完毕，目前陆上风电的开发重点为三、四类风区。因此，海上风电成为风电产业未来发展的主要领域。2013 年，中国海上风电进展缓慢，仅有东汽、远景和联合动力 3 家企业在潮间带项目上有装机，新增容量 39 兆瓦，同比降低 69%。截至 2013 年年底，中国已建成的海上风电项目共计 428.58 兆瓦，如图 6-6 所示。

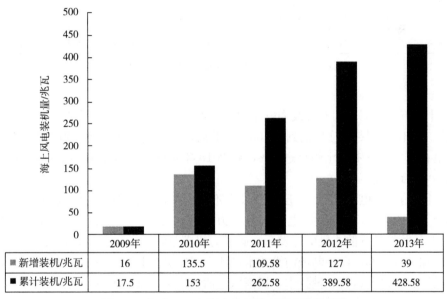

| | 2009年 | 2010年 | 2011年 | 2012年 | 2013年 |
|---|---|---|---|---|---|
| ■ 新增装机/兆瓦 | 16 | 135.5 | 109.58 | 127 | 39 |
| ■ 累计装机/兆瓦 | 17.5 | 153 | 262.58 | 389.58 | 428.58 |

图 6-6　截至 2013 年年底中国海上风电装机情况
资料来源：CWEA

2013 年我国新增海上风电装机全为潮间带项目。截至 2013 年年底，我国潮间带风电装机容量达到 300.5 兆瓦，近海风电装机容量为 128.1 兆瓦，如图 6-7所示。

2013 年 1 月 1 日，国务院正式印发了《能源发展"十二五"规划》，提出了一系列发展目标，其中"非化石能源消费比重从 2010 年的 8.6% 提升至 2015 年的11.4%"作为约束性目标被提出。这一比重从 2010 年的 8.6% 回落至 2011 年的8%，2012 年又增至 9.1%，两年累计增幅只有 0.5 百分点。在国务院的《能源发

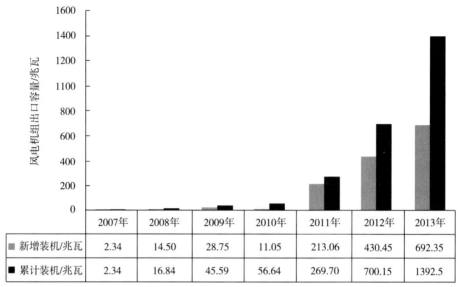

图 6-7  截至 2013 年中国风电机组出口情况统计

资料来源：CWEA

| | 2007年 | 2008年 | 2009年 | 2010年 | 2011年 | 2012年 | 2013年 |
|---|---|---|---|---|---|---|---|
| ■ 新增装机/兆瓦 | 2.34 | 14.50 | 28.75 | 11.05 | 213.06 | 430.45 | 692.35 |
| ■ 累计装机/兆瓦 | 2.34 | 16.84 | 45.59 | 56.64 | 269.70 | 700.15 | 1392.5 |

展"十二五"规划》和国家发改委发布的《可再生能源发展"十二五"规划》中均提出，到 2015 年风电装机总量达到 10 000 万千瓦，年发电量则达到 1900 亿千瓦时，风电在电力消费中的比例超过 3%，到 2015 年年底，风电整机年生产能力要达到 3000 万千瓦。

同时，《风电发展"十二五"规划》中还提出要加快推进海上风电的发展，到 2015 年，实现全国海上风电投产 500 万千瓦，在建 500 万千瓦（国家能源局，2012)，并鼓励分散式风电开发，突破风力机翼型设计关键技术；攻克风电机组整机和关键零部件设计制造前沿技术；建立国家级公共测试系统；掌握大型风电场设计、建设及运营关键技术，提高风电消纳水平，推动风电应用示范等政策支持，以全面提升我国风电行业的整体水平。

2011 年 10 月，国家发改委能源研究所与 IEA 在国内有关机构的研究报告《中国风电发展路线图 2050》中提出，到 2020 年、2030 年和 2050 年，中国风电装机容量将分别达到 2 亿千瓦、4 亿千瓦和 10 亿千瓦，风电将成为中国的五大电源之一；未来风电布局的阶段重点是：2020 年前，以陆上风电为主，开展海上风电示范；2021~2030 年，陆上、近海风电并重发展，并开展远海风电示范；2031~2050 年，实现在东、中、西部陆上风电和近远海风电的全面发展（国家发改委能源研究所，2011)。

### （四）中国风电产业布局

目前，中国并网型风电产业采用的技术为水平轴、上风向、变桨变速。按照叶片数量分类，可分为 2 叶片风电技术、3 叶片风电技术，3 叶片风电技术为市场主流，占据 95％ 以上的市场份额；按照传动链技术分类，可分为直驱、半直驱和多级齿轮传动风电技术，其中，半直驱风电技术产业化程度较低，直驱和多级齿轮传动风电技术占据 98％ 以上的市场份额，但直驱和多级齿轮传动风电技术在市场上仍没有分出高下。

风力发电机组的关重零部件主要包括叶片、齿轮箱、变流器、发电机和轴承。国内的零部件生产企业主要集中在江苏、天津和北京等地。整机制造基地则主要分布在风能资源较为丰富的地区，以方便运输与吊装。整机制造厂家主要集中在内蒙古、江苏和山东等地。

在《风电发展"十二五"规划》中，对风能资源分布集中的地区规划了若干大型风电基地，分布于新疆、甘肃、蒙西、蒙东、吉林、河北、江苏、山东、黑龙江等省市或地区。

## 二、中国风电产业培育现状与展望

据不完全统计，随着国外陆地风力发电技术的成熟以及我国风电机组市场前景的逐步明朗，2005～2007 年，国内 70 多家有实力的企业采用许可证的方式或合作设计的方式引进风电机组技术、进入风电机组整机制造领域。之后，随着并网型风电机组的大规模装机以及零部件、整机企业的激烈市场竞争，中国风电技术快速发展、风电产品质量快速提高，在世界风电行业占据重要地位。中国企业开始大规模地进入风电行业之后，对整个行业起到了深远的影响。

### （一）中国风电技术对世界的贡献

#### 1. 世界范围内的风电设备成本降低，与中国进入风电产业密切相关

由于中国制造业在风电产业中增加了"中国制造"的元素，为风电产业提供了大量高品质、低价格的风电设备，使全行业的设备价格下降，直接降低了风力发电的度电成本，为风电产业带来了显性价格优势，使全球范围内的风电产业开始逐步具备与常规能源相竞争的实力。

#### 2. 促进了大功率风电机组的加速发展

如图 6-8 所示，2007 年以前，大型风力发电设备的研制工作主要由国外企业完成。2006 年以后，一批有实力的中国企业加入大功率风电机组的研发，极

大地提高了大功率风电机组的发展速度。

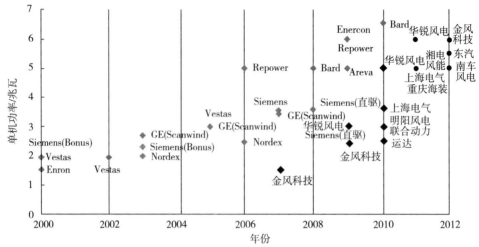

图 6-8　全球兆瓦级风电机组研制进程

注：圆形表示 2011 年以后的机组；深色菱形表示国内厂商；浅色菱形表示国外厂商

资料来源：贺德馨. 中国风能发展现状与展望，2012

3. 首次将永磁直驱技术大规模商业化

永磁直驱式风电机组机舱布局紧凑、传动链结构简单，但永磁直驱技术发电机的成本比较高，在国外一直未能大规模商业化应用，即使电励磁直驱式风电技术也只有德国 Enercon 开展大规模商业化应用。金风科技和湘电风能等企业成功地将直驱技术运用到了大功率机组上并实现了大规模的商业化，对提升全球风电行业的技术水平做出了突出贡献。

4. 拓展风电技术适用环境

现代风电技术诞生于欧洲，而欧洲气象条件好，气候温润，没有沙尘和低温环境，空气密度恒定、变化不大，而中国多山、有沙漠、纬度分布广、存在高海拔地区。中国的风电机组可能需要在有风沙、−30℃以下的低温环境、低空气密度、台风等更恶劣的环境中运行。中国风电设备制造企业根据中国的气象气候条件，开发出低温型、高原型、台风型及防沙尘等风电机组，并开始考虑空气密度影响，对风电机组的速度转矩控制参数进行了优化。中国企业拓展了风电技术适用环境，为风电技术在世界范围更大规模的应用打下了良好的基础。

5. 更大的风轮直径

面积就是发电量。随着设计、制造和控制技术的进步，在叶片不变的情况下，风电机组的载荷（极限、疲劳）可能降低。之前，更多的是提高风电机组的额定功率,而中国企业采用了更大的风轮直径。例如,2 兆瓦风电机组为适用于 IEC[①]-Ⅲ类风区的风轮直径从最初引进时的 93 米,逐步加大到 100 米、102 米、105 米、108 米,甚至可能加长到 120 米。通过采用更大的风轮直径,降低了风电成本,提高了风电技术的竞争优势并得到世界范围的认可。

6. 电网适应性技术

电网适应性技术,如低电压穿越(low voltage ride through,LVRT)。欧洲标准中规定了风电机组需要具备低电压穿越能力,但 2011 年以前中国国内缺乏相应的标准,早期的风电设备大多数并不具备低电压穿越功能,2011 年下半年,国家能源局制定了风电并网的新标准,要求所有并网风机都必须具备低电压穿越能力,并对所有已装机设备进行改造,提高了电网适应能力。在此之后,中国正在研究将零电压穿越、高电压穿越等技术要求加入风电标准。中国的风电设备的电网适应标准已经达到并超过欧洲,开始引领行业发展的方向。

## (二)风电技术研究发展中心

进入 21 世纪之后,国家对风电产业的发展越来越重视,对风电技术的研发投入也越来越大,在整机研制、零部件设计制造、并网技术、运营技术等方面成立了多个国家级研发中心,如表 6-2 所示。

表 6-2　国家级风电技术研发中心(重点实验室)

| 名称 | 部委 | 成立或批准时间 | 依托单位 |
| --- | --- | --- | --- |
| 国家风力发电工程技术研究中心 | 科技部 | 2004 年 10 月 | 金风科技 |
| 风电设备及控制国家重点实验室 | 科技部 | 2010 年 1 月 | 联合动力 |
| 国家海上风力发电工程技术研究中心 | 科技部 | 2010 年 1 月 | 中船重工(重庆)海装风电设备有限公司 |
| 风力发电系统国家重点实验室 | 科技部 | 2010 年 6 月 | 运达风电股份有限公司 |
| 海上风力发电技术与检测国家重点实验室 | 科技部 | 2010 年 10 月 | 湘电集团 |
| 新能源电力系统国家重点实验室 | 科技部 | 2011 年 3 月 | 华北电力大学 |
| 国家能源风电叶片研发(实验)中心 | 国家能源局 | 2009 年 2 月 | 中科院工程热物理研究所 |
| 国家能源海上风电技术装备研发中心 | 国家能源局 | 2010 年 1 月 | 华锐风电 |
| 国家能源大型风电并网系统研发(试验)中心 | 国家能源局 | 2010 年 1 月 | 中国电力科学研究院 |
| 国家能源风电运营技术研发中心 | 国家能源局 | 2010 年 7 月 | 龙源电力集团股份有限公司 |

①　IEC 为 International Electrotechnical Commission 的缩写,即国际电工委员会。

| 名称 | 部委 | 成立或批准时间 | 依托单位 |
|---|---|---|---|
| 国家能源风力发电机研发（实验）中心 | 国家能源局 | 2010 年 7 月 | 湘潭牵引电气设备研究所 |
| 国家风电技术与检测研究中心 | 国家能源局 | 2010 年 12 月 | 国家电网公司 |

（1）国家风力发电工程技术研究中心。其主要任务包括对中国风电领域的关键技术开展技术攻关、自主知识产权风力发电技术的研究、风力发电技术研发成果产业化、风电行业技术人员和管理人员培训、开展国际合作与交流、促进国内风电产业的迅速发展。

（2）风电设备及控制国家重点实验室。其有四个研究方向：①风电机组整机设计及仿真系统技术研究；②传动链抗疲劳设计及先进制造技术研究；③风轮叶片翼型及气动结构设计技术研究；④风电机组控制系统及并网技术研究。

（3）国家海上风力发电工程技术研究中心。其主要任务包括：第一，海上风电装备系统设计、集成制造、海洋环境等重大关键和共性技术研究，为海上风电装备设计制造和工程建设提供成套技术解决方案，并对研究成果进行系统化、配套化和工程化开发。第二，聚集和培养海上风电装备研究、设计和制造的高层次工程技术人才和管理人才，实现技术、人才和经济良性循环。

（4）风力发电系统国家重点实验室。其研究方向为风力发电机组总体设计技术、风力发电系统控制技术、风力发电机组检测和试验技术以及海上风电关键技术等。

（5）海上风力发电技术与检测国家重点实验室。其主要研究方向为：①适合于海上及近海风场的大型风力发电机组关键技术研究；②大型直驱永磁风力发电机关键技术研究；③大型双馈风力发电机关键技术研究；④机组控制、变流、并网关键技术研究等。

（6）新能源电力系统国家重点实验室。面向我国规模化新能源开发利用重大需求，聚焦新能源电力系统重大科技问题，将以多学科交叉为基础开展创新性研究。主攻新能源电力系统安全、经济运行的基础和应用基础理论，深入研究规模化风能、太阳能等新能源电力接入后对电力系统的影响与交互作用机理，建立大时间尺度紧密耦合且具有强随机性的复杂电力系统分析、控制理论与方法的科学研究体系，为我国能源可持续发展以及新能源战略性新兴产业发展提供科技支撑。

（7）国家能源风电叶片研发（实验）中心。其主要任务包括：①建设兆瓦级以上大型及超大型风电叶片设计、制造及工艺技术为主的核心技术研发创新平台；②为风电叶片产业的发展提供核心技术和装备。

（8）国家能源海上风电技术装备研发中心。重点建设海上风电技术装备研发中心、大型海上及潮间带风电技术装备实验中心、三兆瓦机组试验台、超大型风电机组试验台、移动式风电机组测试分析系统和潮间带风电机组运输装备试验场等六个研发平台。

（9）国家能源大型风电并网系统研发（实验）中心。主要开展风电并网规划仿真技术、风电功率预测及数值天气预报技术、风电优化调度和运行控制技术等风电并网关键技术研究和风电机组试验检测工作，建立完善的风电试验检测能力，并建成国家风电试验基地。

（10）国家能源风电运营技术研发中心。围绕风电的全产业链，结合国家能源发展战略，重点研究适合我国环境特点和地形条件的风电场开发及运营、海上风电场运行维护等关键技术，全面提升我国风电场的设计、施工及运行管理水平。

（11）国家能源风力发电机研发（实验）中心。加强我国能源领域风电行业风力发电机等电气设备的关键技术研究、产品研发、风力发电机型式试验能力和风电标准、检测、认证体系的公共服务平台建设，使我国风电行业风力发电机等关键电器设备的试验检测能力达到国际先进水平。

（12）国家风电技术与检测研究中心。其建设任务主要包括风电技术研究能力建设、移动式检测能力建设和风电试验基地建设三方面，为研究风电并网相关问题和开展风电检测工作提供技术手段，并为风电并网标准与规程的制定与修订提供科学依据，从而提高电网接纳风电能力，并保证电网安全稳定运行。

## （三）风电产业发展重点案例

在风电行业的整机制造企业中，主要有多年从事风电行业的老牌企业、通过市场运作快速提高份额的新兴企业、从产业链的上游或下游延伸至整机制造的企业，以及借助其他相关行业的技术积淀进入风电行业的企业等多种类型，产业链的其他位置也类似。在行业低迷的时期，这些企业都受到了不同程度的影响，但是从长远上来看，自身拥有核心技术、研发实力较强的企业在未来将会有更大的发展空间。

### 1. 老牌风电企业

老牌风电企业是指长期从事风电行业的公司，通常在 2000 年以前便在从事风能开发的研究工作。其典型的例子是金风科技和运达风电等。

金风科技是老牌风电企业，在风电行业已经有超过 20 年的从业经验。其主要股东之一是 1988 年以新疆水利水电所为基础成立的新疆风能公司，在 1989 年 10 月实现了达坂城风电场的并网发电。1998 年成立新疆新风科工贸有限公司，1999 年完成 600 千瓦机组研制，2001 年增资改制，变更为金风科技。

运达风电前身是浙江省机电研究院风电研究所。运达风电从事风力发电机组技术研究、产品研发已有近 40 年的历史。2001 年成立运达风电,并由科技部授牌成立了"风力发电系统国家重点实验室"。

这类公司技术积淀比较深厚,一旦抓住行业快速发展期的机遇,就会表现出很强的后劲。2011 年之后虽然也受到行业形式的影响,但金风科技和运达风能的国内外市场仍保持着平稳发展。

### 2. 快速发展的新兴企业

通过向国外购买图纸或合作开发快速占领市场,获得市场份额优势之后再利用资金和社会资源的优势,通过加强研发强化自身的技术实力,这是当前风电企业最主要的一类发展模式,如华锐风电等。

华锐风电成立于 2006 年,是风电行业发展最为迅速的企业,仅三年时间(到 2009 年)便跃居国内装机量排名第一,全球第二。从 2007 年 2 月组建研发团队开始设计 3 兆瓦海上风电机组,华锐风电在短短三年内完成了 3 兆瓦机组研制、批量生产以及项目工程化、商业化。2010 年 1 月 6 日,华锐风电负责建设的"国家能源海上风电技术装备研发中心"正式获得国家能源局授牌。2011 年华锐风电 6 兆瓦海上风电机组下线。

这类企业由于发展步伐快,技术根基较为薄弱,仅有华锐风电等少数企业比较重视研发,并且能够借助市场规模优势积累一定的技术实力。在 2011 年行业下滑时,此类企业受到的影响也最为严重。华锐风电本身也在 2011 年以后暴露出一些技术积累不足而带来的问题,如发生了多起安全事故,上市后其财务状况出现了很大的波动。

### 3. 产业链延伸企业

这类企业指从产业链上游的零部件厂商或下游的发电厂商延伸到整机制造领域的企业,典型企业是联合动力和华仪风能。

联合动力隶属于中国国电集团,成立于 2007 年。由于有发电企业的背景,联合动力对并网技术的理解远比行业内其他单纯的设备制造商要深刻得多,并且也有雄厚的资金支持,因而发展非常迅速。在 2011 年行业低迷时期,联合动力逆势而上,装机量在国内排名第三。

华仪风能隶属于华仪电气股份有限公司,于 2002 年进入风电产业。华仪电气股份有限公司主要从事输配电设备的制造,属于风电产业链上游企业。华仪风能在技术和销售网络方面发挥华仪集团已有的高压电器设备业务资源优势。近年来,华仪风能生产的风力发电机组设备在国内运行良好,并向智利、白俄罗斯、哈萨克斯坦等地出口,受到用户的肯定和好评。

这类企业在行业中具有特殊的地位。产业链上游企业在自身原有的专业方向上技术积累比较充分,产品质量比较有保障。而产业链下游的企业在市场、技术方面都具有自身优势，在行业整体状况不佳的时候越能体现其实力。

4. 由相关行业进入风电行业的企业

借助相关行业的技术积累进入风电行业是又一类发展模式，典型代表有中船重工(重庆)海装风电设备有限公司(简称海装风电)和南车风电等。

这类企业往往在特定的方面有自己独特的优势。例如，海装风电是中国船舶重工集团公司(简称中船重工)旗下的风电设备整机制造企业。中船重工是十大军工集团之一，也是国内船舶行业的龙头企业。风电行业与船舶行业有天然的相容性，现代风电产业在欧洲发展初期就是由船舶企业推动的，中船重工进入风电行业有自身的技术优势。海装风电的发展也具有军工企业的特点，严格地遵循欧洲风电产业发展的模式，每种机型都严格按照样机试制—小批量生产—大批量生产的步骤推进，确保设计可靠。

此外，中船重工的优势在于海洋工程，其拥有专业的海洋防腐国家重点实验室、水动力国防动力实验室等，在从事海上风电的研发上有足够的技术实力。因此，科技部依托海装风电成立了"国家海上风力发电工程技术研究中心"，具有自主知识产权的 2 台 5 兆瓦的海上风电机组已于 2013 年年初在如东潮间带风场并网发电。

南车风电隶属于中国南车股份有限公司(简称南车股份)。南车股份专业从事轨道列车的研制，对动力牵引有深入的了解。此外，南车风电凭借高原轨道列车的研制和运行经验，在开发高海拔风电机组上有独有优势，其 1.5 兆瓦高海拔风电机组获得了市场的广泛认可。

这类企业在专业技术方向上有深厚的实力，但是往往在市场开拓方面做得不充分，市场份额较低。但是，随着风电行业对设备可靠性和技术要求越来越高，这类企业最终会发挥自身优势获得一定的市场地位。

## (四)中国风电产业发展路线前瞻

1. 发电成本进一步降低

通过总体设计技术的优化、零部件质量的提高，从而提高风电机组可利用率、减少备品备件降低运行成本；通过提高风资源评估技术、优化微观选址、优化控制参数，提高已建和在建风电场发电量；通过技术的进步，让风轮直径更具有性价比。

2. 电网友好性提高

通过风功率预测技术的提升，达到风电功率可预测、可调节和可控制，减小对电网的冲击，在发电端提高电能质量。

3. 降低维护/维修导致的成本

通过采用状态监测系统（Condition Monitor System，CMS）等技术，实现维修的可计划性，提高可利用率、减少备品备件。充分认识中国人力资源成本不断上升的现实，增强机组的可维护性设计，优化维护流程，从而减少维护机组的人员需求。加强消防等安全性技术，降低安全事故发生率，减少机组因安全事故导致的经济和社会成本。

4. 更大单机容量

2004 年 9 月，德国 Repower 公司生产的 5 兆瓦风电机组在德国装机，成为当时容量最大的风力发电机组。到目前为止，美国 7 兆瓦风电机组已经研制成功，正在研制 10 兆瓦机组；英国 10 兆瓦机组也正在进行设计，挪威正在研制 14 兆瓦的机组，欧盟正在考虑研制 20 兆瓦的风电机组（国家能源局能源节约和科技装备司，2011）。中国 1.5～3 兆瓦的风电机组已成为市场主流，大功率海上风机有华锐风电 6 兆瓦、湘电风能 5 兆瓦、重庆海装风电 5 兆瓦等，7 兆瓦与 10 兆瓦风电机组也进入了前期研制阶段。

5. 不断开拓新型应用方向

风能利用的新型方向包括海上风电、分散式接入、微电网和利用风能的大规模海水淡化等。

经过十多年的高速发展，欧洲和中国国内适合开发大型风电场的优质陆上风资源已经被大量开发，海上风资源远比陆地丰富，并且沿海地区多为用电负荷集中的地区，具有很高的开发价值。海上风电设备最早在欧洲开发，英国在 2009 年成为海上风电的领头国家，其次是丹麦、德国和瑞典。中国第一台海上风电机组于 2009 年在上海东海大桥海上风场完成整体吊装，到 2012 年，中国共建成海上风电场 389 兆瓦（中国可再生能源协会风能专业委员会，2014）。

分散式接入适用于风资源较好，但由于居住、地理环境等原因不适宜开发大型风场的地区，多见于中国黄河以南、西部山区等地。

微电网应用指在海岛、戈壁、山区等远离主干电网的地区，本地微型电网纳入风电设备，其中，微型电网容量通常为几十到几千千瓦。

利用风能的大规模海水淡化主要适用于电能和水资源均存在短缺的沿海地区，利用沿海丰富的风能资源，为海水淡化提供电力。目前江苏大丰 1 万吨级非并网风电淡化海水项目已于 2014 年 3 月竣工并产出淡水。

6. 重大突破性技术进展

1）叶片新技术

如采用泛函的翼型优化技术、随着技术门槛降低而可能大规模商用化的碳纤维叶片，将使得风电机组的叶片设计具有更大的空间，在风资源利用效率方面将会比现在有更进一步的突破。在确保叶片大型化的同时，如何优化载荷、减轻重量、提升环境适应性、友好性和运输便利性将成为未来 10 年内叶片技术发展的主要方向。

2）适用于风力发电的新型发电机技术

目前风电机组上所使用的发电机仍然还是应用于传统发电场合的发电机，包括双馈式、鼠笼式、永磁同步或低速直驱等类型，经过逆变器并网变速运行的发电机，其对电网的支持优于直接并网的异步发电机。未来风电机组发电机技术的主要方向是改善并网性能、降低重量。随着全功率变换技术的进步和成本的下降，更广泛地应用通过全功率逆变器并网的发电机，如永磁或电励磁同步电机。随着超导材料在技术和成本方面取得突破，未来中国可能在 10 兆瓦及以上的风电机组发电机中应用高温超导技术。中高压发电机应用也是未来的一个技术方向，从目前的趋势看，3～5 兆瓦风电机组将采用中压发电机、而更高兆瓦级的风电机组将普遍采用高压发电机。

3）新型功率电子器件的大规模商用化

风电机组容量的增长要求变流器的功率密度不断增加，同时各种风场环境也要求系统有很高的可靠性和方便的维护性，需要采用功率等级更高的半导体器件和模块。此外，随着直驱风电机组的大型、超大型化，需要考虑发电机和变流器的统一优化设计，进一步提高电传动系统的功率密度和效率。

4）风功率预测与能量管理技术进步

通过风功率预测和能量管理技术进步的提升，风力发电的可计划、可调度性能将会提高，减少甚至解决目前对风电产业发展构成最大阻碍的弃风限电问题。

## （五）中国风电产业当前的困境

进入 2011 年之后，风电发展速度大幅放缓，大部分零部件和整机企业都受到不同程度的影响。风电场运营方面，五大电力集团的风电业务都出现了亏损。风电机组的产能出现了明显过剩，产能过剩率在 50％以上。风电产业发展出现的困难存在多方面的原因。

1. 国际经济形势

2009 年以来，国际金融危机波及欧洲和北美，直接导致国内出口需求不振，而国内内需也不足。在这样的大环境下，制造业整体出现下滑，风电产业也不可避免地受到了影响，进入了调整期。

2. 低水平重复建设

从 2006 年以来，国家在税收、电价、财政补贴等方面对新能源产业实行政策扶持。当时风电机组的价格处于高位，整机的毛利率可达到 20％～30％。在政策刺激和利润的驱使下，大量的企业和资金进入风电行业。在缺乏完善的行业标准和核心技术的基础上，主要依靠价格取得优势，带来了价格上的激烈竞争。短短四年时间，风电机组单位千瓦价格降低了一半，产能也从供不应求变成了严重的供大于求。

### 3. 缺乏核心技术

风电机组零部件和整机的制造和装配生产仍属于传统的机械加工范畴，对设备和技术的要求都不高。很多企业通过技术引进或合作开发的形式向国外厂商购得图纸之后便可自行加工生产，但是风电设备的运行环境、可靠性要求、受力状况都与传统机械有很大区别，风能行业看似入行门槛不高，但在设备安全性和电能质量方面有很高要求。大多数风电机组的制造商缺乏核心技术，只能在低水平上盲目模仿，无法解决风机在运行和并网中存在的问题。

### 4. 电网友好性差，输电困难

风能资源丰富的地方往往是自然环境比较恶劣的地方，如中国内蒙古戈壁和新疆的山口，这也意味着风能资源比较集中的地方通常会远离大城市，远离负荷中心，长距离输电造成供电成本上升，增加了度电成本。输电难是造成大多数时候弃风限电的主要原因。解决输电难的问题需要依赖技术进步控制发电成本，以及特高压输电网的建设。

### 5. 海上风电发展遇到障碍

发展海上风电是解决输电难的一条途径。2010 年中国开展了首轮海上风电特许权招标，但是中标已逾一年半，海上风电项目却因种种原因迟迟无法开工。其主要原因涉及海洋生物保护、滩涂围垦国家规划、海洋航道等因素，导致选址变更，成本发生变化。2012 年之后，海上风电的建设有了明显的加速，在未来海上风电仍然是重要的风电发展方向。

### 6. 电价因素

风电行业依靠设备国产化、技术提升和产业规模化带来了成本下降，风电机组的设备成本已从 13 000 元/千瓦降至约 7500 元/千瓦（含运输与安装总价格）。根据风况不同，风电并网价格已降至 0.51～0.58 元/千瓦时，个别风况较差的山区风场并网价格在 0.6 元/千瓦时以上（不包括远程输电的成本）（国家发改委，2009）。在可再生能源中，风电的并网价格与火电差距最小，但仍然高于火电电价。2012 年 4 月份以来，国内煤价大幅下跌，极大地减轻了火电站的成本压力，给风电发电企业又造成了新的困难。

### 7. 环境影响

风电是目前主流电能来源中环境友好性最好的一种，但是风电对环境所产生的影响目前仍存在争论。风电对环境的影响主要来源于下列因素：①噪声。风电机组在发电过程中，由于叶片挥舞和机械传动机构会产生噪声影响。可以通过优化叶片设计、提高制造精度和采用隔音措施等手段降低机组噪声。按照德国风能研究所（Deutsches Windenergie-Institute，DEWI）的要求，机组噪声应小于75分贝，海上风电对噪声的允许值可以更宽容一些。②对鸟类等生物的影响。风电机组风轮在旋转过程中，会对鸟类等生物带来比较严重的伤害。因此，在机组选址时，应该考虑这类环境因素，避开候鸟的行进路线等。③对土壤等周边环境的影响。风轮的旋转会在风电机组的后方形成旋转的气流，改变了气流的方向，会在一定程度上造成土壤干旱、草场退化等问题。但是在全球环境改变的背景下，风电机组带来的环境影响范围和程度，还需要进一步地展开更细致的研究。

# 三、中国风电产业技术发展路线图

风电产业的技术发展路线整体上可分为不断提高风电机组的容量和扩展风电应用领域这两个方面。提高风电机组的容量是为了降低度电成本，从而增强风力发电的显性竞争力，扩展风电的应用领域是为了扩大风电的市场范围，使风电装机量能够进一步扩展，目前主要的发展方向为海上风电。

## （一）提高风电机组容量

提高风电机组的容量是指通过技术手段，在风况不变的情况下提高发电量。目前的主要发展趋势为单机容量的增大，以及风轮直径增加。

从20世纪90年代开始，风电行业的发展趋势是单机功率不断增大。到目前为止，市场主流机型已经达到了单机功率1~3兆瓦，而单机5~6兆瓦功率等级的风电机组已有多台样机安装，单机功率7~10兆瓦的风电机组已经进入概念设计阶段。在未来5~10年内，不同功率等级的机组的发展路线如表6-3所示。

表6-3  不同功率等级风电机组发展路线

| 单机功率 | 2011年 | 2015年 | 2020年 | 2030年 |
|---|---|---|---|---|
| 3兆瓦以下 | 轻量化和环境适应技术 | | | |
| 3~5兆瓦 | 设计优化技术 | | | |
| 5~10兆瓦 | 概念设计和关键技术研究 | 样机技术验证 | | |
| 10兆瓦以上 | 概念设计和关键技术研究 | | 样机技术验证 | |

对于3兆瓦以下的机组，市场装机量大，技术非常成熟，未来几年内的主要技术发展趋势是减轻机组重量和研究在戈壁、高原、高海拔，以及海洋等多种特

殊环境下的适应性技术，以降低机组成本，同时提高机组的适用性。对于 3～5 兆瓦的机组，目前行业内尚处于样机装机试运行阶段，在未来若干年内的主要技术趋势是设计的优化与验证。5～10 兆瓦的机组目前处于概念设计阶段，预计将在 2015 年前后进入样机试运行。而对于 10 兆瓦以上的机组，预计将在 2015 年前后进入概念设计阶段，并在 2020 年前后进入样机试运行。

增大风电机组的单机功率可有效地降低度电成本，如对于兆瓦级机组，机组本身的制造成本为 3500～4000 元/千瓦，而对于 100～300 千瓦级的机组，制造成本约为 8000 元/千瓦。此外，之前中国的风电开发模式是以大基地为主的开发，在考虑运输、吊装和征地的成本后，大功率机组的成本优势更加明显。这也是近年来风电机组单机功率不断增大，兆瓦级机组成为市场主流的最主要原因。但是随着机组功率的增大，机组重量也会近似地按比例增加，零部件的制造、装配、机组运输、吊装的难度也将不断增大，单机功率并非越大越好。风电机组的合理单机功率与行业整体技术发展水平有关，目前风电行业仍然在探索当中，英国风能协会认为陆上风电单机功率在 10 兆瓦，海上风电单机功率在 15 兆瓦比较合理。

在增大单机功率的同时，从 2011 年开始，风电设备制造厂商开始在保持单机功率不变的前提下，在合理的优化风电机组结构的基础上，充分利用载荷冗余，在不改变机组主体结构的情况下增大风轮的直径。在风速不变的前提下，风电机组的扫风面积越大，可发的电越多。因此增大风轮直径后，可以降低额定风速，使风电机组在低风速下发更多的电，从而在成本小幅增加的情况下大幅提高发电量。以 2 兆瓦机组为例，当风轮直径从 93 米提高到 102 米后，在 IEC-III 类风区中，机组成本提高 5%，发电量可提高 20%，极大地提高了风电机组的利用率并降低度电成本。根据风电行业领先的机组制造商 Vestas 的统计，全世界 75% 的风资源属于中低速风，增大风轮直径可以提高风电机组的可安装区域，从而扩大市场容量。在未来的 3～5 年内，2 兆瓦功率等级的机组的风轮直径预计将达到 116～120 米，并随着载荷计算技术和叶片设计制造技术的提升，可能达到更大的风轮直径。

## (二)海上风电发展路线图

在国家《可再生能源发展"十二五"规划》中明确提出，到 2015 年我国海上风电将达到 500 万千瓦，而截至 2012 年年底，国内海上风电的装机量仅有 38.9 万千瓦，距离"十二五"规划中提出的目标还有较大的差距。

我国风能资源数值模拟结果表明，台湾海峡是中国近海风能资源最丰富的地区，风能资源等级在 6 级以上；广东、广西、海南近海海域的风能资源等级在 4～6 级。从福建往北，近海风能资源逐渐减小，渤海湾的风能资源又有所加强。福建、浙江南部、广东和广西近海风能资源丰富的原因主要是夏季台风和热带低压活动频繁造成的。

海上风电的开发难度与海水深度密切相关。目前已装机的海上风电机组主要分布于海洋沿岸和潮间带区域。在水深 5 米以上的地区，根据不同的水深，海上风电基础的技术状态如表 6-4 所示。

表 6-4　海上风电基础的技术状态

| 水深范围 | 基础技术 | 技术状态 |
| --- | --- | --- |
| 5～25 米 | 浅水固定式基础 | 比较成熟 |
| 25～50 米 | 较深水固定式基础 | 有待完善 |
| 50 米以上 | 浮动式平台 | 研究初期 |

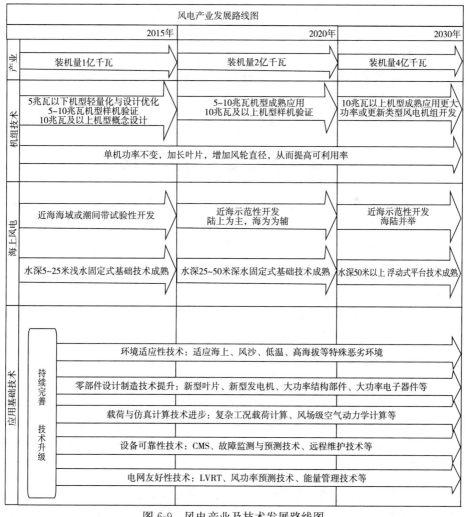

图 6-9　风电产业及技术发展路线图

欧洲海上风电投资数据统计显示，海上风电投资成本一般在 1700～2000 欧元/千瓦，是陆上风电的 2 倍左右，每度电成本在 0.08～0.1 欧元。由于海上风电机组基础、运输安装和输电线路费用较高，如果不考虑陆地土地限制因素，海上风电的投资将一直高于陆上风电成本投资。因此海上风电的平均单机功率将比陆上风电大一倍左右才能起到平衡成本的作用。

由于海上风电存在技术、成本和政策方面等多方面的困难需要克服，在目前仍处于发展的初期阶段，对海上风电的开发和发展也应该持稳妥推进的态度，不宜重新走上陆上风电曾经经历过的无序开发的老路。根据国家发改委能源研究所发布的《中国风电发展路线图 2050》中所提到的海上风电的发展战略，在 2015 年以前，中国海上风电以探索为主，项目少，离岸距离近。2015 年之后海上风电进入规模开发和商业化运营时期。2020 年以前总体上采取陆上为主，海上示范的开发原则。2020～2030 年，采取陆上、近海并重发展风电，并开始远海风电的示范。2030～2050 年，海上风电机组的研发工作也将进一步展开，风电机组的发电能力将会有所提高，风电场的建设成本以及运行维护成本都将有所降低，海上风电进入大规模开发时期。

综合上述内容，风电产业及技术发展路线图如图 6-9 所示。

# 四、促进产业发展的政策取向

风能产业在可再生能源产业中最具有竞争力，有广阔的发展前景。为了给风能产业的发展营造健康有序的竞争环境，提高国内风能发电量占比，促进国内风电技术进步，使中国的风电产业在国际上具有竞争优势，我们提出下列政策建议。

### 1. 建立完善的行业标准和行业准入制度

第一，不断完善风电机组标准、检测和认证体系，在 2015 年前要让所有风电机组必须通过认证机构的认证和检测。第二，修订中国现有 IEC 等标准，使之符合中国风况和环境条件。随着新型风电机组的研制和生产，产品质量标准需要及时更新。此外，还需制定与之对应的标准、设计和认证指南作为标准实施的补充。第三，成立国家级风电设备检测中心和认证中心，建立与国际接轨的检测和认证体系，完成必要的基础设施建设，逐步推行对整机及关键零部件的强制性检测和认证，以及金融机构保险约束机制。

### 2. 加强智能电网和特高压输电网建设，实行并网保障政策

第一，进行输电基础设施的扩建和改造，急需加强省内主干电网增设跨省输电线路，以便发展风能资源富集的陆上和海上地区的风电，并在更广更大的范围

和区域内经济地实现电力平衡。第二，制定实施落实可再生能源发电配额和电网保障性收购制度。政府应依据国家可再生能源发电总量目标，规定电网企业在规划期内收购可再生能源发电量指标，制定发电企业的可再生能源发电比例指标，以及各地利用可再生能源发电的目标。第三，完善风电并网和全局消纳规则。从供电安全性、越来越大的环境压力和有竞争优势的能源价格的角度来看，利用风能等可再生能源为供电提供了可持续的解决方案，电力系统应适应这些资源，以便能够高质量地利用这些资源。

3. 支持风电相关核心技术的研发

第一，促进技术进步。技术创新的总体目标是，建立国家级风能技术研发中心，整合各种资源，开展风能基础性理论和公共性技术研究，解决企业共同面临的一些技术难题。同时通过开展综合性研究，加强风能开发企业、设备制造企业、工程服务企业及电网企业之间的联系，将国家基础研究与企业应用研究等多个方面的各自优势结合起来，为增强整个产业的自主创新能力提供技术支持。第二，完善风电人才培养机制。选择一批相关学科基础好、科研和教学能力强的大学，设立风电相关专业，增加博士、硕士授予点和博士后流动站，鼓励大学与企业联合培养风电领域高级人才，支持企业建立风电教学实习基地和博士后流动站，在国家派出的访问学者和留学生计划中，把风电人才交流和学习作为重要组成部分，鼓励大学、研究机构和企业从海外吸引高端人才。

4. 支持风电新兴应用方向的示范工程，如分散式接入、孤岛电网等

在偏远地区和落后地区，电力系统不发达，居民生产和生活用电难以得到有效保障。利用可再生能源提供局部电网供电可为解决这些地区的电力供应问题提供可靠的途径。第一，完善电网建设和接入机制，允许和支持偏远地区自建电网，并对自发电上网提供一定的支持。第二，支持可再生能源在偏远地区的示范应用项目开发，提供科研经费和政策方面的支持。

## 参考文献

国家发改委 . 2009. 国家发展改革委关于完善风力发电上网电价政策的通知 .

国家发改委能源研究所 . 2011. 中国风电发展路线图 2050.

国家发改委能源研究所可再生能源发展中心 . 2007. 中国风能发展路线图 .

国家能源局 . 2012. 风电发展"十二五"规划 .

国家能源局能源节约和科技装备司 . 2011. 2009—2010 年全球风电产业发展报告 .

贺德馨 . 2012. 中国风能发展现状与展望 .

路甬祥 . 2007. 在国际科学院委员会和中国科学院能源研究报告座谈会上的讲话 . 科学新闻，（21）：7.

中国电力工业联合会 . 2014. 2013 年全国电力工业运行简况 .

中国可再生能源协会风能专业委员会.2012.2011年风电限电情况初步统计.

中国可再生能源协会风能专业委员会.2014.2013年中国风电装机容量统计.

American Wind Energy Association. 2011. Annual Market Report.

Global Wind Energy Council(GWEC). 2014. Global Wind 2013 Report.

# 第七章

# 太阳能发电

　　太阳能是最为丰富的一种可再生能源，具有巨大性、普遍性、清洁性、持久性等特点。我国 76％ 的国土面积上光照充沛，太阳能资源分布较为均匀，具有发展太阳能发电的有利条件。太阳能发电有两种主要形式，即太阳能光伏发电和太阳能热发电。

　　光伏发电是指利用半导体材料的光生伏特效应，将太阳能转化为电能。光伏发电的核心是太阳能电池板。目前，用来发电的半导体材料主要有单晶硅、多晶硅、非晶硅、碲化镉、砷化镓、铜铟镓硒等一元、二元或多元无机半导体材料。近年来，一些新型或新概念太阳电池的研发十分迅速，如染料敏化太阳电池、有机太阳电池、量子点太阳电池、中间带太阳电池等。

　　由于近年来各国都在积极推动可再生能源，特别是光伏的应用，光伏产业的发展十分迅速。广义的光伏产业包括从所有太阳电池原材料制备到最终光伏系统所涉及的装备制造、原材料、电池片及电池组件、逆变系统、并网及离网系统、测试安装及所有配套系统的完整产业链。由于目前市场上的硅基太阳电池占主导地位，狭义的光伏产业是指以硅材料的应用开发到电池组件、光伏系统及相关生产设备制造的完整产业链条，包括高纯多晶硅、单晶硅、太阳电池、电池组件的生产以及相关生产设备的制造等[①]。

　　太阳能热发电是将太阳能转化为热能，通过热功转化过程实现发电的技术。采用这种发电技术的电站称为太阳能热发电站。

　　太阳能热发电的主要特点包括：①利用法向直射太阳辐射。这部分阳光在大气中不会因为云、雾和灰尘而偏离，以平行光直接到达地球表面。②采用汽轮机、燃气轮机等常规热功转化设备进行热功转化，驱动发电机发电。这与火力发电类似，两者的不同之处在于热能产生方式不同，太阳能热发电利用太阳能产生

---

　　① 　光伏产业．http://baike.baidu.com/view/2205415.htm，2010-03-26.

热能，火力发电通过化石燃料的燃烧产生热能。③发电功率相对平稳可控。太阳能资源具有间歇性和不稳定性的特点，白天太阳辐射的变化会引起以太阳能作为输入能源的系统发电功率大幅波动，对电网系统实时平衡和稳定安全运行带来挑战。太阳能热发电站可以配置大容量储热装置，实现发电功率平稳和可控输出。在白天太阳辐射强烈时，系统可将多余热量储存起来，在云层遮日等太阳辐射减弱时，可及时利用储热装置中储存的热量，向动力发电设备进行热量补充，以确保发电功率的稳定。④运行方式灵活。太阳能热发电系统可以与燃煤、燃油、天然气及生物质能发电系统等进行联合循环运行，实现全天候不间断稳定发电。

太阳能热发电具有环境友好性。德国宇航中心(Deutsches Zentrun für Luft- und Raumfahrt，DLR)通过计算得出，采用 2007 年的太阳能热发电技术，一座没有任何辅助能源的太阳能热发电站的全生命周期 $CO_2$ 排放仅为 13～19 克/千瓦时(GAC，2013)。IEA 预测，在适度的政策支持下，2050 年太阳能热发电能够满足全球 11.3% 的电力需求，其中 9.6% 来自于纯太阳能电力，另外 1.7% 来自辅助燃料(化石燃料或生物质)。在太阳能资源非常好的地区，太阳能热发电有望成为具有竞争力的大容量电源，到 2020 年承担调峰和中间电力负荷，2025～2030 年以后承担基础电力负荷。2050 年中国太阳能热发电电力生产将占全球的4%，年发电量约为 190 太瓦时(IEA，2010a)。

根据聚光方式，太阳能热发电可以分为塔式太阳能热发电、槽式太阳能热发电、碟式太阳能热发电、线性菲涅耳式太阳能热发电、太阳能热气流发电等技术形式。前四种被称为聚光型太阳能热发电，也是我们常说的太阳能热发电，目前已经进入规模化、商业化发展或商业化示范阶段。后两种又被称为非聚光型太阳能热发电，目前仍处于实验室阶段。本章只对聚光型太阳能热发电进行阐述。

# 一、国内外发展现状

## (一)世界太阳能发电生产和消费的现状

### 1. 世界太阳能光伏发电生产和消费的现状

世界太阳能光伏产业和市场在严峻的能源形势和人类生态环境(地球变暖)形势的压力下，自 20 世纪 90 年代后半期进入快速发展时期(王斯成，2009)。世界太阳电池的产量增长率已经连续 15 年(1997～2011 年)超过 30%，2003～2012 年和 2008～2012 年年均复合增长率更是达到了 58.8% 和 47.5%[①]，超过了 IT 产业，成为世界上发展最快的产业。

---

① 根据《2013 中国光伏发展报告》整理。

　　图 7-1 为 2005～2012 年世界主要太阳电池生产国家和地区的太阳电池年产量情况。2007～2013 年，中国大陆太阳电池产量连续六年位居世界首位，2010 年年产量达到 10.8 吉瓦，占世界年产量 45.0% 的份额。2011 年，全球太阳电池产量达到 37.7 吉瓦，其中，我国大陆地区太阳电池的产量达到 19.8 吉瓦。截至 2011 年，太阳能光伏在全世界上百个国家投入使用。虽然其发电容量仍只占人类用电总量的很小一部分，但从 2004 年开始，上网光伏以年均 60% 的速度增长；到 2009 年，累计发电容量已经达到 22 吉瓦，是当前发展速度最快的能源。据估计，没有并入电网的光伏系统，目前的容量也有 3～4 吉瓦[①]。

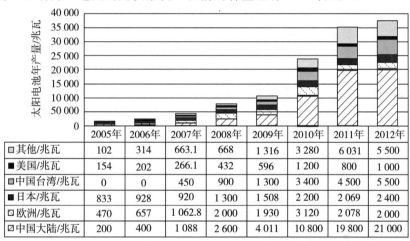

| 太阳电池年产量/兆瓦 | 2005年 | 2006年 | 2007年 | 2008年 | 2009年 | 2010年 | 2011年 | 2012年 |
|---|---|---|---|---|---|---|---|---|
| □ 其他/兆瓦 | 102 | 314 | 663.1 | 668 | 1 316 | 3 280 | 6 031 | 5 500 |
| ■ 美国/兆瓦 | 154 | 202 | 266.1 | 432 | 596 | 1 200 | 800 | 1 000 |
| □ 中国台湾/兆瓦 | 0 | 0 | 450 | 900 | 1 300 | 3 400 | 4 500 | 5 500 |
| ■ 日本/兆瓦 | 833 | 928 | 920 | 1 300 | 1 508 | 2 200 | 2 069 | 2 400 |
| □ 欧洲/兆瓦 | 470 | 657 | 1 062.8 | 2 000 | 1 930 | 3 120 | 2 078 | 2 000 |
| □ 中国大陆/兆瓦 | 200 | 400 | 1 088 | 2 600 | 4 011 | 10 800 | 19 800 | 21 000 |

图 7-1　全球太阳电池年产量
资料来源：《2013 中国光伏发展报告》

　　在全球光伏发电市场的带动下，以晶硅太阳电池为主流电池的光伏产业规模不断扩大，产业集中度不断提高，技术创新和产业竞争日趋激烈。2010 年世界光伏市场规模为 17.5 吉瓦，同比增长 143%，累计装机容量 40 吉瓦。2011 年全球太阳能发电市场取得历史性突破，新增太阳能光伏发电装机容量约 27.65 吉瓦，同比增长 70%，累计装机容量达 67.35 吉瓦(图 7-2)。

　　截至 2011 年，世界光伏累计装机容量近 10 年年均增长率超过 45%，成为发展速度最快的产业(图 7-2)。光伏电池生产主要集中在中国、日本、德国和美国等国家，德国、西班牙和意大利等国仍为主要应用市场。晶体硅太阳电池市场份额超过 85%，其商业化最高效率已经达到 22%，技术向着高效率和薄片化发展，未来 10～20 年内仍将是市场主流；薄膜太阳电池市场份额约为 15%，铜铟

　　① Renewables 2010 Global Status Report. http://www.ren21.net/REN21Activities/Publications/GlobalStatusReport/GSR2010/tabid/5824/Default.aspx，2010-07-15.

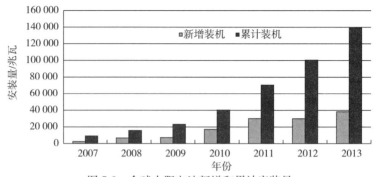

图 7-2  全球太阳电池新增和累计安装量
资料来源：历年欧洲光伏协会市场报告

镓硒薄膜电池商业化最高效率达到 13.6%，技术向着高效率、稳定和长寿命的方向发展。得益于产业发展和技术进步，光伏发电成本将持续下降，2015 年光伏电价有望降至 0.15 美元/千瓦时[①]。

2010 年世界新增光伏容量中，中国为 500 兆瓦，仅占世界的 2%。在 2011 年世界新并网光伏容量中，中国新增光伏容量为 2.7 兆瓦（IEA，2013），位居世界第三，仅次于意大利和德国（图 7-3）。而在 2012 年，中国的新增光伏容量则超过意大利，跃居世界第二位，达到了 3.50 吉瓦。在前十大新增光伏容量的国家中（表 7-1），有 8 个国家的新增光伏安装量达到"吉瓦"级，而在累计安装量排名中，则有 13 个国家的累计光伏安装量达到"吉瓦"级（Gaetan，2013）。

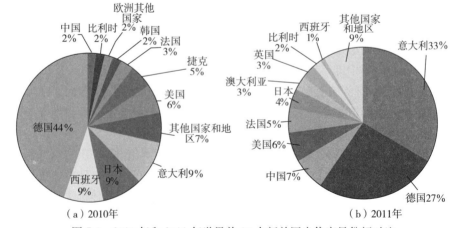

图 7-3  2010 年和 2011 年世界前 10 大新并网光伏容量份额对比
资料来源：欧洲光伏协会 2011 年市场报告

---

① 关于印发太阳能发电科技发展"十二五"专项规划的通知（国科发计〔2012〕198 号）．http://www.gov.cn/zwgk/2012-04-24/content_2121638.htm，2012-04-24.

表 7-1　2012 年十大新增光伏容量和十大累计光伏容量（单位：吉瓦）

| 排名 | 国家 | 安装量 | 国家 | 累计安装量 |
|---|---|---|---|---|
| 1 | 德国 | 7.604 | 德国 | 32.411 |
| 2 | 中国 | 3.510 | 意大利 | 16.250 |
| 3 | 意大利 | 3.337 | 美国 | 7.221 |
| 4 | 美国 | 3.313 | 日本 | 7.000 |
| 5 | 日本 | 2.000 | 中国 | 7.000 |
| 6 | 法国 | 1.079 | 西班牙[2] | 5.100 |
| 7 | 英国 | 1.000 | 法国 | 4.003 |
| 8 | 澳大利亚 | 1.000 | 比利时 | 2.567 |
| 9 | 印度[1] | 0.980 | 澳大利亚 | 2.400 |
| 10 | 希腊[1] | 0.912 | 捷克[1] | 2.085 |

1）非光伏电力系统项目国家
2）西班牙数据为交流数据，该数据已折算为直流数据
资料来源：IEA《光伏电力系统项目发展趋势简介》2012 版

2010～2012 年不同地区太阳能光伏安装量变化情况如图 7-4 所示。从大的区域来看，欧洲仍为目前太阳能光伏主要安装地区，其次是包括中国、日本等在内的亚太国家，然后是美国及其他美洲国家。

2. 世界太阳能热发电生产和消费的现状

全球商业化太阳能热发电累计装机量发展情况如图 7-5 所示。截至 2012 年年底，全球运行的商业化太阳能热发电站并网装机容量达到了 2.553 吉瓦，其中80％的商业化电站集中在西班牙和美国，槽式热发电技术占总装机量的 89.2％，塔式热发电技术占 10.8％；其中 2012 年内新装机容量达到 802.5 兆瓦（Hermank，2012），这些电站分别位于美国、中国、苏丹、西班牙、澳大利亚、摩洛哥、南非、沙特、泰国、印度和伊朗等国家。经过将近 50 座商业化电站的建设带动，培育形成了槽式真空管、曲面玻璃等装备制造商，其中真空管以肖特、索莱尔为代表，几乎提供了所有商业化电站的真空集热管，曲面玻璃方面以Flabeg、Glasstech 等为代表，形成了热弯钢化玻璃生产技术和产能，并研发了热弯钢化玻璃生产设备，成为全球主要的热弯钢化设备供应商。同时，相关商业化电站建设，也带动并形成了以 Abengoa、eSolar 等为代表的一批系统集成与总包公司，随着西班牙等国家和地区太阳能热发电政策的变化，这些公司也纷纷活跃在非洲、中东、印度等全球太阳能热发电市场。伴随着全球太阳能热发电商业化电站建设步伐的加快，以欧美发达国家为主导的太阳能热发电装备制造和系统集成产业基本形成。

国外太阳能热发电产业目前处于产业化发展的前期阶段，技术成果的商业

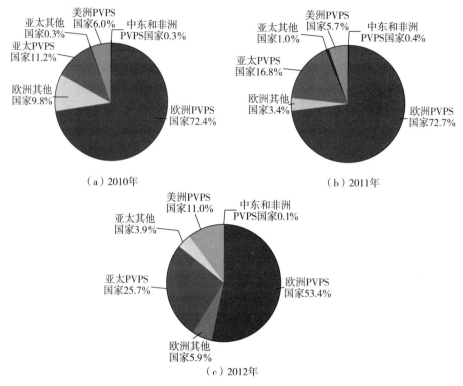

图 7-4 2010～2012 年不同地区太阳能光伏安装量变化情况

资料来源：IEA《光伏电力系统项目发展趋势简介》2012 版

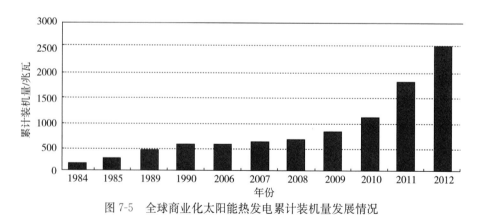

图 7-5 全球商业化太阳能热发电累计装机量发展情况

运作已全面展开，生产技术逐步得到改进，如槽式反射镜、聚光器、真空吸热管等部件的制造趋于成熟，产品和工艺得到不断的完善，进入光热发电产业的企业逐渐增多，电站装机容量不断增加。但是从全球来讲，光热发电产业总体上还没有实现持续盈利，行业规范也不标准。不过，光热发电在克服由太阳能资源所具有的间歇性和不稳定性而导致的电力输出波动方面有明显优势。另外，美国和西班牙一系列商业化运营的光热电站也证明了该技术的可行性，因此，世界范围内的市场需求呈现快速增长的趋势（国家太阳能光热产业技术创新战略联盟，2013a）。

## （二）我国太阳能发电生产和消费的现状

### 1. 我国太阳能光伏发电生产和消费的现状

"十一五"期末，我国晶硅电池占太阳电池总产量的95%以上。太阳电池产品质量逐年提升，尤其是在转换效率方面，骨干企业产品性能增长较快，单晶硅太阳电池效率为17%～19%，多晶硅太阳电池转换效率为15%～17%，薄膜等新型电池转换效率为8%～10%（工业和信息化部，2011）。经过国际标准测试机构确认的电池效率在最近几年不断取得突破。其中薄膜转移硅电池（thin film transfer Si）效率达到19.1%，砷化镓薄膜电池效率达到28.1%，非晶硅/纳晶硅/纳晶硅叠层薄膜（a-Si/nc-Si/nc-Si）电池效率达到13.4%，大面积碲化镉电池效率达到16.1%（Green et al.，2013）。这些电池效率的取得主要得益于部分进口核心装备，电池整体水平与国际先进水平尚有一定的差距。基于纳米材料和纳米结构的染料敏化太阳电池、有机太阳电池、量子点太阳电池等取得了长足进步，目前染料敏化太阳电池实验室效率达到15.0%（Burschka et al.，2013），大面积电池效率超过7%，有机聚合物太阳电池的实验室效率（叠层）达到12.0%[①]，表现出极大的发展潜力。

自2006年1月1日《中华人民共和国可再生能源法》实施以来，我国又相继出台了《太阳能光电建筑应用财政补助资金管理暂行方法》和《关于实施金太阳示范工程的通知》等政策，并先后启动了两批总计290兆瓦的光伏电站特许权招标项目。截至2010年，我国累计光伏装机量达到800兆瓦，2010年新增装机容量达到500兆瓦（图7-6），相比2009年的160兆瓦同比增长213%。2011年我国光伏电站的新增安装量达到了2.7吉瓦，同比增长更是达到了440%。2012年，我国新增安装量达到了3.5吉瓦，同比增长率为29.6%；光伏发电占电力消耗量的0.14%，而德国和意大利这一数据则分别达到了5.57%和5.75%（Gaetan，2013）。

在太阳电池产业链所涉及的装备中，上游的单晶硅提纯技术及装备基本实现了国产化。国产单晶炉、多晶硅铸锭炉、开方机等设备逐步进入产业化，占据国内较大市场份额。500千瓦级光伏并网逆变器等关键设备和技术实现国产化，并

① New world record for organic solar cell efficiency. http://www.printedelectronicsworld.com/articles/new-world-record-for-organic-solar-cell-efficiency-00005094.asp? rsstopicid=274&sessionid=1，2013-01-17.

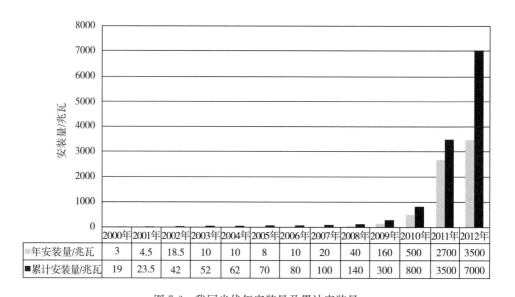

图 7-6　我国光伏年安装量及累计安装量

资料来源：2000～2010 年数据来源于 IEA《光伏电力系统项目 2011 年年报》，2011 年和 2012 年
数据来源于 IEA《光伏电力系统项目 2012 年年报》

网光伏系统开始商业化推广，光伏微网技术开发与国际基本同步。

晶硅太阳电池专用设备除全自动印刷机和激光切割设备外基本实现了本土化，并具备生产线"交钥匙"的能力。硅基薄膜电池生产设备初步形成小尺寸整线生产能力。但设备水平与国际上还有相当大的差距，特别是整线技术与国际先进水平存在一定的差距。

整体来看，经过近些年的发展，太阳电池产业链中的大部分装备均实现了或可以实现国产化，但装备的可靠性、产品质量稳定性等影响制约了国内太阳电池产业的发展。

2011 年 11 月 8 日，美国商务部正式对中国输美太阳电池（板）"双反"调查立案，这是美方首次针对中国清洁能源产品发起"双反"调查[①]。2011 年 12 月 2 日，美国国际贸易委员会初裁中国输美太阳电池对美相关产业造成实质性损害，美国商务部展开反倾销和反补贴"双反"调查（德永健，2011）。中国光伏产业发展面临严峻的国际环境。

对于多晶硅产业来说，我国经过"十一五"期间的大力发展，已取得了长足进步。但国际多晶硅巨头的低价倾销政策使我国的多晶硅企业面临巨大的压力，多

---

① 中美光伏贸易大战打响，美国或更受伤 . http：//www. cesd－sass. org/water/ShowArticle. asp?
ArticleID＝4712，2011-12-12.

晶硅进口量占据国内需求的半壁江山。据 IEA《光伏电力系统项目 2012 年年报》（表 7-2），我国在 2010 年以前高纯度多晶硅多从其他国家进口，从 2010 年起，在该领域取得了很大进展，2010 年太阳能级多晶硅产量达到了 45 000 吨，能满足国内超过 50％的需求。2011 年，我国多晶硅产量达到了 85 000 吨，占全球多晶硅产量 23 万吨的 37.0％，成为排名世界第一的多晶硅生产大国[①]。海关总署的统计数据显示，2011 年 1～12 月，我国共进口多晶硅 64 614 吨，同比上升 46.8％。其中，从美国进口量为 17 476 吨，折合组件产量约 2.9 吉瓦，高于从德国市场进口量 43％[②]。2012 年，中国多晶硅产量达到 6.5 万吨，约占世界多晶硅产量（24 万吨）的 27％（IEA，2013）。

表 7-2　中国太阳能级多晶硅的供给和需求

| 年份 | 2006 | 2007 | 2008 | 2009 | 2010 | 2011 | 2012 |
|---|---|---|---|---|---|---|---|
| 产量/吨 | 300 | 1 100 | 47 290 | 20 357 | 45 000 | 85 000 | 65 000 |
| 需求量/吨 | 4 000 | 10 000 | 250 000 | 40 000 | 89 000 | 145 000 | 145 000 |
| 短缺量/吨 | 3 700 | 8 900 | 202 710 | 19 643 | 44 000 | 60 000 | 80 000 |
| 进口比重/％ | 92.5 | 89.0 | 81.1 | 49.1 | 49.4 | 41.4 | 55.2 |

资料来源：IEA《光伏电力系统项目 2012 年年报》

2. 我国太阳能热发电生产和消费的现状

我国太阳能热发电产业处于技术研发与集成示范的产业化导入时期，有超过 500 家国内装备制造企业投入槽式真空管、曲面玻璃、集热器、定日镜、传动系统、特殊汽轮机、斯特林机、螺杆膨胀机、高温油泵、阀门、储热材料、储热设备等装备研发与产能建设。受国家政策影响，产能建设步伐较慢。同时，主要发电集团均进行了太阳能热发电技术储备、人才储备和项目建设规划。

2006 年科技部颁布实施的《国家中长期科学和技术发展规划纲要（2006—2020 年）》、2007 年国家发改委颁布的《可再生能源中长期发展规划》、2011 年国家能源局颁布的《国家能源科技"十二五"规划（2011—2015）》中，均把太阳能热发电明确列为重点和优先发展方向。经过多年的技术研究，我国在太阳能聚光、高温光热转换、高温蓄热、兆瓦级塔式电站系统设计集成等方面得到了进一步发展。太阳能热发电目前总体处于技术研发与集成示范的产业化导入时期，包括槽式、塔式、碟式、菲涅耳式四种太阳能热发电技术均有不同程度的技术研发与示范投入。2012 年 7 月，中科院电工研究所完成了首座 1 兆瓦塔式示范电站建设，

---

① 多晶硅：从受制于人到自主创新 . http://xny.cena.com.cn/a/2012-08-30/134629622271436.shtml，2012-08-30.

② 多晶硅危局 . http://jingji.cntv.cn/20120402/120542.shtml，2012-04-02.

并成功完成发电实验。浙江中控技术股份有限公司在青海德令哈进行了50兆瓦塔式电站一期工程集成探索工作。中科院电工研究所、皇明太阳能公司、华电新能源技术开发公司、中国华能集团公司、西安航空动力股份有限公司等国内相关企业和科研机构在槽式系统、碟式、菲涅耳式、太阳能热气流等太阳能热发电领域进行了不同程度的系统示范和装备批量化生产技术研究，涉及真空管、曲面玻璃、斯特林机、熔融盐材料、传送设备等主要材料与产品。随着国外太阳能热发电市场的快速发展，我国企业已经进入太阳能热发电产业链的上下游环节，包括太阳能实验发电系统、太阳能集热/蒸汽发生系统等。在关键部件的开发方面，已经涌现出一批企业公司投入槽式真空管、曲面玻璃、集热器、定日镜、传动系统、特殊汽轮机、斯特林机、螺杆膨胀机、高温油泵、阀门、储热材料、储热设备等装备研发与产能建设。其中以槽式真空管和玻璃反射镜更为突出，国内槽式真空管生产厂家已超过14家，反射镜厂家也超过7家，有些厂家的产品已经通过国外专业检测机构的检测，检测性能参数达到国际水平(国家太阳能光热产业技术创新战略联盟，2013a；太阳能光热产业技术创新战略联盟和兴业证券股份有限公司研究发展中心，2013)。受国家政策影响，产能建设步伐较慢，产品还没有经过实际项目使用，产品的性能、质量还没有得到实际的验证。比起关键设备制造，光热电站系统集成技术则更为缺乏，目前国内还没有商业化运行的光热电站，整体系统设计能力和集成技术、太阳能热发电站系统模拟及仿真技术也刚刚起步，缺乏电站建设运营经验和能力，主要发电集团均进行了太阳能热发电技术储备、人才储备和项目建设规划，大型太阳能热发电系统的详细设计、镜场安装及维护在我国均是空白。

## (三)存在的问题以及未来面临的挑战

### 1. 太阳能光伏发电存在的问题以及未来面临的挑战

虽然目前中国太阳能光伏产业规模居全球第一，但产业链发展不协调，关键技术薄弱，高端技术依赖进口。在整个太阳能光伏产业链技术壁垒最大的太阳能级多晶硅生产中，国外主要厂商采用的是闭式改良西门子方法。中国多晶硅生产企业使用的多为直接或者间接引进的俄罗斯多晶硅的提纯技术，其成本高、耗能大，重复引进严重，在整个国际竞争中处于劣势。

#### 1)产业技术研发和创新能力相对薄弱

多晶硅原材料的生产技术在2007年以前被美国、日本、德国等国垄断。与国外的多晶硅生产商相比，国内厂商由于技术落后，多晶硅生产质量相对较差，且生产成本普遍高于国外企业。我国的太阳电池关键生产设备和高纯度硅材料基本上依赖进口；薄膜电池生产工艺及装备水平也明显落后于国际先进水平。并

且，我国在引进光伏生产设备和技术的同时，德国、日本、美国等主要发达国家
在光伏核心技术和工艺技术上对我国实施技术封锁，这也导致了我国一些企业在
没有完整的光伏工艺技术条件下，由高额利润驱动疯狂进入光伏行业，快速上马
光伏项目，进而出现了高耗能、高排放。

2）国内光伏市场亟须启动

我国是光伏产品生产大国，自 2007 年起连续 7 年电池组件产量居世界首位，
但是光伏产品 90％的销售都是靠出口，光伏产业市场在外的发展模式成为我国
光伏产业的软肋。近两年由于美国商务部对我国光伏产品的反倾销终裁和欧盟对
我国光伏产品的"双反"调查，我国光伏产业发展遭受重创。2011 年，我国光伏
装机容量达到 2.7 吉瓦，累计装机容量达到 3.5 吉瓦，欧盟对我国光伏企业发起
反倾销调查后，《太阳能发电发展"十二五"规划》对装机量目标再次做出调整，累
计装机调整到 35 吉瓦。

而自 2011 年以来，光伏产业的主要市场——以德国为代表的欧洲市场，受
欧债危机等因素的影响，纷纷削减光伏上网补贴，导致光伏市场需求增速减缓；
同时，国内光伏市场尚未大规模启动，进而导致我国光伏产业出现了相对"产能
过剩"现象。

3）国内市场支持政策体系有待完善

从全球太阳能光伏产业形成与发展状况来看，太阳能光伏发电与常规能源发
电相比在价格上具备市场竞争力尚需一段时间，太阳能光伏市场的成长动力主要
来源于各国政府对光伏产业的政策扶持和价格补贴。

在产业政策和法律法规的制定方面，德国、日本、美国、西班牙等国走在世
界的前列。受益于可再生能源政策的扶持和鼓励，欧盟、日本成为世界太阳能光
伏产业发展的领跑者和主力军。针对国内光伏市场，我国关于扶持和鼓励太阳能
光伏产业发展的产业政策的制定和颁布相对滞后，在关于光伏发电入网及管理、
用户直接补贴等政策支持方面，还有待完善。

4）低水平重复建设，部分光伏企业盲目过度扩张产能，作茧自缚

2002～2008 年，由于光伏行业的暴利，我国大量的社会资本疯狂进入光伏
行业，许多企业一窝蜂地上马光伏项目并不断扩张产能；再加上近两年各省市大
力发展新能源等战略性新兴产业，再次刺激了光伏企业的产能扩张，导致国内出
现了大量的重复性建设。目前，我国 31 个省（自治区、直辖市，不包括香港、澳
门、台湾）几乎都把光伏产业列为优先扶持发展的新兴产业[①]；600 个城市中，有
300 个发展太阳能光伏产业，100 多个建设了光伏产业基地。而大量的重复性建

---

① 战略性新兴产业数据库．http：//www.drcnet.com.cn/www/emerging/Channel.aspx？uid＝
2711&version＝emerging&chnid＝4803，2013-11-20.

设也导致光伏行业的恶性竞争。2011 年年初至今，因产能过剩造成的危机让 80％以上的企业都在亏损中挣扎。美国与欧盟对国内光伏产品的"双反"调查，更让脆弱的中国光伏产业链陷入崩塌的险境。2013 年 3 月 20 日，太阳能光伏产业的标志性公司尚德电力控股有限公司下属的核心企业无锡尚德太阳能电力有限公司正式被实施破产重整[①]。2013 年 4 月 17 日，另一光伏巨头江西赛维 LDK 太阳能高科技有限公司未能按时偿付 4 月 15 日到期的 2400 万美元可转换债券，成为继无锡尚德之后第二家曝出债务违约的大型中资光伏企业（史燕君，2013）。

2. 太阳能热发电存在的问题以及未来面临的挑战

影响太阳能热发电发展的主要障碍包括技术和经济与政策两个层面（国家太阳能光热产业技术创新战略联盟，2013b）。

（1）技术层面。截至 2013 年，我国在规模化电站系统集成设计以及安装、运行与维护方面经验相对缺乏；经过规模化电站考验的成熟关键部件核心技术仍然掌握在为数不多的几家外企手中，我国开发与示范的关键装备技术仍未获得长期运行的可靠性验证；我国太阳能资源条件较好的西部地区是高纬度、极端温度、大风载荷和沙尘暴多发地区，对太阳岛设备及传热流体考验较大；适应于规模化电站建设区域的淡水资源相对匮乏，需要一并解决淡水资源需求问题；西部地区用能负荷较小，能源生产地与消纳地距离较远，需要发展西电东送的坚强电网予以支撑；新型发电技术和新型材料开发不可预见性和风险性较大；缺乏准确的太阳能资源测试平台体系；没有成熟统一的标准与规范体系。

（2）经济与政策层面。目前，太阳能热发电平准化成本（levelized cost of energy，LCOE）较太阳能光伏及风电高；缺乏明确的电价规则和产业扶持政策；受政策层面的影响，投融资难度较大。

# 二、我国太阳能发电战略性新兴产业的培育与发展

## （一）总体思路

### 1. 我国太阳能光伏战略性新兴产业发展的总体思路

我国太阳能光伏战略性新兴产业发展，将紧紧围绕降低光伏发电成本、提升光伏产品性能、做优做强我国光伏产业的宗旨，着力推动关键技术创新、提升生产工艺水平、突破装备研发瓶颈、促进市场规模应用，使我国光伏产业的整体竞

---

① 无锡尚德 3 月 20 日依法实施破产重整 . http://js. people. com. cn/html/2013/03/22/215638. html，2013-03-22.

争力得到显著提升。《太阳能光伏产业"十二五"发展规划》中对我国光伏产业未来发展提出了以下原则(工业和信息化部，2012)。

1)立足统筹规划，坚持扶优扶强

当前光伏产业发展的困境，为解决太阳能光伏产业无序、低水平重复的问题提供了契机。

2)支持技术创新，降低发电成本

归根到底，太阳能光伏产业发展的最大瓶颈是太阳能光伏价格高。以企业为技术创新和产业发展的主体，强化关键技术研发，提升生产工艺水平，从高纯硅材料规模化生产、电池转换效率提高、生产装备国产化、新型电池和原辅材料研发、系统集成等多方面入手，努力降低光伏发电成本，将是我国光伏产业及光伏市场规模化发展的根本出路。

3)优化产业环境，扩大光伏市场

推动各项光伏扶持政策的落实，调动各方面的资源优势，优化产业发展环境。充分发挥市场机制作用，巩固国际市场，扩大国内多样化应用，使我国光伏产业的发展有稳定的市场依托。

4)加强服务体系建设，推动产业健康发展

加强公共服务平台建设，建立健全光伏标准及产品质量检测认证体系，严格遵守环境保护和安全生产规定，推进节能减排、资源循环利用，实现清洁生产和安全生产。

2. 我国太阳能热发电战略性新兴产业发展的总体思路

太阳能热发电技术作为低碳、可再生和可承担基本电力负荷的可再生能源发电技术，在我国当前仍处于技术示范和商业化起步阶段。未来 40 年，通过技术创新、规模化发展、电力系统以及其他能源技术的进步，太阳能热发电将逐步成为我国低碳能源战略的重要可再生能源技术之一。

根据 IEA《太阳能热发电技术路线图》预测，到 2050 年，全球太阳能热发电将满足全球电力总需求的 11.3%，其中 9.6% 为太阳能电力，1.7% 为备用能源电力(化石能源或生物质能源等)。欧盟技术路线图显示，到 2050 年，欧盟太阳能热发电年将满足总电力需求的 15%(ESTELA，2008)。从年可发电量来讲，我国潜在的太阳能热发电年发电潜力为 42 000 太瓦时/年，太阳能资源储量远远大于支撑我国经济体系可持续发展的总能源需求。国家能源局《太阳能发电发展"十二五"规划》显示，2015 年太阳能热发电装机规模达到 1 吉瓦，2020 年达到 3 吉瓦(工业和信息化部，2012)。

## (二)发展目标

### 1. 太阳能光伏发电市场发展目标

《太阳能光伏产业"十二五"发展规划》中从经济性、技术性、创新性发电成本等方面对未来几年我国光伏产业的发展目标做了详细规划。

1)经济目标

"十二五"期间，光伏产业保持平稳较快增长，多晶硅、太阳电池等产品适应国家可再生能源发展规划确定的装机容量要求，同时积极满足国际市场发展需要。支持骨干企业做优做强，到 2015 年：多晶硅领先企业达到 5 万吨级、骨干企业达到万吨级水平；太阳电池领先企业达到 5 吉瓦级，骨干企业达到吉瓦级水平；1 家年销售收入过千亿元的光伏企业，3～5 家年销售收入过 500 亿元的光伏企业，3～4 家年销售收入过 10 亿元的光伏专用设备企业。

2)技术目标

多晶硅生产实现产业规模、产品质量和环保水平的同步提高，还原尾气中四氯化硅、氯化氢、氢气回收利用率不低于 98.5%、99% 和 99%，到 2015 年，平均综合电耗低于 120 千瓦时/千克。单晶硅电池的产业化转换效率达到 21%，多晶硅电池达到 19%，非晶硅薄膜电池达到 12%，新型薄膜太阳电池实现产业化。光伏电池生产设备和辅助材料本土化率达到 80%，掌握光伏并网、储能设备生产及系统集成关键技术。

3)创新目标

到 2015 年，企业创新能力显著增强，涌现出一批具有掌握先进核心技术能力的品牌企业，掌握光伏产业各项关键技术和生产工艺。技术成果转化率显著提高，标准体系建设逐步完善，国际影响力大大增强。充分利用已有基础，建立光伏产业国家重点实验室及检测平台。

4)光伏发电成本目标

到 2015 年，光伏组件成本下降到 4300 元/千瓦，光伏系统成本低于 1.0 万元/千瓦，发电成本下降到 0.8 元/千瓦时，光伏发电具有一定经济竞争力；到 2020 年，光伏组件成本下降到 3500 元/千瓦，光伏系统成本下降到 0.8 万元/千瓦，发电成本下降到 0.6 元/千瓦时，在主要电力市场实现有效竞争。

### 2. 太阳能热发电市场发展目标

中国太阳能热发电装机量预测如图 7-7 所示。

基本情景：通过规模化电站建设，我国形成太阳能槽式热发电、塔式热发电产业链，成本逐步降低，在基于成本竞争的前提下，各级政府部门制定相关规划和发展目标，通过利率优惠及特许权招标等方式，支持太阳能热发电技术发展与应用。

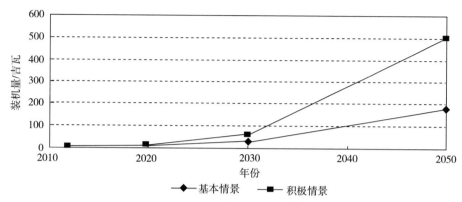

图 7-7　中国太阳能热发电装机量预测

资料来源：Asian Development Bank. Capacity Development Technical Assistance (CDTA)-People's Republic of China：concentrating solar thermal power development. http://www. adb. org/projects/documents/concentrating-solar-thermal-power-development，2012-01-01；

中国可再生能源学会．中国太阳能发展路线图研究——太阳能热发电 2050(初稿)，2013

积极情景：太阳能热发电技术在储能及新技术领域取得积极发展与突破，各级政府部门通过积极的产业规划、多边贷款、利率优惠、投资补贴、上网电价补贴及电力招投标等政策支撑，在 2050 年左右，我国太阳能热发电装机容量达到500 吉瓦。

1)产业发展目标

根据国家能源局《可再生能源发展"十二五"规划》，到 2020 年，我国太阳能热发电装机量将达到 4 吉瓦。在这样的装机容量规划目标下，如果未来一段时间国家能够出台清晰明确的扶持政策，将带动我国在特种玻璃、高精度聚光器、高温高压吸热器件、高温储热材料和设备、大功率高温换热器等基础材料和重大装备方面的产业化发展，形成我国完整的太阳能热发电技术研发、装备设计、加工制造、系统集成、工程建设、系统运行维护等完整产业链，推进太阳能热发电技术的商业化发展。

2020～2030 年，伴随着我国太阳能热发电装备制造与集成技术能力的形成，在国内市场的带动下，我国将全面形成包括装备制造和系统集成的太阳能热发电系统总包与出口能力，产能建设在满足国内市场的同时，面向国际市场的产能突破将进一步扩大，到 2030 年年底，在基本情境下，产能建设将达到 5 吉瓦。

2030～2050 年，太阳能热发电在效率、运行时数、电价成本等方面形成明显竞争力，国内、国际太阳能热发电市场发展进一步加快，中国太阳能热发电产业建设进一步壮大，到 2050 年基本情景和积极情景下，中国太阳能热发电产能将分别达到 10 吉瓦和 50 吉瓦。

2020～2050 年中国的产业规模预测如表 7-3 所示。

**表 7-3　基本情景和积极情景下中国太阳能热发电产业发展目标预测**

| 年份 | | 2020 | 2030 | 2050 |
|---|---|---|---|---|
| 基本情景 | 市场目标/吉瓦 | 5 | 30 | 180 |
| | 产业目标/(吉瓦/年) | 2 | 5 | 20 |
| | 产值目标/亿元 | 750 | 1 500 | 5 000 |
| | 出口比例/% | 25 | 40 | 50 |
| 积极情景 | 市场目标/吉瓦 | 10 | 60 | 500 |
| | 产业目标/(吉瓦/年) | 3 | 10 | 50 |
| | 产值目标/亿元 | 900 | 2 300 | 10 000 |
| | 出口比例/% | 25 | 40 | 50 |

资料来源：中国可再生能源学会. 中国太阳能发展路线图研究——太阳能热发电 2050(初稿)，2013

2)成本发展目标[①]

由于加工成本低，中国在清洁能源技术的应用步伐比世界其他国家都快，且成本更低。与传统燃料发电技术相比，太阳能热发电站除了太阳能集热场和储热之外，其他设置都相似，都有汽轮机、发电机组和电站辅助设施。鉴于此，如果欧洲太阳能热发电产业协会(European Solar Thermal Electricity Association，ESTELA)的成本曲线适合于其他国家的光热发展情况，那么，未来短期的大幅成本效率会在中国得以提高。我们假设中国光热发展成本曲线的下降幅度大于 ESTELA 全球成本曲线 20% 这一情形为中国的基础情形，从目前案例电站的一次单位初投资 3.0 万元/千瓦为起始，2015 年中国的单位投资成本会下降至 2.4 万元/千瓦，2025 年会下降至 1.47 万元/千瓦。相应的太阳能热发电静态电价在 2020 年左右达到 0.75 元/千瓦时以下(图 7-8)。

## (三)发展路线图

### 1. 太阳能光伏发展路线图

关于光伏发展的路线图，各个发达国家都做了相关规划，并付诸实施。例如，美国分别于 1997 年和 2010 年提出的"百万太阳能屋顶计划"和"千万太阳能屋顶计划"，德国于 1998 年提出的"十万光伏屋顶计划"，日本提出的到 2010 年安装 5 吉瓦屋顶太阳能光伏系统的计划。

欧洲光伏产业协会(European Photovoltaic Industry Association，EPIA)于 2009 年发布了"2020 年发展目标"研究报告，该报告明确了到 2020 年可能

---

① 本部分内容参考 A. T. Kearney 和 ESTELA(2012)、国家太阳能光热产业技术创新战略联盟 (2013c)、IEA(2010b)。

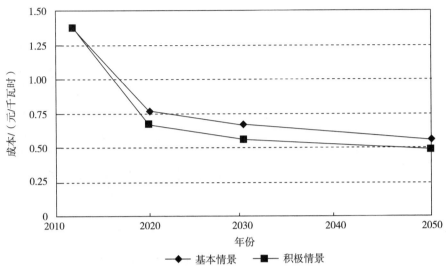

图 7-8　不同情景太阳能热发电成本下降曲线

会采取的 3 种光伏发展方案：基本情景是到 2020 年光伏发电可以满足欧洲电力需求的 4%；加速发展状况是在电力基础设施无重大变化影响下光伏发电最多能满足欧洲电力需求的 6%；理想状态是到 2020 年光伏发电满足欧洲电力需求的 12%。图 7-9 和图 7-10 列出了欧洲光伏产业协会关于欧洲 2012~2016 年光伏安装量在温和条件下和政策激励条件下的预测情况。

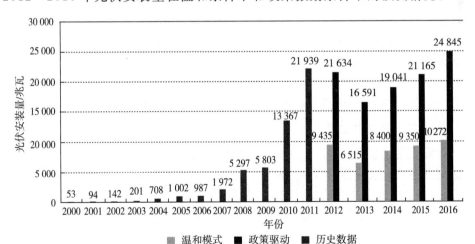

图 7-9　欧洲光伏产业协会关于欧洲 2000~2016 年光伏安装量的预测

资料来源：欧洲光伏产业协会《2016 年全球光伏市场展望》

美国预计 2020 年光伏总装机 7 吉瓦（2007 年为 879 兆瓦）。日本已经制定了

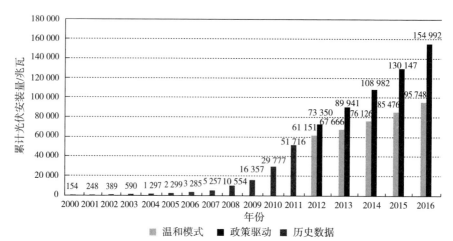

图 7-10 欧洲光伏产业协会关于欧洲 2000～2016 年累计光伏安装量的预测

资料来源：欧洲光伏产业协会《2016 年全球光伏市场展望》

到 2020 年光伏发电安装量达到 28 吉瓦、2030 年达到 53 吉瓦的远大目标。

中国《太阳能发电科技发展"十二五"专项规划》中初步确定了中国到 2015 年太阳能发电装机容量达到 35 吉瓦的发展目标，在此背景下，中国光伏装机量可能将在 2020 年达到甚至超过 100 吉瓦；太阳能热发电在 2015 年总装机规模将达到 1.0 吉瓦，2020 年总装机将达到 2.0 吉瓦(IEA，2013)。

关于太阳能光伏发电的技术路线，IEA(2010b)做了详细的产业技术路线，具体如下(图 7-11)。

2010～2020 年，光伏系统和发电成本预计将减少超过 50％。到 2020 年，在许多地区，住宅和商业光伏系统将实现与零售电价平价。

2020～2030 年，典型的大型公用电力光伏系统发电成本有望降低到 7～13 美分/千瓦时。随着光伏技术的逐渐成熟，其将成为一种主流发电技术。

2. 太阳能热发电发展路线图

太阳能热发电的技术进步反映在成本上，太阳能热发电系统的光电转换效率是影响发电成本最重要的因素。从热力学的角度来说，发电工质的参数(温度、压力)会对系统效率产生重要影响。而发电工质参数与聚光、光热转换、储热过程中的材料问题、热学问题和力学问题等密切相关。基于以上考虑，以系统年平均发电效率为引领，以发电工质温度和换热介质种类为主线，可将太阳能热发电技术分为四代，见图 7-12(IEA，2010a；中国可再生能源学会，2013；中国可再生能源发展战略研究项目组，2010)。

"十一五"期间，我国针对第一代技术的研究是设计建设 1 兆瓦的实验示范电站；针对第二代技术的研究是搭建熔融盐工质系统的实验平台，并研制用于塔式

| 晶体硅技术 | 2010~2015年 | 2015~2020年 | 2020~2030年/2050年 |
|---|---|---|---|
| 效率目标<br>（商业组件） | ·单晶：21%<br>·多晶：17% | ·单晶：23%<br>·多晶：19% | ·单晶：25%<br>·多晶：21% |
| 产业制造方面 | ·硅消耗<5克/瓦 | ·硅消耗<3克/瓦 | ·硅消耗<2克/瓦 |
| 研发方面 | ·新型硅材料和加工工艺<br>·电池接触片，发射极和钝化 | ·改善装置结构<br>·生产中的生产率和成本优化 | ·晶片等效技术<br>·具有新颖概念的新装置结构 |
| 薄膜技术 | 2010~2015年 | 2015~2020年 | 2020~2030年 |
| 效率目标<br>（商业组件） | ·薄膜硅：10%<br>·铜铟镓硒：14%<br>·碲化镉：12% | ·薄膜硅：12%<br>·铜铟镓硒：15%<br>·碲化镉：14% | ·薄膜硅：15%<br>·铜铟镓硒：18%<br>·碲化镉：15% |
| 产业制造方面 | ·沉积率高<br>·卷对卷制造<br>·包装 | ·简化生产工艺<br>·低成本封装 | ·大型高效生产装备 |
| 研发方面 | ·大面积沉积工艺<br>·改进的基材和透明导电氧化物 | ·改进的电池结构<br>·改进的沉积技术 | ·先进材料和概念 |
| | 聚光光伏 | 新兴技术 | 新颖技术 |
| 电池类型 | ·高成本、超高效率 | ·低成本、性能中等 | ·效率非常高：全光谱利用 |
| 现状和潜力 | ·交流系统展示的效率23%<br>·可能在中期达到30%以上 | ·示范级别的新兴技术（如聚合物光伏、染敏光伏、印刷铜铟镓硒）<br>·预计在利基市场应用中的首批应用 | ·实验室水平的多种新转换原理和设备概念<br>·潜在突破性技术家族 |
| 研发方面 | ·超高效率达到45%以上<br>·实现低成本、高性能的聚光和追踪解决方案 | ·提高效率和稳定性，达到首批商业应用所需的水平<br>·有机概念封装 | ·新的转换概念原理验证<br>·特种纳米结构材料和器件<br>加工、特征化及建模 |

图 7-11　太阳能发电技术发展路线图

资料来源：IEA. Technology roadmap：solar photovoltaic energy，2010

系统的100千瓦热功率的熔融盐吸热器；针对第三代技术的研究是对泡沫陶瓷作为吸热体的空气吸热器进行基础问题的摸索；针对第四代技术的研究是建立20千瓦热功率的太阳炉聚光系统，对高温流化床吸热器进行实验。

2011~2015年，水和油作为集热系统传热介质进入产业化推广阶段。以熔融盐为传热介质的集热系统进入规模化示范阶段，而以空气为传热介质的集热系统从基础研究进入应用基础研究阶段，并逐步进行中试。

2016~2020年，第一代以水和油为介质的太阳能热发电技术继续大规模商业化，第二代技术开始进入市场，发电效率提高到20%。由于熔融盐的使用，传热介质温度大大提高，此时超临界太阳能热发电技术也开始进入中试。

2021~2025年，第三代空气为传热介质和发电工质的技术进入市场，系统年发电效率达到30%，并且无需耗水。但由于高温空气传输，该类电站的容量受到制约。此时第四代以固体颗粒为传热介质的吸热过程也进入高技术示范阶段。

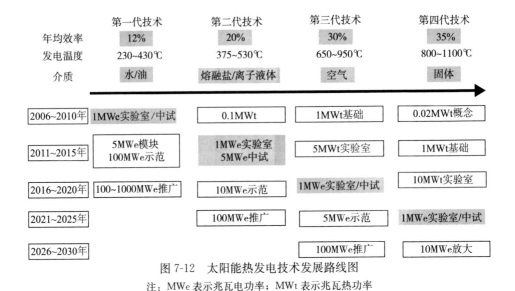

图 7-12　太阳能热发电技术发展路线图

注：MWe 表示兆瓦电功率；MWt 表示兆瓦热功率

2026～2030 年，第四代太阳能热发电技术进入市场，系统年发电效率可达到 35%，并且突破了第三代技术的系统容量问题，同时高温储热问题也得到了相应的解决。超临界太阳能热发电站也将出现。太阳能热发电历代技术发展路线图如图 7-13 所示。

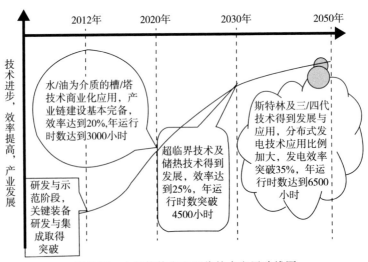

图 7-13　太阳能热发电历代技术发展路线图

针对不同技术路线来说，具体如下。

（1）槽式太阳能热发电技术。以导热油为传热介质的槽式太阳能热发电技术是 2020 年前的主流太阳能热发电技术之一，并伴随着规模化电站的建设，打造中国完善的太阳能热发电产业链，2020 年后，以熔融盐、直接蒸汽发生(direct steam generation，DSG)技术为代表的槽式二代、三代技术将逐步发展，并开始商业化应用，2025 年以后将逐步成为槽式发电的主流技术。

(2)塔式太阳能热发电技术。DSG 塔式太阳能热发电技术是 2020 年前的主流太阳能热发电技术之一，2020 年左右，作为第三代技术的熔融盐技术将逐步完善并推向商业化应用；2025～2030 年，以空气及粒子集热器为代表的第四代塔式太阳能热发电技术将逐步得到商业化应用。

(3)碟式技术。2020 年前后，我国适应于太阳能碟式发电技术的太阳能斯特林机设计与制造技术逐渐完善，逐步推向商业化应用，带动我国太阳能热发电技术在分布式电力系统中的发展。

(4)菲涅耳技术。以 DSG 技术为主的菲涅耳太阳能热发电技术涉及的膨胀机等在 2020 年前后逐步成熟，并推动我国太阳能电热联产技术在规模化电站发展及与工业领域用能相结合的电热联产系统领域的应用。

(5)储能技术。储热材料和储能设备在未来 40 年中将逐步发展和改进。

(6)其他。以电水联产、电热联产为代表的能量梯级利用系统，将提升太阳能热发电系统的能量利用效率；以太阳能热化学为代表的太阳能高温热利用计划的发展，将拓展太阳能高温热利用技术的应用领域与产业规模。

技术路线方面，中国的气候和环境特点决定了光热发电技术路线将由槽式逐渐向塔式、碟式等高聚光比、高光热转换效率的技术倾斜。电站建设也将向规模化、集群化发展。光热发电输出电力稳定，电力具有可调节性，随着蓄热储能技术的成熟及成本下降，电站也将实现连续运行，满足尖峰、中间或基础负荷电力市场需求，甚至具备区域性电网的调峰功能。随着国家分布式能源政策的实施，以及新能源发电技术、洁净煤技术的应用，国家也将逐渐以全国能源最优化配置原则布局各区域资源，以期达到资源的最佳利用。光热-天然气联合发电、光热-生物质联合发电、光热-风电联合发电、光热-燃煤电站的梯级利用以及诸多能源方式的整合、系统集成，将成为一种广泛应用的发电方式。利用光热技术的海水淡化、向工业提供所需高温热源、建筑物供暖、制冷等建筑节能，也将成为光热小规模应用的主流。

基本情景和积极情景下太阳能热发电社会效益测算如表 7-4 所示。

**表 7-4　基本情景和积极情景下太阳能热发电社会效益测算**

| 年份 | | 2020 | 2030 | 2050 |
|---|---|---|---|---|
| 基本情景 | 太阳能热发电产能/(吉瓦/年) | 2 | 5 | 20 |
| | 就业人数/万人 | 50 | 100 | 230 |
| | 产值/亿元 | 750 | 1 500 | 5 000 |

| 年份 | | 2020 | 2030 | 2050 |
|---|---|---|---|---|
| 积极情景 | 太阳能热发电产能/(吉瓦/年) | 3 | 10 | 50 |
| | 就业人数/万人 | 80 | 120 | 320 |
| | 产值/亿元 | 900 | 2 300 | 10 000 |

在基本情景下，到 2020 年，太阳能热发电产值将达到 750 亿元，就业人数将达到 50 万人；到 2030 年，太阳能热发电产值将达到 1500 亿元，就业人数将达到 100 万人；到 2050 年，太阳能热发电产值将达到 5000 亿元，就业人数将达到 230 万人。

在积极情景下，到 2020 年，太阳能热发电产值将达到 900 亿元，就业人数将达到 80 万人；到 2030 年，太阳能热发电产值将达到 2300 亿元，就业人数将达到 120 万人；到 2050 年，太阳能热发电产值将达到 10 000 亿元，就业人数将达到 320 万人。

# 三、可突破性发展的太阳能光伏利用技术

太阳能光伏规模化利用的核心技术在于高效节能多晶硅材料大规模清洁生产关键技术，更高效率（效率超过 20%）、低成本、超薄晶硅电池，高效、长寿命薄膜光伏电池技术，新型太阳电池技术及各种电池的成套解决方案。这些核心技术的突破将为太阳能的规模化利用扫清技术障碍。

## (一)高纯多晶硅技术、硅锭/硅片技术、关键配套辅料

在狭义的光伏产业链上，硅材料主要涉及太阳电池用的太阳能级多晶硅提纯和下游的硅片、单晶和多晶铸锭。发展高效、节能、低成本太阳能级多晶硅的清洁生产技术和太阳电池关键配套辅料制备技术，将有利于降低太阳电池生产成本和实现硅材料生产的环境友好性。发展包括改良西门子法、硅烷法以及物理、化学冶金法等在内的太阳能级多晶硅材料生产技术。在现有的基础上，通过进一步的研究、系统改进及完善，支持研发稳定的电子级多晶硅生产技术，并建立千吨级电子级多晶硅生产线。突破高效节能的大型提纯、高效氢气回收净化、高效化学气相沉积、多晶硅副产物综合利用等装置及工艺技术，建设万吨级高纯多晶硅生产线，综合能耗小于 120 千瓦时/千克。建立适合中国国情的，具有自主知识产权的高纯太阳能级多晶硅生产技术。

硅锭/硅片方面，在"十二五"期间，重点发展高效率、低成本、大尺寸铸锭技术，重点发展准单晶铸锭技术。突破 150～160 微米以下新型切片关键技术，

如金刚砂、钢线切割技术，提高硅片质量和单位硅材料出片率，减少硅料切割损耗。

在关键配套辅料方面，实现坩埚、高纯石墨、高纯石英砂、碳碳复合材料、玻璃、乙烯-醋酸乙烯共聚物(ethylene-vinyl acetate copolymer，EVA)胶、背板、电子浆料、线切割液等的国产化。相关内容包括阳电池用银浆、银铝浆、聚氟乙烯复合膜(tedlar pet tedlar，TPT)背板材料、EVA 封装材料、薄膜电池用透明导电氯化物(transparent conductive oxide，TCO)玻璃基板等关键配套辅料制备技术等。

## (二)太阳电池

目前太阳能光伏大规模应用最大的限制在于其成本比火力发电成本高。太阳电池效率的提高和生产成本的降低将直接降低发电成本。晶硅太阳电池正朝着高效率、薄片化和低成本三个方向改进；低能耗、低成本的薄膜太阳电池技术正朝着高效率、稳定和长寿命的方向努力。

晶硅太阳电池方面，大力发展高转换率、长寿命晶硅电池技术的研发与产业化。重点支持低反射率的绒面制备技术、选择性发射极技术及后续的电极对准技术、等离子体钝化技术、低温电极技术、全背结技术的研究及应用。关注薄膜硅/晶体硅异质结等新型太阳电池成套关键技术。开发效率在 20％以上的低成本超薄晶体硅电池产业化制造技术。

薄膜太阳电池方面，重点发展非晶与微晶相结合的叠层和多结薄膜电池。降低薄膜电池的光致衰减，鼓励企业研发 5.5 代以上大面积高效率硅薄膜电池，开发柔性硅基薄膜太阳电池卷对卷连续生产工艺等。及时跟进铜铟镓硒和有机薄膜电池的产业化进程，开发并掌握低成本非真空铜铟镓锡薄膜电池制备技术及磁控溅射电池制备技术、真空共蒸法电池制备技术及规模化制造关键工艺。发展效率在 12％以上的薄膜电池产业化制造技术、高倍率聚光电池及发电关键技术、柔性衬底硅基薄膜太阳电池中试制造技术、非真空电沉积柔性铜铟镓硒薄膜太阳电池中试制造技术、染料敏化太阳电池规模化生产技术，及时开展量子点电池、热光伏电池、硅球电池、多晶硅薄膜电池、有机电池等新型太阳电池的前沿制备技术研究。

聚光太阳电池方面，重点发展高倍聚光化合物太阳电池产业化生产技术，聚光倍数达到 500 倍以上，产业化生产的电池在非聚光条件下效率超过 35％，聚光条件下效率超过 40％，衬底剥离型高倍聚光电池转化效率在非聚光条件下效率超过 25％。突破高倍聚光太阳电池衬底玻璃技术、高效率高倍聚光化合物太阳电池技术、高倍率聚光电池测试分析和稳定性控制技术等，及时发展菲涅耳和抛物镜等配套设备。

### (三)电池组件

突破光伏规模化利用的成套关键技术与装备,建成多种形式的光伏发电示范工程,能够有效推动光伏发电技术在我国的大规模应用。重点发展光伏建筑一体化(building integrated photovoltaic,BIPV)组件生产技术,包括可直接与建筑相结合的建材,应用于厂房屋顶、农业大棚及幕墙上的双玻璃 BIPV 组件,中空玻璃组件等,解决 BIPV 组件的透光、隔热等问题,设计出美观、实用、可直接作为建材和构件用的 BIPV 组件。扩大建筑附着光伏 ( building attached photovoltaic,BAPV)组件应用范围。

### (四)太阳电池生产专用装备制造方面

太阳能光伏生产设备是贯穿整个产业链的基础,目前亟须突破产业链部分环节核心设备的瓶颈,提升其关键生产设备的性能和成套生产线的自动化程度。相关内容包括晶体硅太阳电池整线成套装备集成技术、效率在 10% 以上的年产能 40 兆瓦硅基薄膜太阳电池制造技术、效率在 10% 以上的年产能 30 兆瓦碲化镉薄膜太阳电池制造技术、效率在 8% 以上的年产能 5 兆瓦染料敏化太阳电池制造技术、薄膜硅/晶体硅异质结电池中试制造技术、硅基高可靠 BIPV 系列组件制造装备技术等。重点发展还原、氢化等多晶硅生产设备,大尺寸、低能耗、全自动单晶炉,吨级多晶硅铸锭炉,大尺寸、超薄硅片多线切割机,硅片自动分选机等关键生产设备。支持多槽制绒清洗设备、全自动平板式等离子体增强化学气相沉积(plasma enhanced chemical vapor deposition,PECVD)设备、激光刻蚀机、干法刻蚀机、离子注入机、全自动印刷机、快速烧结炉等晶硅太阳电池片生产线设备和 PECVD 设备等薄膜太阳电池生产设备。促进光伏生产装备的低能耗、高效率、自动化和生产工艺一体化。

### (五)并网及储能系统

掌握太阳能光伏发电系统集成技术、百万千瓦光伏发电基地的设计集成和工程技术,开发大功率光伏并网逆变器、储能电池及系统、光伏自动跟踪装置、数据采集与监控系统、风光互补系统等。发展 100 兆瓦级大型并网光伏电站系统及设备技术、100 兆瓦级城镇多点接入生态居住小区光伏系统技术、10 兆瓦级光伏微网系统及设备技术、区域性高密度光伏建筑并网系统及设备技术、10 兆瓦级次高参数太阳能热发电技术、硅基高可靠 BIPV 关键技术、大型多能互补光伏并网系统技术、光伏直流并网发电技术、分布式太阳能热发电技术,太阳能储热技术、太阳能中温热在工业节能中的应用技术等。

## （六）公共服务平台建设

支持有能力的企事业单位建设国家级光伏应用系统检测、认证等公共服务平台，包括多晶硅、电池片和组件、薄膜电池的检测，光伏系统工程的验收等。支持相关服务平台开展行业共性问题研究，制定和推广行业标准，研发关键共性技术等。

# 四、产业培育与发展的政策建议

## （一）太阳能光伏产业政策建议

正是前期在中央政府和地方政府的大力支持和各种补贴政策的刺激下，光伏企业全国开花，但随着"双反"的到来，很快成为各级政府的"沉重包袱"，甚至使得银行投资风险加剧。从多晶硅冶炼到组件的生产，"仓促上马"导致许多冶炼硅行业成为污染大户。需加强投入治理目前行业中存在的各种技术难题，如冶炼硅行业的能耗和污染问题、硅片切割中的废液回收、酸洗中的固体废物回收、高效电池制作中的相关技术问题、关键设备的研发等。如何解决这些关键技术问题，成为当下最紧迫的任务。

### 1. 加强行业统筹规划，鼓励企业技术创新

针对目前国内光伏产业发展的困境，应加强行业统筹规划，推动企业转型升级，坚持市场主导与政府引导相结合，扶持产业链完备、已具有品牌知名度的骨干企业做优做强。鼓励实力领先的光伏企业依靠技术进步优化存量、扩大发展规模，实施"走出去"战略，积极参与国际产业竞争。实施差异化政策，引导多晶硅等产业向西部地区转移。推动资源整合，鼓励企业集约化开发经营，支持生产成本低、竞争力强的企业兼并改造生产经营不佳的光伏企业。对目前陷入困境的光伏企业，适度扶持具有技术优势的企业进行技术创新，积极鼓励旨在淘汰落后产能及企业的兼并重组，严格控制新上单纯扩大产能的多晶硅、光伏电池及组件项目，防止出现新的产能过剩。工业和信息化部制定了"十二五"期间将太阳能光伏的装机容量提高到35吉瓦，其中分布式光伏系统达到10吉瓦水平的目标。为此，建议进一步加强扶持企业自主创新力度，切实落实《太阳能发电科技发展"十二五"专项规划》中各项创新性技术的研发支持力度，开发晶体硅太阳电池整线成套装备集成技术、效率在10％以上的年产能40兆瓦硅基薄膜太阳电池制造技术、效率在10％以上的年产能30兆瓦碲化镉薄膜太阳电池制造技术、效率在8％以上的年产能5兆瓦染料敏化太阳电池制造技术、薄膜硅/晶体硅异质结电池

中试制造技术、硅基高可靠 BIPV 系列组件制造装备等核心装备的研发，练好内功，才能在未来国际国内市场规模化应用中立于不败之地。

重点支持多晶硅节能降耗、副产物综合利用、太阳电池高效高质和低成本新工艺技术的研发及产业化项目。加强产学研结合，支持关键共性技术研发，全面提升本土化光伏设备技术水平。加大人才培养力度，支持建立企业技术研发中心与博士后科研流动站。加大薄膜光伏技术的研发投入，重点扶持以企业为主体的科技创新力度，提高企业的核心竞争力。争取在多晶硅原料生产方式、薄膜和储能技术方面取得较大突破和提高，对市场发展产生一定影响；进一步严格并细化市场准入的技术标准，对企业加速产品技术提升、稳定使用年限等方面产生较大的倒逼作用。

2. 加强太阳能服务支撑平台建设

我国从事规模化光伏技术应用的企业只是最近才组建起来的，根本无法承担规模化光伏应用的任务。"金太阳"工程已成为各种利益分配和政府平衡的杠杆，由于并网协调等诸多问题，众多"金太阳"工程项目建成之后的发电运行情况始终不畅，很多光伏电站白白躺在屋顶上"晒太阳"。从根本上来说，我国离大规模应用光伏技术尚有一定的距离。对此我们应该保持清醒的头脑，只有从基础、技术、设备和服务上做扎实了，才能谈得上规模化应用。与其投入巨资进行大规模的示范应用，不如投小量的资金进行关键技术的研发，做好技术的储备工作。重视光伏产品和系统标准体系建设，以我国自主知识产权为基础，结合国内外产业技术实际水平，推动制定多晶硅、硅锭/硅片、太阳电池等产品和光伏系统相关标准，积极参与制定国际标准，建立健全产品检测认证、监测制度，促进行业的规范化、标准化发展。

根据产业政策要求和行业发展实际需要，切实加强行业管理，推动行业节能减排，规范我国光伏产业发展，建立健全光伏行业准入标准，引导地方政府坚决遏制低水平重复建设，避免一哄而上和市场恶性竞争。推动相关职能部门联合加强产品检查，对于不达环保标准、出售劣质产品、扰乱正常市场竞争秩序的企业，依照相关规定给予处罚和整顿。

扶持培育太阳能光伏产业相关配套产品及技术发展，培育并壮大包括光伏附加产品开发、电站运行维护等相关服务业市场，进一步整合太阳能光伏优势资源，瞄准光伏产业高新技术发展方向，集聚资源和人才，开展研发、销售、物流、检测、展示、培训等高端配套服务业。完善并建设光伏电池研发检测中心、光伏产业信息中心、技术标准研究中心、光伏技术咨询服务中心等服务平台建设。

建立健全光伏行业组织，推动行业自律管理，加强行业交流与协作，集中反映产业发展愿景，打造国内光伏产业合作创新平台。充分发挥市场机制作用，以行业组织为纽带，以企业为主体，以市场为导向，提高产业应对国际竞争和市场风险的能力。加强国际交流和合作，优化产业发展环境，完善出口风险保障机制，鼓励企业积极争取海外资金，巩固和拓展国际市场。

3. 积极开拓国内光伏应用市场

着力推进分布式光伏发电，鼓励单位、社区和家庭安装、使用光伏发电系统，有序推进光伏电站建设。根据资源条件制定光伏电站分区域上网标杆电价，对分布式光伏发电实行按照电量补贴的政策，根据成本变化合理调减上网电价和补贴标准。完善中央财政资金支持光伏发展的机制，光伏电站项目执行与风电相同的增值税优惠政策。培养大型光伏电站急需的工程技术人才，培育专业的可再生能源发电服务公司和工程队伍，以适应国内光伏市场大规模启动的需要。

4. 将太阳能光伏等的发展与传统能源结合，优势互补

充分考虑国内外太阳能发电技术的发展态势，对太阳能发电产业发展的定位、产业体系、产业结构、产业链、空间布局、经济社会环境影响、实施方案等做出科学规划，理清产业发展的思路，明确产业布局，并建立相关的保障措施。根据各地区的资源情况，开展风电和光伏互补系统、光伏和小水电、光伏和传统热电站等互补的多种形式能源供给系统。

## （二）太阳能热发电产业政策建议

1. 加强组织领导和统筹协调

各地要从战略和全局的高度，充分认识发展太阳能发电对于改善能源结构、保障能源安全、应对气候变化、促进可持续发展的重大意义，加强协调，密切配合，落实好各项政策措施，促进太阳能发电产业又好又快发展。

省发展和改革委员会(省能源局)负责统筹规划全省太阳能发电开发和产业发展，牵头做好全省太阳能资源等的摸底普查和评价工作，研究建立太阳能发电产业的统计指标、监测和评价体系，研究提出促进全省太阳能发电产业发展的政策措施。

各地要结合实际，建立相应的工作制度和机制，指导、协调和推进本地区太阳能发电产业发展和产业基地的建设。各有关部门要根据职能分工积极制定并落实支持推动太阳能发电产业发展的政策措施。

2. 增强与电网的协调推进

做好太阳能发电的规划工作，使产业发展、市场推广、技术进步统一部署，协调发展。尤其应当注意与电网公司的协调和配合，将分布式光伏发电、大型光伏电站和太阳能热发电站的建设与电网公司的规划相融合，与电网结构的优化和

调整相配合，针对太阳能发电和电网双方的技术特点制定合理可行的技术标准和管理办法，兼顾太阳能电力开发商和电网企业的权益，促进智能电网的发展，使太阳能发电的发展规划得以顺利实施。

电网企业要按照国家关于可再生能源电力保障性收购的要求和义务，加强电网建设，优化配置资源，制定适应太阳能发电等其他可再生能源特点的电网运行规则和接入标准，确保履行法律规定的收购可再生能源电力的义务。

### 3. 加大资金支持和扩大融资渠道

国家设立可再生能源专项基金，用以支持太阳能发电的产业发展和国家级公共研发、测试认证、信息平台建设，重点支持太阳能发电产业发展中的关键技术、工程示范和和前沿技术的研发。

国务院财政主管部门和价格主管部门根据使用计划，确定年度财政预算和可再生能源发电附加征收标准，确保资金使用计划的落实。各级财政部门要加大对太阳能发电生产和应用、新技术研发和示范、资源调查评价、服务体系建设的支持力度。中央和地方财政支持太阳能发电产业的资金使用政策要公开、透明和平等。

在可再生能源专项资金现有筹资渠道基础上，开放太阳能发电投资市场，进一步放宽投资准入限制，鼓励民营资本、外资等参与太阳能发电产业的投资和开发。

### 4. 完善和落实激励政策机制

国务院价格主管部门根据太阳能发电技术特点，按照有利于太阳能发电发展和经济合理的原则，在"十二五"期间形成完善的价格机制和完整的激励政策体系。太阳能发电价格水平要兼顾装备制造商、开发商、地方和百姓的利益。对太阳能发电上网实行有资源、地域差别的标杆电价和补贴原则。对大型太阳能电站的电力送出工程单独核定输电电价，建立合理可行的补偿分摊机制。

### 5. 优化产业布局

加强太阳能热发电产业布局的统筹规划，合理安排大型太阳能热发电项目，提高其在可再生能源系统中的比例，发挥太阳能热发电系统电力输出平稳的特征，妥善处理太阳能发电与电网建设的关系。根据当地资源、能源、配套产业、人才等条件，科学规划多晶硅、太阳电池等新兴能源设备制造产业的布局。

### 6. 规范市场保障机制

太阳能产业要进一步完善促进太阳能发电产业发展的法规和实施细则以及修订工作。健全太阳能发电相关产品、技术、装备制造等标准体系建设，建立相应的质量检测认证体系，实施规范的太阳能发电开发利用标准。

加强人才培养，选择部分高等院校增设太阳能发电相关专业，并建立国家公共技术研发中心和重点产业实验室，加强专业技术人才的培养。

　　7. 拓展国际合作

　　跟踪国际太阳能热发电应用趋势，积极参与国际合作研发，与国外开展技术交流、合作和相互投资。

## 参考文献

德永健 . 2011-12-03. 输美太阳电池被初裁对美产业造成"实质性损害". http：//www. chi-nanews. com/cj/2011/12-03/3505518. shtml.

工业和信息化部 . 2011. 太阳能光伏产业"十二五"发展规划（征求意见稿）. 太阳能，（18）：6-11.

工业和信息化部 . 2012-02-24.《太阳能光伏产业"十二五"发展规划》印发 . http：//www. mi-it. gov. cn/n11293472/n11293832/n11293907/n11368223/14473431. html.

国家太阳能光热产业技术创新战略联盟 . 2013a-05-15. 中国太阳能热发电产业政策研究报告——国内外太阳能热发电技术、市场及政策发展现状 . http：//www. nafste. org/ois/up-loadfile/com _ content/137445376097340300. pdf.

国家太阳能光热产业技术创新战略联盟 . 2013b-05-15. 中国太阳能热发电产业政策研究报告——我国太阳能热发电的技术和政策瓶颈分析 . http：//www. nafste. org/ois/uploadfile/com _ content/137445388435927500. pdf.

国家太阳能光热产业技术创新战略联盟 . 2013c-05-15. 中国太阳能热发电产业政策研究报告——中国太阳能热发电产业激励政策分析 . http：//www. nafste. org/ois/uploadfile/com _ content/137445391963577100. pdf.

史燕君 . 2013-04-18. 赛维游走破产边缘　步无锡尚德后尘违约 2400 万 . http：//intl. ce. cn/sjjj/qy/201304/18/t20130418 _ 24300755. shtml.

太阳能光热产业技术创新战略联盟，兴业证券股份有限公司研究发展中心 . 2013-05-15. 太阳能热发电产业及投资分析报告（2011～2012）. http：//www. nafste. org/ois/uploadfile/com _ content/132582488992163500. pdf.

王斯成 . 2009. 国内外光伏发电现状及趋势 . 中国电力发展与改革研究，（12）：22-25.

中国可再生能源发展战略研究项目组 . 2010. 中国可再生能源发展战略研究丛书-太阳能卷 . 北京：中国电力出版社 .

中国可再生能源学会 . 2013. 中国太阳能发展路线图研究——太阳能热发电 2050（初稿）.

A. T. Kearney，ESTELA. 2012-06-25. Solar thermal electricity 2025. http：//www. estelaso-lar. eu/filead min/ESTELAdocs/documents/Cost-Roadmapl/2010-06 _ -Solar _ Thermal _ Eleclricity-2025 _ - _ ENG. pdf.

Burschka J，Pellet N，Moon S J，et al. 2013. Sequential deposition as a route to high-performance perovskite-sensitized solar cells. Nature，499：316-320.

European Solar Thermal Electricity Association（ESTELA）. 2008-04-23. CSP potential for Europa until 2030. http：//www. bine. info/fileadmin/content/Publikationen/Projekt-Infos/Zusatzinfos/2008-07-Praesentation. pdf.

GAC. 2013-11-20. Concentrating solar power: a review of the technology. http://www. trec-uk. org. uk/resources/ingenia _ 18 _ Feb _ March _ 2004. pdf.

Gaetan M. 2013-04-08. PVPS trends snapshot 2012. http://www. iea-pvps. org/index. php? id=92.

Green M A, Emery K, Yoshihiro H, et al. 2013. Solar cell efficiency tables (Version 39). Progress in Photovoltaics: Research and Applications, 21: 827-837.

Hermank K T. 2012-12-13. CSP 2012: concentrated solar power review. http://www. greentechmedia. com/articles/read/csp-2012-Concentrated-Solar-Power-Review-2012.

IEA. 2010a-05-18. Technology roadmaps: concentrating solar power. http://www. iea. org/publications/freepublications/publication/csp _ roadmap. pdf.

IEA. 2010b-05-11. Technology roadmap: solar photovoltaic energy. http://www. iea. org/publications/freepublications/publication/name, 34345, en. html.

IEA. 2013-04-30. PVPS annual report 2012. http://iea-pvps. org/index. php? id=6&no _ cache =1&tx _ damfrontend _ pi1％5BshowUid％5D = 1129&tx _ damfrontend _ pi1％5BbackPid％5D=6.

# 第八章

# 共性政策需求和保障措施

　　培育和发展以科技创新为主要驱动力的战略性新兴产业是我国实现可持续发展的重要战略决策。能源领域战略性新兴技术及产业的发展，会对我国未来能源结构的调整、能源利用效率的提高以及气候变化的应对等方面起到关键作用。

　　本书对国内外能源发展的状况、问题和变化趋势进行了总结，明确了我国能源发展的战略需求，在此基础上，归纳提炼了能源战略性新兴产业的特点，并据此提出了能源领域的六个战略性新兴产业。书中对各个产业的内涵和作用进行了充分的论述。

　　显然，新兴产业从弱小到发展壮大离不开有效的政策支持和机制保障。为突出起见，本章对能源领域战略性新兴产业发展需要的一些共性政策需求和保障措施归纳如下。

　　(1)加强顶层设计，构建协调一致的政策支持体系。战略性新兴产业的有序健康发展需要强有力的顶层设计，为发挥市场的决定性作用提供政策保障。顶层设计中，不仅要注重宏观规划，还需要建立着眼于"规划、建设、运行、维护"全过程链的协调一致的政策体系。

　　(2)营造良好的产业发展环境。建立公平公正的竞争环境，鼓励各类所有制企业和社会力量投入能源领域战略性新兴产业的建设中；加强信息、金融、技术、基础设施等基础性服务，为新兴企业创业和发展提供保障。

　　(3)鼓励和促进科技创新，掌握关键核心技术，赢得发展主动权。技术创新和应用是新兴产业的驱动力，战略性新兴产业的发展离不开科技的引领作用，而核心关键技术是战略性新兴产业持续发展的关键。对于国内已经在该技术研发与产业化方面达到国际先进水平的关键核心技术，国家应该进行产业的鼓励、引导，使技术水平的产业化优势得到充分发挥。对新技术，应该采用技术追随发展路径，即沿着"商业化—应用—研发"的轨迹前进。消化吸收和再创新能力是这种路径下产业可持续发展的关键，消化吸收能力决定着技术引进的成败，再创新能力决定着战略性新兴产业能否实现跨越式发展。

# 附录　本专题参加人员

黄其励　国家电网公司东北电网有限公司 中国工程院院士

彭苏萍　中国矿业大学(北京) 中国工程院院士

倪维斗　清华大学 中国工程院院士

岑可法　浙江大学 中国工程院院士

韩英铎　清华大学 中国工程院院士

马永生　中国石油化工股份有限公司 中国工程院院士

叶奇蓁　中国核工业集团公司 中国工程院院士

李立涅　中国南方电网有限责任公司 中国工程院院士

杨奇逊　四方继保自动化有限公司 中国工程院院士

金东寒　中国船舶重工集团公司第 711 研究所 中国工程院院士

徐　銤　中国原子能科学研究院 中国工程院院士

韩敏芳　中国矿业大学(北京) 教授

俞珠峰　神华科学技术研究院 研究员

李　政　清华大学 教授

方梦祥　浙江大学 教授

孙　锐　中国电力顾问集团公司 总工程师

赵培荣　中石化油田勘探开发事业部 高级工程师

王成山　天津大学 教授

张贵新　清华大学 教授

苏　罡　中国核电工程有限公司 高级工程师

戴松元　华北电力大学可再生能源学院 教授

王志峰　中国科学院电工研究所 研究员

陶友传　中国船舶重工集团公司 研究员

顾根香　中国船舶重工集团公司第 711 研究所 研究员

于立安　中国矿业大学(北京) 博士后

张　军　神华科学技术研究院 工程师

崔占忠　中国电力顾问集团公司 高级工程师

张　博　中国矿业大学(北京) 副教授

刘　培　清华大学 副教授

牟泽辉　中石化油田勘探开发事业部 高级工程师

谢小荣　清华大学 副教授

李思凡　中国核工业集团公司 高级工程师

郭　晴　中国核电工程有限公司 高级工程师

康胜文　北京华电海外技术有限公司 高级工程师

彭小方　上海齐耀动力技术有限公司 工程师

范伟成　上海齐耀动力技术有限公司 工程师

董晔弘　中船重工(重庆)海装风电设备有限公司 工程师

孔凡太　中国科学院合肥物质科学研究院 副研究员